한국사상선   18

박은식
신규식

시대의 아픔과 역사의 구원

한국사상선 18

박은식
신규식

노관범 편저

시대의 아픔과
역사의 구원

창비
Changbi Publishers

창비 한국사상선 간행의 말

나날이 발전하는 세상을 약속하던 자본주의가 반문명적 본색을 여지없이 드러내며 다수의 삶을 고통으로 몰아간 지 오래다. 이제는 인간 문명의 기본 터전인 지구 생태를 거세게 위협하는 시대에 이르렀다. 결국 세상의 종말이 닥친다 해도 놀랄 수 없는 시대의 위태로움이 전에 없던 문명적 대전환을 요구한다는 각성에서 창비 한국사상선의 기획은 시작되었다. '전환'이라는 강력하게 실천적인 과제는 우리 모두에게 다른 삶의 전망과 지침이 필요하며 전망과 지침으로 살아 작동할 사상이 절실함을 뜻한다. 그런 사상을 향한 다급하고 간절한 요청에 공명하려는 기획으로서, 창비 한국사상선은 한국사상이라는 분야를 요령 있게 소개하거나 새롭게 정비하는 평시적 작업을 넘어 어떤 비상한 대책이기를 열망하며 구상되었다.

사상을 향한 요청이 반드시 '한국사상'으로 향할 이유가 되는지 반문하는 이들도 있을지 모른다. 사상이라고 하면 플라톤 같은 유구한 이름으로 시작하여 무수히 재해석된 쟁쟁한 인물과 계보로 가득한 서구사상을 으레 떠올리기 때문이다. 우리가 겪는 위기가 행성 전체에 걸친 것이라면 늘 그래왔듯 서구의 누군가가 자기네 사상전통에 기대 무언가 이야기하지 않았을까, 그런 것들을 찾아보는 편이 더 효율적이지 않을까 하는 생각은 사실 오래된 습관이다. 더욱이 '한국사상'이라는 표현 자체가 많은 독자들에게 꽤 낯설게 느껴질 법하다. 한국의 유교사상이라거나 한국의 불교사상 같은 분류는 이따금 듣게 되지만 그 경우는 유교사상이나 불교사상의 지역적 분화라는 인상이 강하다. 한국사상이 변모하고 확장하면서 갖게 된 유교적인 또는 불교적인 양상으로 이해하는 방식은 익숙지 않을 것이기에 '한국사상'에 대한 우리의 공통감각은 여전히 흐릿하다고 말할 수 있다.

하지만 이런 사정이야말로 창비 한국사상선 발간의 또 다른 동력이다. 서구사상은 오랜 시간 구축한 단단한 상호참조체계를 바탕으로 세계 지성계에서 압도적 발언권을 유지하는 한편 오늘날의 위기에 관해서도 이런저런 인식의 '전회turn'라는 형식으로 대응하고 있다. 그럼에도 그 위상의 이면에 강고한 배타성과 편견이 작동하고 있음을 지적하는 목소리가 높다. 무엇보다 지금 이곳 —— 그리고 지구의 또 다른 여러 곳 —— 의 경험이 그들의 셈법에 들어 있지 않고 따라서 그 경험이 빚어낸 사상적 성과 역시 반영되지 않는다는 느낌은 갈수록 커져왔다. 서구사상에서 점점 빈번해지는 여러 전회들이 결국 그들 나름의 뚜렷한 한계 안에서 이루어지는 뒤집기 또는 공중제비에 불과하다는 인상도 지우기 어렵다. 정치, 경제, 문화 등 여러 부문에서 그렇듯이 이제 사상에서도 서구가 가진 위상은 돌이킬 수 없이 상대화되고 보편의 자리는 진실로 대안에 값하는 사상을 향한 열린 분투에 맡겨졌다.

그런가 하면 '한국적인 것' 일반은 K라는 수식어구를 동반하며 부쩍 세계적 이목을 끌고 있다. K의 부상은 유행에 민감한 대중문화에서 시작되어서인지 하나의 파도처럼 몰려와 해변을 적셨다가 곧이어 다른 파도에 밀려가리라 생각되기도 한다. '한류'라는 지칭에 집약된 이 비유는 숱한 파도가 오고 가도 해변은 변치 않는다는 암묵적 전제에 갇혀 있지만, 음악이든 드라마든 이만큼의 세계적 반향을 일으킨다면 해당 분야의 역사를 다시 쓰면서 더 항구적인 영향을 남길 수 있다고 평가받아야 한다. 중요한 것은 이제 한국적인 것이 무시 못 할 세계적 발언권을 획득하면서 단순히 어떻게 들리게 할까가 아니라 무엇을 말할까에 집중할 수 있게 된 점이다. 대중문화에 이어 한국문학이 느리지만 묵직하게 존재감을 발하는 이 시점이 한국사상이 전지구적 과제를 향해 독자적 목소리를 보태기에 더없이 적절한지 모른다.

그러기 위해 한국사상은 스스로를 호명하고 가다듬는 작업을 함께 진행해야 한다. 이름 자체의 낯섦에서 알 수 있듯 한국사상은 그저 우리 역사에 존재했던 여러 사상가들의 사유들을 총합하는 무엇이 아니라 상당 정도로 새로이 구성해야 하는 무엇에 가깝다. 창비 한국사상선은 문명전환을 이룰 대안사상의 모색이라는 과제를 중심으로 이 작업에 임하고자 했는데, 이는 거꾸로 바로 그런 모색이 실제로 한국사상의 면면한 바탕임을 발견하는 과정이기도 했다. 여기 실린 사상가들의 사유에는 역사와 현실을 탐문하며 새로운 삶의 보편적 비전을 구현하려 한 강도 높은 실천성, 그리고 주어진 사회의 시스템을 변혁하는 일과 개개인의 마음을 닦는 일이 진리에 속하는 과업으로서 단일한 도정이라는 깨달음이 깊이 새겨져 있다. 이점은 오늘날 한국사상의 구성과 전승이 어떤 방식으로 지속되어야 할지 일러준다. 아직은 우리 자신에게조차 '가난한 노래의 씨'로 놓인 이 사유들을 참조하고 재해석하면서 위태로운 세계의 '광야'를 건널 지구적 자원이자 자기 삶의 실질적 영감으로 부단히 활용하는 실천을 통해 비로소 한국사상의 역량은 온전히 발휘될 것이다.

창비 한국사상선이 사상가들의 핵심저작을 직접 제공하는 데 주력한 이유도 여기에 있다. 학구적 관심이 아니라도 누구든 삶과 세계에 대해 사유하고 발언할 때 펼쳐 인용하고 되새기는 장면을 그려본 구성이다. 이제껏 칸트와 헤겔을 따오고 맑스와 니체, 푸꼬와 데리다를 언급했던 만큼이나 가까이 두고 자주 들춰보는 공통 교양서가 되기를 기대한다. 그러기 위해 원문의 의도를 훼손하지 않는 범위에서 되도록 오늘날의 언어에 가깝게 풀어 싣고자 노력했다. 핵심저작 앞에 실린 편자의 서문은 해당 사상가의 사유를 개관하며 입문의 장벽을 낮추는 역할에 더하여, 덜 주목받은 면을 조명하고 새로운 관점을 보탬으로써 독자들의 시야를 넓혀 각자 또 다른 해석자가 되도록 고무한다. 부록과 연보는 사상가를 둘러싼 당대적·세계적 문맥을 더 면밀히 읽는 데 도움이 되고자 한다.

사상선 각권이 개별 사상가의 전체 저작에서 중요한 일부를 추릴 수밖에 없었듯 전체적으로도 총 30권으로 기획되었기에 어쩔 수 없이 선별적이다. 시기도 조선시대부터로 제한했다. 그러다 보니 신라의 원효나 최치원같이 여전히 사상가로서 생명을 지녔을뿐더러 어떤 의미로 한국적 사상의 원류에 해당하는 분들과 고려시대의 중요 사상가들이 제외되었다. 또 조선시대의 특성상 유교사상이 지나치게 큰 비중을 차지한 느낌도 없지 않을 것이다. 하지만 조선의 유학 자체가 송학 내지 신유학의 단순한 이식이 아니라 중국에서 실현된 바 없는 독특한 유교국가를 만들려는 세계사적 실험이었거니와, 이 시대의 사상가들이 각기 자기 나름으로 유·불·선 회통이라는 한반도 특유의 사상적 기획에 기여하고자 했음이 이 선집을 통해 드러나리라 믿는다.

조선시대 이전이 제외된 대신 사상선집에서 곧잘 소홀히 되는 20세기 후반까지 포함하며 이제껏 사상가로 이야기되지 않던 문인, 정치인, 종교인을 다수 망라한 점도 본서의 자랑이다. 한번에 열권씩 발행하되 전부를 시대순으로 간행하기보다 1~5권과 16~20권을 1차로 배본하는 등 발간 방식에서도 20세기가 너무 뒤로 밀리지 않게 배려했다. 1권 정도전에서 시작하여 30권 김대중으로 마무리되는 구성에 1인 단독집만이 아니라 2, 3, 4인 합집을 배치하여 선별의 아쉬움도 최대한 보충하고자 했으나, 사상가들의 목록은 당연히 완결된 것이 아니고 추후 보완작업을 기대해야 한다. 그럼에도 이 사상선을 하나의 '정전'으로 세우고자 했음을 굳이 숨기고 싶지 않다. 다만 모든 정전의 운명이 그렇듯 깨어지고 수정되고 다시 세워지는 굴곡이야말로 한국사상의 생애주기에 꼭 필요한 일이다. 아니, 창비 한국사상선 자체가 정전 파괴와 쇄신의 정신까지 담고 있음에 주목해주시기를 바란다. 특히 수운 최제우와 소태산 박중빈 같은 한반도가 낳은 개벽사상가를 중요하게 배치한 점은 사상선의 고유한 취지를 한층 부각해주리라 기대한다.

창비 한국사상선은 1966년 창간 이래 60년 가까이 한국학에 남다른 관심을 기울여온 계간 『창작과비평』, 그리고 '독자와 함께 더 나은 세상을' 꿈꾸어온 도서출판 창비의 의지와 노력이 맺은 결실이다. 문명적 대전환에 기여할 사상, 그런 의미에서 단순히 개혁적이기보다 개벽적이라 불러야 할 사상에 의미 있는 보탬이 되고 대항담론에 그치지 않는 대안담론으로서 한국사상이 갖는 잠재성을 세계의 다른 구성원들과 공유하는 계기가 된다면 더없는 보람일 것이다. 오직 함께하는 일로서만 가능한 이 사상적 실천에 독자 여러분의 많은 관심과 참여를 부탁드린다.

2024년 7월
창비 한국사상선 간행위원회 일동

차례

아픔과 구원의 사상사

아픔과 구원

동아시아의 전쟁과 평화는 한국 근대사를 통찰하는 흥미로운 주제이다. 아편전쟁, 곧 제1차 중영전쟁 결과 난징조약(1842)이 체결되어 중국의 여러 개항장에 서양 화륜선이 출입하기 시작했다. 다시 제2차 중영전쟁 결과 베이징조약(1860)이 체결되어 중국의 수도에 서양 외교 공관이 들어서기 시작했다. 이에 따라 조선과 서양 사이의 거리가 짧아졌고 프랑스와 미국의 함대가 차례로 조선에 침입했다. 이윽고 조선도 개항의 시대에 진입하여 서양 각국과 수호통상 조약을 체결했다.

동아시아의 전쟁은 계속되었다. 조선은 정치적 격변을 겪었다. 중국-프랑스 전쟁(청불전쟁) 기간 조선에서는 갑신정변과 함께 중국과 일본의 무력 충돌이 일어났다. 중국-일본 전쟁(청일전쟁) 기간 조선은 양국의 전쟁터가 되었고 일본의 무력하에 갑오개혁을 실시했다. 전쟁 종료 후 러시아가 중국 랴오둥반도의 일본 할양을 저지하고 조선 왕실이 러시아에 접근하자 일본군은 조선 왕비를 무참히 시해했다. 유폐된 조선 국왕은 러시아 공사관으로 탈출했고 환궁한 후 마침내 대한제국 수립을 선포했다.

동아시아의 전쟁은 다시 계속되었다. 한국은 정치적 격변을 겪었다. 러시아-일본 전쟁(러일전쟁) 종료 후 한국은 일본에게 국가 외교권을 빼앗겼고 몇 해 지나 완전히 병탄당해 식민지 조선으로 전락했다. 이로부터 네해 지나 세계대전이 발발했고 전쟁이 종결된 이듬해 조선에서는 전국적으로 독립만세 운동이 일어났다. 이것은 해외에서 대한민국임시정부의 수립으로 이어졌는데, 새로운 국호 대한민국은 대한제국의 '대한'과 민주공화의 '민국'이 결합한 이름이었다.

아편전쟁 전후부터 1차대전 전후까지는 동아시아의 커다란 변화의 시기였다. 동아시아에서 일어난 최대의 전쟁인 청일전쟁과 러일전쟁은 특히 한반도의 역사적 진로를 강타했다. 이것은 한국사에서 미증유의 사태였고 한국인에게 초유의 경험이었다. 개항으로, 독립으로, 망국으로, 역사의 추세는 그렇게 요동치고 있었다. 본래 조선 사회에 친숙한 맹자의 '일치일란 一治一亂'의 가르침대로라면 역사에 마지막은 없는 법이었다. 세상에 아무리 난세가 들이닥쳐도 그때마다 난세를 구원해서 치세를 회복해왔다는 불가역적 믿음이 맹자가 말한 '일치일란'의 본뜻이었다. 하지만 난세에서 치세로 돌아오지 못하고 끝내 종말을 맞이한 비극의 역사는 없었을까?

대한제국의 멸망을 전후하여 한반도 바깥으로 이동한 한국 지식인이 적지 않았다. 이들 중에는 중국에서 일어난 신해혁명에 고무되어 상하이로 옮겨가 동제사同濟社를 중심으로 활동한 독립지사들도 있었다. 이 책의 두 주인공 박은식과 신규식은 그렇게 상하이에서 만났다. 신규식이 먼저 갔고 박은식이 나중에 갔다. 이때는 한국이 멸망한 지 두해가 지난 뒤였다. 국가는 멸망했지만 민족의 소멸을 막아야 하지 않겠는가. 이들은 절박한 마음으로 일본에 의해 지워진 이름 '한국'을 다시 회복할 방안을 강구했다. 그리고 제1차 세계대전이 발발한 뒤 마침내 '한국'을 다시 불러내는 저술을 완성했다. 박은식의 『한국통사韓國痛史』와 신규식의 『한국혼韓國魂』

은 그렇게 해서 나왔다. 일명 통사痛史와 통언痛言이라 부르는 이 두 책은 국망의 고통을 표현한 명작이었다.

'통사'와 '통언', 이것은 절규였다. 한국은 국가 멸망 후 민족마저 소멸할 것인가? 박은식의『한국통사』는 나라는 형체이고 역사는 정신이라고 말했다. 나라가 멸망했으면 역사를 보존하여 민족의 기억으로 공유해야 나라를 회복하고 민족을 구원할 수 있다고 동포에게 호소했다. 아픔의 역사를 쓰는 마음이 간절했다. 신규식의『한국혼』은 아픔의 감정을 더욱 격렬하게 발산했다. 인심이 죽었기 때문에 대한이 망했구나, 하지만 대한이 망했어도 우리들 마음에는 대한이 있으니 우리 동포는 마음을 먼저 구원하라, 마음을 죽지 말게 하라, 우리들 마음이 대한의 혼이다, 그는 그렇게 부르짖었다.

아픔(痛)의 역사. 근래 서양사 연구에서 논의되는 감정의 역사를 한국사에서 찾는다면 한국 근대 감정사의 유력한 테마의 하나는 아픔(痛)이다. 박은식이 기록한 아픔의 역사와 신규식이 외친 아픔의 말은 시대의 아픔을 증언하는, 한국 근대의 아픔의 고전이다. 물론 망국의 아픔을 발산한 작품은 이 둘이 처음은 아니었다. 을사늑약을 규탄하는『황성신문』논설「이날에 크게 울부짖노라」, 곧「시일야방성대곡是日也放聲大哭」(1905. 11. 20)의 맨 마지막 구절은 "통재痛哉, 통재痛哉, 동포同胞, 동포同胞"였다. 국망 전후 누적된 아픔의 감정이 급기야 박은식의 '통사'와 신규식의 '통언'으로 표출되었다고 보는 편이 온당하다.

하지만 아픔에는 그 이상의 차원이 있다. 한국 사상사에 이러한 내력이 있었다. 병자호란 이후 조선 유교 지식인의 아픔, 그것이 '인통함원忍痛含怨' '박부득이迫不得已' 여덟 글자에 서려 있었다. 청나라 오랑캐에 항복하고 마치 아무 일도 없었던 듯 현실에 굴종하며 편안하게 지내서는 안 된다는 것. 아픔을 참고 원한을 머금은 이 마음을 끝까지 저버리지 말고 붙들고 가야 한다는 것. 한국의 감정의 역사로서 아픔의 사상사를 논할 경우 조선후기 '인통함원'은 그 출발점이 된다. 물론 아픔의 사상사에서 근대의 중요한 국면은 대한제국의 국망이었다. 박은식의 '통사'도 신규식의 '통언'도 공히 이 국면에서 생성된 사상서였다. 그렇지만 아픔에 관한 사고의 역사적 선례로서 '인통함원'은 북벌론의 시대를 넘어 다시 현실에 진입할 수 있는 언어적 자원이었다.

아픔에는 여러 가지 다양한 차원이 있다. 박은식은 아픔의 사상가로서 국망의 아픔만 아니라 다른 아픔도 체감하고 있었다. 어쩌면 그는 자기 시대에 만난 아픔들을 하나하나 진지하게 생각하면서 그 사유의 힘으로 한국에 관한 아픔의 역사를 쓸 수 있었을지도 모른다. 박은식의 아픔을 고찰하려면 일단 그가 황해도 출신 평안도 선비로 성장했다는 사실을 기억할 필요가 있다.

그가 태어나기 약 50년 전 평안도 청천강 이북 지역에서 홍경래의 난이 일어났다. 반란의 진압에 협력했던 정주 선비 백경해는 중앙 정부에 평안도에 대한 지역 차별을 시정하고 동등히 대우할 것을 호소했다. 평안도 천시 풍조 속에서 일어나는 바, 양반이 없는 지역, 학문이 없는 지역, 오랑캐 땅과 가까운 지역이라는 평안도에 대한 세평을 하나하나 비판했다. 평안도 출신의 관료 입신을 가로막고는 양반이 없는 지역이라 말하고, 평안도 인사를 자포자기하게 만들고는 학문이 없는 지역이라 말하고, 경상도는 일본과 가까운데 아무 말도 하지 않고 평안도만 오랑캐 땅과 가까운 지역이라 말하니 잘못이 아니냐는 반론이었다.

박은식 역시 평안도 선비에 대한 지역 차별과 평안도 인민에 대한 수탈을 잘 알고 있었다. 그는 국망 세 해 전, 평안도 사람들이 겪은 고통을 서우학회의 학회지에서 이렇게 말했다. "수백년간 이른바 서토西土 출신이 우리나라 사람들에게 어떤 대우를 받았는가. 글 읽는 선비는 불과 재상가 종이요 일반 평민은 죄다 관리의 희생이었다." 이것은 평안도 사람들에게 아픔의 감정을 흔들고 고통받는 현실을 일깨워 학회의 신교육 사업에 참여하도록 독려하고자 지은 글이니 논조가 다소 과한 측면도 있을 수는 있다. 그렇지만 이 발언은 평안도 선비로서 박은식이 체험한 현실의 아픔에서 우러나왔을 것이다. 중요한 것은 자신의 아픔을 통해 타인의 아픔을 헤아리고 모두의 아픔을 구원하기 위해서 교육 사업에 매진한다는 발상이다. '아픔과 구원'의 핵심 영역이 다름 아닌 교육이었다.

그런데 '아픔과 구원'은 단지 평안도의 지역 문제에 국한되는 것만은 아니었다. 정도의 차이는 있을지언정 이것은 한국 사회의 인민 전체가 당면한 문제였고 이 문제의 본질에 들어간다면 지역 차별보다 더 심각한 불평등은 관官과 민民 사이에 존재했다. 청일전쟁으로 평안도를 떠나 대한제국 초기 황성으로 이주한 박은식은 고관대작의 저택에서 볼 수 있는 호화로운 생활과는 너무나 대조적으로 헐벗고 굶주린 사람들이 처한 극단적으로 불평등한 현실과 맞닥뜨렸다. 그리고 고민했다. 지치至治란 무엇인가? 인정仁政이란 무엇인가? 인민의 참상을 해결할 방법은 유학 안에 있는가? 인민의 참상을 해결할 의지는 정부 안에 있는가? 이 맥락에서도 교육은 인민의 구원을 위한 핵심적인 방안이었다. 그는 서양의 교육과 한국의 교육을 비교했다. 서양의 정치는 장애인에게도 학교 교육을 제공하니 인정이라 하겠지만 한국의 정치는 일반 인민에게도 교육을 제공하지 않았다. 그 결과 인민이 자립하지 못해 노예가 되고 있음을 통분해했다.

박은식의 관점에서 차별과 불평등은 유학의 철학에서 어긋나는 것이었다. 그는 『주역周易』의 겸괘謙卦를 읽고 『대학』의 8조목의 하나인 '평천하平天下'의 문제를 숙고했다. 천하 국가를 다스리는 사람이 자신의 사욕만 추구해서 천하 사람들의 뜻과 계속 어긋난다면 이들의 불평하는 마음이 축적되어 끝내 분노와 원한의 감정이 폭발하고 화란이 일어날 것이다. 겸괘에는 "많은 데서 덜어내 적은 데에 더해 주고(裒多益寡) 사물에 알맞게 공평하게 베푼다(稱物平施)"는 구절이 있다. 이것은 그에게 겸괘의 핵심적인 메시지로 다가왔으며 그가 겸곡謙谷이라는 호를 사용한 것도 필시 이

메시지를 유념한 결과라고 할 수 있다.

박은식은 차별과 불평등의 세상에서 일어나는 아픔과 고통의 문제를 주시했다. 그리고 이를 해결하기 위한 사유를 계속했다. 그가 양명학을 제창한 일은 한국 근대사상사의 사건으로 잘 알려져 있지만 사실은 양명학을 향한 문제의식의 근원에도 아픔의 문제가 놓여 있었다. 이번에는 동포의 아픔이었다. 그는 한국 인민이 고통에서 벗어나 자립할 수 있는 최선의 길은 교육이라고 믿었고 본래는 한국 정부의 교육 개혁에 기대를 걸고 『학규신론』을 출간하기도 했지만 결국은 민간의 학회 활동을 지도하면서 교육사업에 매진하게 되었다. 문제는 이 과정에서 그가 교육사업의 주체가 되는 사회 지사와 교육사업의 대상이 되는 인민 동포 사이에 어떤 장벽을 느꼈다는 사실이다.

박은식의 양명학은 바로 이 지점에서 출현했다. 사회 인사는 어찌하여 동포의 아픔을 자신의 아픔으로 느끼지 못하는가? 어찌하여 종교가처럼 동포를 구원하겠다는 마음을 갖지 못하는가? 명대의 중국 사상가 왕수인은 공자가 춘추전국시대 천하를 주유한 것은 공자가 자신의 양심을 통해 세상 사람의 아픔을 자신의 아픔으로 절절하게 느꼈고 고통받는 세상 사람을 구원하려는 구세의 정신을 발휘했기 때문이라고 보았다. 박은식은 한국의 사회 인사도 본래의 양심을 회복하여 동포의 아픔을 자신의 아픔으로 절실하게 알아 공자, 석가, 예수와 같은 종교가의 마음으로 동포를 구원하기를 간절히 바랐다. 그에게 참다운 유학이란 감성의 유학이었고 참다운 앎이란 공감하고 행동하는 앎이었다.

다만 아직 문제는 남아 있었다. 아픔의 사상사에서 본다면 동포의 아픔도 중요하지만 지사의 아픔도 중요하다. 동포를 위한 진실한 마음으로 교육에 헌신했다 할지라도 그 사업이 반드시 성공한다는 보장은 없었다. 더구나 이 교육사업은 한국의 독립 회복을 목적으로 실력 양성을 추구하는 사회운동, 이른바 애국계몽운동의 일환으로 전개된 것이었는데 결국 일본이 한국을 병합하여 한국이 멸망함으로써 실패로 끝나고 말았다. 한국의 신실한 지사는 이제 국망으로 인해 해외로 망명하거나 국내에서 일제에게 탄압받는 형국이 되었다.

박은식은 국망의 수치를 안고 서간도로 망명길을 떠나 지사의 아픔을 부여잡고 『몽배금태조夢拜金太祖』를 집필했다. 개천절 기념식 후 백두산 정상에서 만나 대화하는 작품 속 무치생과 금나라 태조. "하늘은 선한 사람에게 복을 내리고 악한 사람에게 화를 내린다고 하는데, 어째서 한국의 '애국' 세력에게는 복을 내리지 않고 '매국' 세력에게는 악을 내리지 않는가?" 무치생이 금태조에게 던진 물음은 국망 후 한국 지사의 아픔을 그대로 반영하는 말이었다.

그러나 금태조의 답변은 다른 방향을 가리켰다. "설령 그런 아픔이 있다 할지라도 일신의 화복만 생각한다면 구습의 소치일 터. 참다운 지사는 자신의 피와 뼈를 바쳐서 문명부강한 나라를 만드는 사람 아니던가? 지사의 희생과 헌신으로 서양 문명이 진보했음을 역사가 예증하는 것이라면 국망의 사태에 낙망하지 말고 한국의 미래를 세계사의 흐름에서 통찰하는 식견의 배양이 중요하겠다. 현재 세계는 몇 시인가? 강권과 전제가 자유와 평등과 대결하는 오늘날의 형국에서 한국의 지사가 설 곳은 어디인가? 국가와 국가의 평등, 인간과 인간의 평등을 실현하는 평등주의 신문명을 건설하는 과업이 지금 한국 청년의 어깨 위에 있지 아니한가?"

'아픔과 구원'은 박은식의 생애에 걸쳐서 그의 사상을 일관하는 중요한 의식이었다. 아픔의 차원이 한결같지 않고 구원의 방법도 다를 수 있겠지만 국망의 아픔에 대한 구원의 방법이 있다면 그것은 무엇일까? 그는 국망 이전에는 교육을 생각했고 그것은 '자강'이라는 사상에 입각해 있었다. 하지만 국망 이후 한국을 말살한 일본의 압제로부터 국가를 회복하는 정치적 변혁이 요청되었다. 그것은 국가의 회복에서 그치는 복고적인 것이 아니라 문명의 건설로 진입하는 진취적인 것이어야 했다. 이 맥락에서 '혁명'이 부상했다. 중국에서 신해혁명이 일어난 뒤 한국의 독립지사가 중국으로 건너가 중국의 혁명 지사와 의기투합한다는 것은 곧 한국의 독립운동이 혁명을 장착하는 상징적인 모습으로 비칠 수 있었다.

자강과 혁명은 『한국통사』에서 발신하는 한국 근대사 이해의 핵심 키워드였다. 이 책이 한국의 아픈 역사의 시작을 흥선대원군 집권기에서 구했던 것은 이 시기가 동아시아 역사의 변혁기였고 만일 조선이 교육과 산업에서 진보를 도모하여 실력을 양성하는 자강 사업에 착수했다면 신조선을 건설하여 세계 열강과 병진했을 것이라는 안타까움 때문이었다. 더욱이 고종 친정기에 임오군란을 겪고 나서 교육과 산업에 힘써서 자강의 실력으로 중흥의 터전을 세웠어야 했는데 그러지 못했음을 비판했다.

여기서 자강이란 흔히 스스로 강자가 된다는 뜻으로 알려져 있고 사회진화론의 반영으로 이해되고 있지만 반드시 그렇게 볼 것은 아니다. 대한제국이 을사늑약으로 독립국의 지위를 잃고 이듬해 일본의 한국통감부가 설치되어 초대 통감으로 이또오 히로부미가 부임하자 한국 사회에서는 대한자강회가 결성되어 '자강'을 천명했다. 여기서 자강은 타력에 의지하지 않고 자력으로 실력을 양성하는 정신 자세를 말하는데 장지연의 '자강주의' 설명에 따르면 이 경우 강은 강약强弱의 강이 아니라 면강勉强의 강이었다. 헐버트는 영문 월간지 the Korea Review에서 대한자강회 설립 소식을 전하면서 '자강'을 'self-help', 곧 '자조自助'라고 번역했다.

『한국통사』는 한국 근대사를 보는 관점의 키워드로 자강과 함께 혁명도 선택했다. 이것은 중국의 신해혁명이 박은식에게 한국 근대사를 새롭게 한국 혁명사로 상상할 수 있도록 도운 결과였다고 할 수 있다. 한국 근대사를 한국 혁명사로 접근할 때 그가 혁명사의 주역으로 주목한 주체는 셋이었다. 하나는 흥선대원군. 박은식은 이 인물이 한국사의 장구한 귀족정치를 타파하고자 했던 정치 혁명가였지만 신조선의 건설에는 실패했다고 서술했다. 다른 하나는 김옥균. 박은식은 이 인물이 정치 혁명에 앞서 공중의 사상을 계몽해야 한다는 세계혁명사의 교훈을 알지 못하고 서둘러 정변을 일으켰다가 실패했다고 인식했다. 마지막 하나는 동학당. 박은식은 이 집단이 혁명의 정치사상을 갖춘 민당으로 폭동의 전개 과정에서 서구 혁명을 재현할 가능성도 있었지만 불량배가 다수 결집하여 국가에 참화를 끼쳤다고 인식했다.

이와 같은 한국 혁명사 인식은 신해혁명 이후 중국 현지에서 체감한 공화혁명의 여파였을 것이다. 박은식이 『향강잡지』에서 논했듯이 중국에 필요한 진정한 혁명이란 공화시대에 절실한 민덕民德의 창출, 곧 인민의 정신적 혁명이었다. 이 맥락에서 다시 교육의 중요성이 부각되었다. 그는 본래 유학자였고 유학을 통해 인륜의 주체를 만들고자 했다. 그것이 자강의 주체를 만드는 교육으로, 다시 혁명의 주체를 만드는 교육으로 움직였다. 교육의 포인트는 달라졌지만 교육을 통해 가장 절급한 가치를 실현한다는 믿음은 그대로였던 것이다. 이것을 '아픔과 구원'의 시각에서 보자면 구원의 방법에 관한 가장 투철한 키워드로 자강과 혁명을 얻었다고 이를 수 있겠다.

환난을 만나 아픔을 느끼는 비상한 시대에는 괴로움을 겪는 사람이 따로 있고 이를 구원하는 사람이 따로 있는 것은 아니다. 박은식과 신규식이 중국 상하이에서 함께 활동한 결사체 동제사는 '동제同濟'의 말뜻 그대로 한배 타고 함께 건너는 환난 공동체이자 구원 공동체였다. 이것은 기본적으로 한인 독립지사 사이의 '동제'를 의미했다. 하지만 한국 독립운동에 관심을 둔 중국 혁명지사와 연결되어 새로운 아시아를 위한 동제사, 곧 신아동제사도 출현했다. 이 경우 '동제'는 구원의 주체를 형성하는 한중 연대의 정신을 가리키는 방향으로 어감이 확장되는 것이었다.

신해혁명 초기 한인 지사는 중국의 공화혁명으로부터 한국 광복을 향한 희망을 밝힐 수 있었다. 더욱이 현지 중국의 혁명 세력은 한국에 동정을 표하고 한인 지사를 환대했으며 장래를 기약했다. 신규식에 따르면 특히 천치메이陳其美는 장래에 반드시 일본에서 내란이 일어날 터이니 한인 지사들이 삼한三韓의 광복을 위하여 노력하라고 격려했고, 한국의 역사와 한인의 전기, 그리고 잡지를 발간하는 일을 돕겠다고 의중을 전했다고 한다. 또 정인보에 의하면 동제사의 한인 지사들이 천치메이를 위해 환영회를 열었을 때 박은식은 능숙한 한문 실력을 발휘하여 일필휘지로 환영사를 지었다고 한다. 당시 박은식은 천치메이 같은 혁명 지사가 한국에 동정을 표하고 장래를 기약하자 크게 고무되어 있었다.

그런데 박은식에게 한중 연대 의식은 신해혁명 이후 중국 현지에서 비로소 촉발된 것은 아니었다. 한국과 중국 사이의 오랜 역사에는 한중 연대의 지적 자원이 될 수 있는 풍부한 전통이 잠재해 있었다. 신해혁명에 직접 참여한 김규흥이 홍콩에서 한중 합작 언론『향강잡지』를 발간하자 한국 측 필진 박은식은 창간호(1913. 12)에 임경업 이야기를 썼다. 그것은 서간도 망명 시절(1911~12) 그가 현지에서 보았던 한국 농민의 임경업 제사 풍습에 관한 것이었다. 임경업은 어떤 사람인가? 병자호란 당시에는 조선에서, 명나라 멸망 당시에는 중국 대륙에서 만주족 청나라와 맞섰던 인물. 당시 조선 무장 임경업의 의지와 소원이 결국 근래 만주족이 물러나 중국이 광복하는 데 힘이 되지 않았을까? 마찬가지로 오늘날 한국의 광복을 위해 힘이 되어줄 중국의 임경업을 기대할 수 있을까?[1]

물론 박은식의 한중 연대 의식에는 그 이상의 의미도 있었다. 대한제국 말기 황성신문 논설은 중국의 근대화 사업에 크게 기대를 걸었고 한국 청

---

[1] 참고로 박은식이 임경업을 소환했듯이 조소앙은 최치원과 송시열을 불러냈다. 조소앙의 『한국문원(韓國文苑)』은 한중 연대의 메시지를 담아 책의 서두에 장지(張繼)의 휘호 '형제급난(兄弟急難)'을 제시하고 이어서 신라 최치원과 조선 송시열의 유상을 배치했다. 어째서 최치원과 송시열인가? 여기서 최치원과 송시열은 조소앙에게 한중 연대의 상징으로 중시되어 책의 메시지를 전하는 아이콘으로 선별된 것이었다. 최치원은 당나라 말기 황소의 반란이 일어나자 이를 토벌하는 격문을 지었는데, 이는 중국의 환난을 맞이하여 한국인이 중국을 구원하는 활동에 뛰어든 모범적인 선례로 비쳤을 것이다. 또한 박은식이 임경업에 부여한 것과 동일한 속뜻을 조소앙은 송시열에게 입혀준 것이었다.

년이 여름방학 기간 중국에 수학여행을 가서 중국 청년과 교유하기를 권유했다. 주필 박은식의 관점이 반영된 결과였다고 할 수 있다. 그는 만주 하얼빈의 부녀자가 의복과 머리 장식을 팔아 학당 경비를 보탰다는 기사를 학회지에 소개하면서 동병상련의 마음에 눈물을 금할 수 없다는 소회도 밝힌 바 있었다. 한국의 아픈 현실에서 중국의 아픈 현실을 공감하고 양국이 공유하는 환난의 현실을 생각한 결과였다.

한중 연대 의식이 확대되면 세계주의에 도달한다. 박은식이 대한민국 임시정부 임시대통령 고별사에서 밝힌 독립운동의 대방침에 따르면 한국의 독립운동은 세계 민족 연합주의에 입각하여 특히 중국, 러시아, 인도와의 연합적 행동으로 추진되어야 하는 것이었다. 그는 한국이 중국 및 러시아 국민과 연합하여 일본의 경제 침략을 저지해야 한다고 연설한 적도 있었다. 일찍이 박은식은 『한국통사』에서 한국이 독립국의 지위를 다시 회복할 방안을 한국의 실력 양성과 함께 한반도를 둘러싼 주요 외세의 균형에서 구했다. 이 맥락에서 일본 세력과 평형을 이룰 수 있는 중국 세력과 러시아 세력을 중시했으니 적어도 중국과 러시아는 한국의 시각에서 보는 세계 민족의 기본값이었다고 할 수 있다.

아마도 한중 연대의 관점에서 대한민국과 중화민국의 상호 협력의 극적인 장면은 1921년 상해 통합임시정부 국무총리대리 신규식과 광동 호법정부 대총통 쑨원 사이의 만남일 것이다. 이해 가을 신규식은 쑨원을 방문하여 대한민국임시정부의 승인과 태평양회의에의 공동 대응을 요청했다. 신규식을 수행했던 민필호의 회고에 의하면 이때 신규식은 쑨원을 만나 한중 양국은 혁명이 모두 중요하고 중국에서 혁명이 성공하는 날이 곧 한국이 독립하는 때라고 말했다고 알려져 있다. 이것은 박은식이 신규식과 함께 동제사에서 활동하던 시기 안창호에게 편지를 보내 이 나라(중국)가 발달하는 날이 곧 우리가 목적에 도달하는 때라고 말했던 것과 동일한 발상이었다. 관련하여 동제사 창립 취지를 보이는 신규식의 서예 작품에는 의미심장한 구절이 있다. '같음이여, 같음이여, 우리의 같음은 천명의 같음이라.[同兮同兮, 惟我之同, 惟我之同, 天命之同]' 여기서 천명의 같음이란 무엇일까? 한중 양국이 모두 새로운 국가의 수립을 통해 새로운 시대를 여는 것이다. 구원의 종착지라 하겠다.

박은식과 신규식의 글

이제 이 책에 수록된 박은식과 신규식의 글에 대해서 소개할 때가 되었다. 우선 독자 여러분께 '아픔과 구원'이 이 책의 전체적인 기조가 되어 선집의 방향을 비추고 있음을 일러 드리고 싶다. 이들의 대표작 『한국통사』와 『한국혼』이 공유하는 아픔의 문제, 그리고 아픔을 치유하기 위한 구원의 문제에 다양한 차원이 존재할 수 있음은 위에서 살펴본 대로이다.

먼저 박은식의 글은 크게 문집, 교육서, 잡지, 역사물, 신문의 다섯가지 범주에서 골랐다. 박은식의 문집 『겸곡문고』에는 대한제국 초기 박은식이 서울에서 활동할 무렵 지은 글이 수록되어 있다. 엮은이는 이 문집의 글을 크게 수양과 철학, 가까운 사람들, 국가의 현실, 개혁의 길, 이렇게 네가지 주제로 나누어 사상가 박은식의 진면목을 알 수 있는 중요한 글을 선택했다.

유학자로서 박은식의 사상의 핵심은 간단히 말해 자신을 반성하고 회개하며 타인을 공감하고 구원하는 것이다. 「자비비설自非非說」「수일재잠守一齋箴」「학계學誡」「겸괘謙卦를 읽다」「항괘恒卦를 읽다」 같은 글에서 '자비비自非非'와 '수일守一', '존성存誠'과 '구인求仁', '칭물평시稱物平施'와 '수시변역隨時變易' 같은 '수양과 철학'의 키워드를 만날 수 있을 것이다. 이것은 박은식 근대사상의 원형으로 필독의 가치가 있다. 유학사상을 알아야 근대사상의 이해가 가능한 법이다.

박은식의 '가까운 사람들'로는 죽마고우 전병훈, 개성 시인 김택영, 경화학계 스승 홍승운 등이 중요한 인물인데, 이들은 각각 조선후기 경세학, 문학, 역사학 등의 지적인 전통을 박은식과 공유했다. 조선후기 사상사에서 근대 사상사로 연결되는 사상사의 문맥을 박은식에게서 구할 경우 심도 있게 논의할 가치가 있는 중요한 사람들이다. 특히 홍승운이 박은식에게 자신의 조부가 쓴『속사략익전』을 가르쳐서 경화학계 주자학의 대명의리론을 전수한 것은 박은식의 역사학의 전통에서 반드시 조명할 필요가 있다. 또 대한제국 초기 전병훈의 언론 활동과 경세 연구, 그리고 중국 망명기 도교 수련과『정신철학통편』도 박은식의 사상 연구에서 필히 함께 검토될 필요가 있다.

『겸곡문고』에는 대한제국에 대한 현실 인식과 개혁 사상이 드러난 글이 적지 않지만 엮은이가 보기에 특히 대표작이라 이를 만한 글은「행하만록杏下漫錄」과 손정현에게 보낸 세 편지이다. '길가에는 굶주린 사람이 서로 줄지어 있는데 대갓집에는 술과 고기가 낭자하니 하늘이 낳은 백성이 어찌 이렇게 고르지 못함이 심한가?'(「행하만록」), '아아! 오늘날 국세의 부진은 누구의 죄입니까? 사류士流의 죄입니다.'(「첫번째 서한」), '아! 지금 천하 각국이 우리 한국을 어떤 나라로 보고 있습니까? 우리 백성을 어떤 인종으로 보고 있습니까?'(「두번째 서한」), '아, 이들은 모두 우리 임금의 신하이고 우리 임금의 인민인데 어쩌다 타락해서 이 지경이 되었습니까?'(「세번째 서한」) 이 편지들에서 박은식에게 분노와 수치의 뜨거운 마음이 솟구치고 있음을 느낀다.

박은식의 교육서『학규신론』은 한국 근대 교육학의 선구적인 저술로 중요하다. 대한제국 초기 개명한 유교지식인의 '교육자강론'이 분명하게 표현된 시대의 명저라고 할 수 있다. 이 책은『겸곡문고』에 수록된「흥학설興學說」의 논의를 심화하고 보완하여 단행본으로 체계화한 저작인데, 이 책에 서문을 쓴 김택영의 논법을 빌리면 한국의『이언』이었다.『이언』은 청나라 말기 정관잉鄭觀應이 동도서기와 변법자강의 정신에 입각하여 서양

제도 수용을 논한 저술이다. 1880년대 조선 정부에서 이미 한글 번역까지 마쳐서 조선 지식인 사회에 널리 알려져 있는 근대 서학서였으니 『학규신론』이 『이언』에 비견되었다면 상당한 평가이다.

『학규신론』의 13조목은 크게 세 부분으로 나뉘는데 교육에 관한 새로운 관념을 고취하는 원론 부분(「논학요활법論學要活法」부터 「논학유발분論學由發憤」까지), 교육 진흥의 구체적 방안을 제안하는 각론 부분(「논유학지익論遊學之益」부터 「논사우이학論仕優而學」까지), 그리고 인재 양성과 인민 교화를 위한 학문과 종교의 핵심 항목(「논국운관문학論國運關文學」부터 「논유지종교論維持宗敎」까지)이다. 이 책은 한국의 근대 교육 방안을 전적으로 서양 교육 제도의 도입과 서양 근대 학문의 수용으로 한정하지는 않았다. 이 책의 행간에서 개명한 유학자의 교육관을 발견할 수 있다.

박은식은 근대 언론인으로 한국과 중국의 여러 매체에 많은 기사를 게재했다. 한국 매체로는 『황성신문』 『대한매일신보』 『경남일보』 『독립신문』 『동아일보』 『서우』 『서북학회월보』 『여자지남』 『소년』 『개벽』 등의 지면에서 그의 글이 보인다. 중국 매체로는 『향강잡지』 『사민보』 『국시일보』 『도로월간』 등의 지면에서 그의 글이 보인다. 엮은이는 이 책에 매체 기사를 어떻게 선입할까 고심했다. 일단 그의 필명이 확인되는 기명 기사에 한정하기로 했다. 대한제국 멸망 이전의 시기는 자강운동의 시야에서 학회지를 중심으로 선별하고 이후의 시기는 재중 독립운동의 시야에서 『향강잡지』와 『독립신문』의 글에 집중했다.

먼저 잡지(학회지)에 실린 박은식의 글은 '자강과 단합' '교육과 실업' '지방의 발흥' '다양한 주체' '유교의 혁신' '중국의 현장', 이렇게 여섯가지 주제로 나누어서 접근했다. 일반적으로 대한제국 후기 국가의 독립을 회복하기 위하여 사회단체를 결성하고 교육과 실업에 힘써서 실력을 양성하고자 했던 운동을 애국계몽운동 또는 자강운동이라고 부른다. 박은식은 이 운동의 실천에 힘썼던 주요 인물의 한 사람이었다. '자강과 단합' 그리고 '교육과 실업'에 속하는 잡지 기사는 박은식의 자강사상의 본질과 실제를 인식할 수 있는 중요한 글이다.

박은식의 자강사상에서 특별한 점이 있다면 조선시대 지배 계층의 문명개화로부터 시선을 돌려 주변부의 차별받는 존재에 관심을 두었다는 사실이다. '지방의 발흥' 그리고 '다양한 주체'에 속하는 잡지 기사는 이 문제를 다루는 글이다. 그는 서도 사람들에게 교육 사업에 동참하여 지역 차별의 굴레에서 벗어나기를 당부했고, 구문명과 신문명의 발원지로 평양과 개성의 과거와 현재를 논했다. 서울 물장수의 야학 청원을 기뻐하여 노동 동포의 국민 책임 의식을 전국 동포에게 당부했고, 나무꾼·도공·농민 출신의 중국 민중 양명학자의 인생관을 톨스토이에 비견하여 예찬했으며, 남녀가 본성상으로 지각의 차등이 없고 직분상으로 권능의 우열이 없으니 여성 교육에 힘쓸 것을 주장했다. 그가 주목한 자강은 차별받는 주체, 곧 지방의 자강이었고 노동자의 자강, 농민의 자강, 여성의 자강이었다.

박은식의 자강사상에서 '유교의 혁신'은 이색적인 주제이다. 그는 서우학회 시절 한국 선비의 혁신을 논한 글 「구습 개량론」을 발표한 데 이어 서북학회 시절에는 한국 유교의 혁신을 논한 글 「유교 구신론」을 발표했다. 구관습의 개혁에서 구학문의 개혁으로 논지의 중심이 이동했다. 한국 유교의 혁신을 위한 그의 실천은 크게 양명학과 대동교의 두가지 방향으로 움직였는데, 전자의 경우 왕양명의 전기를 집필하는 저술 활동으로 후자의 경우 대동교 교세를 확장하는 종교 활동으로 나타났다. 양명학과 대동교에 대한 그의 생각을 잘 드러낸 글로 「왕양명실기王陽明實記 서문」과 「공자 탄신 기념회 강연」이 있다.

박은식의 유교 혁신론을 읽을 때 주의할 점이 있다. 그는 단지 철학 에세이를 쓴 것이 아니다. 대한제국 말기 한국 사회는 국망이 임박하면서 가짜 지사와 개화 자제의 부도덕함이 자주 언론에 오르내렸다. 그는 한국 사회의 도덕적 재무장을 위한 새로운 도덕학의 창조가 절급하다고 인식했다. 이에 따라 학회 회원을 위해 강연소를 설치해서 심학 강연을 추진했고, 소년 학생을 위해 왕수인의 전기를 지어 양명학 교육을 추진했고, 일반 국민을 위해 대동교를 창립해 종교의 형식으로 도덕 교육을 확산했다. 이 모두 자강운동의 재정립을 위한 새로운 차원의 운동이었다. 관련하여 독자 여러분은 박은식의 『고등한문독본』에 수록된 왕양명의 편지에서 '아픔과 구원'의 메시지를 얻을 수 있다. 『소년』 잡지에 수록된 최남선의 양명학 제창 논설에서 '정성과 세력'의 메시지를 얻을 수 있다. 비록 왕수인의 글이고 최남선의 글이라 이 책에 수록되지는 못했지만 박은식의 유교 혁신론의 진의를 이해하는 데 유익하다.

박은식이 『향강잡지』에 쓴 글은 아직 한국 사회에 널리 알려지지 않은 것 같다. 신생 중화민국이 명실상부한 민국이 되기 위해서 무엇을 해야 하는가, 공화 세상의 주인은 백성인데 민덕을 새롭게 하려면 무엇을 해야 하는가, 그가 쓴 글에는 이런 고민이 투철하다. 역시 결론은 교육이었다. 도덕가의 민덕 혁신으로 백성의 정신계 혁명이 일어나야 한다고 주장했다. 결국 그는 대한제국 독자를 위해서는 교육이 흥하지 못하면 생존을 얻지 못한다고 주장했고 중화민국 독자를 위해서는 교육이 보급되지 않으면 민덕이 혁신되지 못한다고 주장했다. 대한제국 말기 유교 혁신론이 중화민국 초기 민덕 혁신론으로 연속하고 있음을 본다.

『향강잡지』의 다른 글 「한국 교포의 임 장군 제사를 기록한다」는 한중 연대의 메시지를 설파한 문제작인데 앞서 '아픔과 구원'의 논제에서 구원의 공동체의 국제적 성격과 관련하여 이를 언급했으므로 여기서는 부연하지 않는다. 다만 임경업의 역사적 의미 그 자체는 조선후기 대명의리론의 맥락에서 이해될 수 있지만, 그가 임경업을 발견하는 구체적 현장은 서간도 이주 한국 농민 사회의 임경업 제사 풍습이었으니 농민의 자강에 관한 관심과 연동되는 현상으로 볼 수도 있다.

박은식은 유학자에서 출발하여 교육자와 언론인으로 크게 활약했지만 그가 이룩한 불멸의 업적은 역시 역사서의 편찬이었다. 그 중에서 『한국통사』(1915, 이하 '통사')와 『한국독립운동지혈사韓國獨立運動之血史』(1920, 이하 '혈사')는 특히 한국 근대 사학사에서 민족주의 역사학의 명저로 평가받고 있다. 이 두 책은 한국의 최근 역사를 세계에 알려 한국 독립에 우호적인 국제 여론을 일으키려고 편찬된 실천적인 역사책이었다. 이런 견지에서 두 책의 서론과 결론을 모두 이 책에 수록했다. 아울러 전자에 보이는 상당한 사론 중에서 흥선대원군 집정, 갑신정변 발발, 광무황제 정치, 대한제국 종말 등에 관한 글을 채집하여 한국 근대사론의 실상을 전달했다.

'통사'와 '혈사'를 재미있게 읽는 방법으로 '통사'와 '혈사'의 비교도 좋은 방법이다. '통사'가 대한제국의 멸망에 초점이 있는 '눈물의 역사'라면 '혈사'는 3·1의 혁명에 초점이 있는 '피의 역사'이다. '혈사'는 '통사'에서 다소 저평가된 갑신정변과 동학농민운동에 대해 각각 독립운동과 평민혁명의 역사적 의미를 부여하는 새로운 역사 감각을 보였다. 이러한 변화는 3·1의 충격에서 기인했다. '혈사'는 '기원 4252년 3월 1일은 우리 이천만 한족이 정의와 인도의 기치를 올려 충신으로 갑주를 삼고 적혈로 포화를 대신해 전고에 있지 않은 맨손혁명을 개창한 날'이라고 기렸다.

그런데 '통사'와 '혈사'가 나오기 전에 박은식은 세계사를 읽고 민족사를 쓰는 과정을 거쳤다. 이 가운데 대한제국 후기 『애급근세사』와 『서사건국지』의 박은식 서문, 그리고 서간도 망명기 『대동고대사론』의 첫머리는 박은식의 역사관의 이해를 위하여 중요하다. 『애급근세사』, 곧 장지연이 번역한 이집트 당대사는 1905년의 시국에서 이집트라는 거울을 통해 한국에 임박한 비극을 깨우치는 책이었다. 『서사건국지』, 곧 박은식이 번역한 스위스 건국 이야기는 1907년의 시국에서 스위스라는 거울을 통해 한국의 미래의 희망을 상상하는 책이었다. 『대동고대사론』의 첫머리에서 논한 역사와 민족의 관계는 후일 '통사'의 서론과 결론의 토대가 되는 중요한 입론이었다.

박은식은 생애 말년 대한민국임시정부에 참여했다. 그는 임시정부의 정치적 국면에 따라 『독립신문』에 정견을 발표했다. 1920년 6월 이승만 불신임운동 국면, 1923년 3월 국민대표회의 국면, 1925년 3월 임시대통령 취임 국면, 동년 7월 임시대통령 퇴임 국면의 『독립신문』 기사에서 이를 볼 수 있다. 독자 여러분은 이 자료에서 정치가 박은식의 현실 인식과 독립운동의 철학을 감상할 수 있을 것이다. 특히 임시대통령 퇴임 시에 밝힌 독립운동의 대방침에서 그는 세계주의의 신념을 강렬하게 발산했는데, 오늘날 글로벌 시대의 감각에서 본다면 박은식의 세계주의야말로 한국 근대 사상사를 보는 안목을 새롭게 하는 사상 전통이다.

끝으로 이 책에 수록된 신규식의 작품을 소개한다. 먼저 신규식의 대표작 『한국혼』을 전문 수록했다. 국망의 아픔과 민족의 구원이라는 감성이 절절하게 쏟아져 나오는 이 책은 박은식의 『한국통사』와 거의 동시에 완성되었는데, 오늘날 박은식의 『한국통사』가 한국의 고전으로 평가될 정도로 널리 알려져 있음과 달리 한국 사회에서 아직까지는 생소하다. 그렇지만 '아픔과 구원'이라는 보편 주제에 비추어 한국 사상사에서 적실한 문헌을 찾는다고 할 때 『한국혼』은 다른 문헌에서는 보기 드문 호소력을 갖추고 있다. 그 까닭은 이 작품 전체가 사실은 신규식의 강연에 바탕을 두고 있기 때문이다. 청자의 감성에 호소하는 강연의 힘이 작품에 내재해 있는 것이다.

『한국혼』은 원초적으로 한국의 국망의 아픔을 말한 책이다. 그렇지만 이 아픔은 단순히 한국의 아픔으로 그치지 않는다. 이 책에 서문을 쓴 베트남의 혁명 지사 판보이쩌우潘佩珠는 한국의 아픔에서 베트남의 아픔을 응시했다. '한국과 우리 월남은 아시아에서 형제국으로 종족이 같고 학통이 같으며 지금은 고통 또한 같다'고 말했다. 신해혁명 이후 중국의 한인 지사가 신아동제사를 조직하여 한국과 중국의 연대를 추구했듯이 중국의 베트남 지사는 진화흥아회振華興亞會를 조직하여 베트남과 중국의 연대를 추구했다. 신규식과 판보이쩌우는 각각의 단체의 중심 인물이었으니 신규식의『한국혼』에 판보이쩌우가 서문을 쓴 것은 중국에서 한국 독립운동과 베트남 독립운동의 만남을 상징하는 역사적 의미가 있는 사건이었다.

본래 판보이쩌우는 일찍이 량치차오梁啓超와 함께 베트남의 아픈 역사에 관해 대담했고 그 결과물이『월남망국사越南亡國史』(1905)로 출판된 바 있다. 그는 다시『천호제호天乎帝乎』(1923)를 지어 베트남의 근대사를 통해 중국인에게 국망의 참화를 깨우쳤다. 판보이쩌우의 역사책은 가히 베트남의 '통사痛史'라 이를 수 있겠는데, 판보이쩌우가 들려주는 베트남의 '통사'와 박은식이 들려주는 한국의 '통사'를 비교하여 근대 아시아의 사상사와 사학사를 새로 쓰는 작업이 언젠가 이루어진다면 신규식의『한국혼』은 이 작업의 필수적인 참조 문헌으로 중시될 것이다.

『한국혼』의 문제의식의 핵심은 선망善忘의 성찰이다. 국망의 원인은 어디에 있는가? 이는 선조의 교화를 잊고 선민의 공적을 잊고 국사를 잊고 국치를 잊음에서 나왔다. 신규식은 무관학교 출신의 무인답게 한국의 역사 속 무장의 공적과 그들의 비극을 기억해낸다. 그리고 동포를 향해 절규한다. 노예보다 못한 노예, 옥중 속의 옥중, 국망에 이어 찾아올 멸종을 생각하라. 국학의 쇠퇴와 국성의 상실을 애통해하며 국혼을 붙들고 국사를 회복하기를 갈구한다. 신채호, 최남선, 나철, 주시경의 이름을 거론하며 희망을 발견한다. 재래 주자학도 아니고 외래 서양학도 아닌, 망각 속에 묻혀 있던 국학을 발굴하는 희망이다. 중국인 정정程檉이 만주의 촌로에게 고구려 광개토대왕 옥새를 입수해서 소장한 소식을 듣고 그가 이를 실견하러 찾아간 일은 흥미로운 일화이다.

『한국혼』은 망국의 원인을 성찰할 뿐만 아니라 구망의 방안을 제시한다. 그것은 역사의 믿음과 사상의 화합이다. 한국의 구망이란 프랑스 혁명, 미국 독립, 일본 유신, 중국 혁명과 마찬가지로 역사의 변혁을 의미한다. 변혁의 과정에서 중요한 것은 변혁을 실천하는 정치공동체의 통합적 운영인데 사상이 다르고 정견이 다른 변혁 주체의 정치적 구심점을 찾으려면 물리적인 국가가 부재한 현실에서 역사를 거슬러 올라가 민족의 시조를 중심으로 정치 공동체를 형성하는 것이 중요하다.

세계사의 변혁에 대한 믿음, 그리고 그 실천을 위한 한인 공동체의 정치적 응집, 그리고 중국 공화혁명의 반성적 관찰이 '단군 공화주의'의 길을 추동한다. 이것은 재래의 주자학도 아니고 외래의 서양학도 아닌 사상의 제3지대로서 국학의 발견과 일맥상통하는 방향이다. 여기에는 제1차 세계대전 발발 국면의 냉철한 현실 인식도 가세했다. 망국민의 처지에서 '극단 천국주의'와 '극단 사회주의'의 관념적인 태도는 버리고 민족주의와 국가주의의 극한 경쟁을 현실 세계에서 직시해야 한다는 것. 이 시각에서 사상의 분열과 사견의 난립을 치유하고 통합할 '국혼 공화국'이 요청된다. 대동단결선언의 방향이 이미 예비되어 있다.

그러나 한인 정치 공동체가 국가로 자립하기 위해서는 국혼의 토대와 함께 이웃과의 연대가 필요하다. 박은식도 그렇지만 신규식도 가장 절실한 이웃은 중국이었고 그렇기에 한중 연대를 추구했다. 이것은 중국 혁명 지사와의 우의(友誼)로 나타났는데, 이 책에 수록된 신규식과 천치메이 사이의 교분을 알리는 글은 그 일단이라 하겠다. 현전하는 신규식의 시집 『아목루』에는 그러한 정감이 느껴지는 작품이 적지 않게 수록되어 있다.

그러나 국혼도 연대도 모두 그 깊은 곳에는 '아픔과 구원'이 자리하고 있다. '아픔과 구원'의 메시지를 경청하고 한국 근대 사상사의 흐름에서 그 역사적 의미를 찾는 작업은 오늘날의 한국 사상계를 성찰하고 미래의 진로를 설계하는 유익한 길이 되어줄 것이다. 1910년대 한국사상계의 명작으로 박은식의 『한국통사』와 신규식의 『한국혼』을 돌아보는 까닭이다.

핵심저작

박은식

박은식(1859~1925) 초상

1장
대한제국의 선비
『겸곡문고』의 세계

수양과 철학

자기 잘못을 잘못이라 하라[1]

천하의 정은 옳음을 옳다 하고 그름을 그르다 하는 것일 따름이다. 나의 옳음을 남이 그르다 해도 본디 내게 손해가 없다. 나의 그름을 남이 옳다 해도 역시 내게 이익이 없다. 만약 자기의 옳음을 스스로 옳다 하면 나에게 손해가 있을 것이다. 자기의 그름을 스스로 그르다 하면 내게 이익이 있을 것이다. 따라서 내게 옳음이 있어도 스스로 옳다 하는 마음을 두어서는 안 된다. 내게 그름이 있다면 스스로 그르다 하는 마음이 없어서는 안 된다. 이른바 자기의 그름을 스스로 그르다 하는 것은 곧 스스로 반성함을 이른다. 그 악함을 공격함을 이른다.

대개 시비하는 마음은 사람마다 모두 있으니 옳음은 따르는 것이 좋고

---

1   박은식 「자비비설(自非非說)」, 『겸곡문고(謙谷文稿)』.

그름은 따라서는 안 되는 줄을 누구인들 알지 못하겠는가? 더러 사의私意가 승하여 시비를 뒤집어 죄악에 빠지는 자도 있을 것이다. 더러 보는 곳이 밝지 못해 시비에 어두워 거취를 잃은 자도 있을 것이다. 더러 배움의 힘이 철저하지 못하고 굳세게 자기를 붙들고 지키지 못해 대략 시비를 알아도 정밀하게 선택하고 과감하게 결단하지 못한 자도 있을 것이다. 나는 옛날을 추억컨대 잘못을 뉘우칠 것이 산더미처럼 쌓여 있다. 능히 자기의 그름을 그르다 하면 용력用力이 깊어져 자기를 다스림이 핍절해질 것이다. 그래서 이와 같이 글을 쓴다.

이 규약을 저버리지 말라[2]

너는 네 행실을 돌아보라
허물이 많고 흠이 많도다

남들은 네가 어리석다 하는데
너는 변명하지 못하는도다

남들은 네가 나약하다 하는데
너 또한 스스로 알고 있도다

너는 장차 무엇을 수양할까?
바로 사람됨이라 말하리

하늘이 명하신 바 있으니

---

2   박은식「수일재잠(守一齋箴)」,『겸곡문고』.

너는 이를 공경히 하라

성인이 가르치신 바 있으니
너는 이를 생각하고 생각하라

먹고 잘 때에도 해이해 있지 말라
황급할 때에도 떨어져 있지 말라

어질지 않고 의롭지 않은 일
곱추와 같이 볼지니

이익에 유혹되지 말고
사정을 따르지 말라

때로 격앙되어 있더라도
비천함에 빠지지 말라

따스할 때 남의 헐벗음 생각하고
배부를 때 남의 굶주림 생각하라

너의 출입문을 열고
너의 울타리를 헐라

네게 있는 한가지 물건
아직도 능히 받들어 가졌는가?

너는 너의 한결같음을 지킬지니
죽을 때까지 변하지 말라

혹여 그러하지 못하다면
어떻게 사람이라 하랴

너는 힘쓸지어다
이 규약을 저버리지 말라

어짊을 구하고 정성을 보존하라[3]

어짊〔仁〕은 천지의 마음이다. 정성〔誠〕은 천지의 길이다. 천지의 마음으로 마음을 삼고 천지의 길로 길을 삼으면 천지와 더불어 참여할 수 있다. 천지는 사물을 낳음을 마음으로 삼아 대공무사大公無私하다. 천지는 쉬지 않음을 길로 삼아 진실하고 거짓 없다.

때문에 어진 사람의 마음은 대중을 동포로 삼고 만물을 일체로 삼는다. 어질지 않은 사람은 부자 형제 같은 지친至親 사이에도 은혜를 상하고 서로 학대하는 자가 있다.

정성을 생각하는 길은 어둑한 곳에서도 환한 곳처럼 있고 홀로 있어도 여럿이 있듯이 하고 옥루屋漏에서도 부끄럽지 않고 상제上帝를 대한 듯이 한다. 정성스럽지 않은 사람은 처음에는 몰래 감추다가 나중에는 방자하게 거리낌이 없다.

그러니 사람이 천지와 참여하는 것이 곧 이 마음이다. 금수와 똑같이 되는 것도 이 마음이다. 어진가 어질지 않은가, 정성스러운가 정성스럽지 않

---

3   박은식 「학계(學誡)」, 『겸곡문고』.

은가일 따름이다. 배움이란 이 어짊을 구해서 마음으로 삼고 이 정성을 보존해서 길로 삼고자 하는 것이다.

아아! 상천上天께서 이미 내게 주신 것이다. 성인이 다시 내게 밝게 가르친 것이다. 『서경書經』에서 이르는 '유정유일惟精惟一'[4], 『논어論語』에서 이르는 '극기복례克己復禮'[5], 『대학大學』에서 이르는 '격치성정格致誠正'[6], 『중용中庸』에서 이르는 '명선성신明善誠身'[7]이 모두 어짊을 구하고 정성을 보존하는 요결이다. 아! 너희 소자는 감히 명심하지 않겠는가?

평천하의 방도[8]

겸괘의 상象에 이르기를 "군자는 이로써 많은 데서 덜어내 적은 데를 늘려서 사물을 저울질해 고르게 베푼다"[9]고 했다. 크도다, 이 말이여! 이는 평천하平天下의 중요한 방도이다. 아아! 천하의 환난이 치우치게 많고 치우치게 적고 치우치게 가볍고 치우치게 무거운 까닭에서 나오지 않은 적이 언제 있었던가?

선왕의 세상에서는 나라를 나누어 땅을 주니 세상을 부리는 권력이 평平을 얻었고, 정전井田으로 땅을 주니 산업을 제정하는 법이 평을 얻었고, 널리 인재를 부르니 사람을 등용하는 길이 평을 얻었고, 나무꾼에게도 물

---

4 『서경』「대우모(大禹謨)」에 "인심은 위태롭고 도심은 은미하니 마음을 정밀하게 하고 전일하게 하여 진실로 중도를 잡으라(人心惟危, 道心惟微, 惟精惟一, 允執厥中)"는 구절이 있다.

5 『논어』「안연(顔淵)」에 "안연이 인에 대해 물으니 공자가 말하기를 자기 사욕을 이겨내고 본연의 예로 돌아가는 것이 인이다(顔淵問仁, 子曰, 克己復禮爲仁, 一日克己復禮, 天下歸仁焉, 爲仁由己, 而由人乎哉)"라는 구절이 있다.

6 사물을 탐구해 앎을 극진히 하고 생각을 정성스럽게 하고 마음을 바르게 한다는 뜻이다. 『대학』 8조목에 속하는 격물(格物), 치지(致知), 성의(誠意), 정심(正心)의 줄임말이다.

7 『중용』제20장에 "몸을 참되게 하는 길이 있으니 선을 분명히 알지 못하면 몸을 참되게 하지 못할 것이다(誠身有道, 不明乎善, 不誠乎身矣)"라는 구절이 있다.

8 박은식「겸괘(謙卦)를 읽다」, 『겸곡문고』.

9 『주역』겸괘에 "君子以, 裒多益寡, 稱物平施"라는 구절이 있다.

어보니 선책善策을 취하는 방도가 평을 얻었다. 비록 올리고 내리면서 등급의 차이가 없지는 않았지만 이세理勢가 절로 그러해서 그랬던 것이니 치우쳐서 해로움은 없었다. 오직 사물을 저울질해서 치우치지 않았기 때문에 천하의 마음이 즐겁게 융합하여 위로는 동요하는 위험이 없고 아래로는 이탈하는 근심이 없었다.

후세에 천하 국가를 다스리는 자는 도를 강구하지 않아 애증과 취사, 억양과 여탈에서 다만 자기의 사私를 따르고 천하의 정과 어긋났다. 이쪽에 후하고 저쪽에 박하며 가까운 곳을 들어주고 먼 곳을 홀시하니, 천하 사람이 불평을 쌓아 분노와 원한의 기운이 화얼禍孽을 양성하여 마치 장작더미 속에서 타오르는 불과 같은데 몽롱하고 편안히 지내다 하루아침에 재앙이 일어나면 그 형세를 어찌할 수 없는 것이 대부분이었다. 이는 대개 사물을 저울질해 고르게 베푸는 일을 적절하게 하지 못해 점점 누적되어 이른 것이다.

아아! 천하 국가를 다스리는 자가 이 의리를 익숙하게 강구하여 조처할 바를 알아야 하겠도다!

정치하는 방도[10]

일찍이 천하의 일을 생각하니 상常에 빠지고 고故를 지키면 날로 쇠퇴하여 부진하게 되고 고를 변화시키고 상을 어지럽히면 때로 기이한 화란에 빠져 잘 마치지 못하게 된다. 이로 보건대 상은 지켜서도 안 되고 변화시켜서도 안 된다. 이 두가지는 어디서 절충하면 좋을까. 항괘를 읽으니 지키든 변화시키든 합당한 도리로 하지 않으면 구제할 수 없음을 알겠다.

항괘의 단彖에 이르기를 "항이 형통하여 허물이 없으니 곧음이 이로운

---

10   박은식「항괘(恒卦)를 읽다」,『겸곡문고』.

것은 그 도가 오래가기 때문이다. 천지의 도는 항구하여 그침이 없다. 가는 것이 이로운 것은 끝에 가서 시작이 있기 때문이다"[11]라고 했다.

대개 항은 두가지 뜻이 있다. '변하지 않음〔不易〕'의 항이 있고 '그치지 않음〔不已〕'의 항이 있다. '형통하여 허물이 없으니 곧음이 이롭다'라는 것은 '변하지 않음'의 항이다. '가는 것이 이로운 것은 끝에 가서 시작이 있기 때문이다'라는 것은 '그치지 않음'의 항이다.

무릇 천지의 도를 보건대 낮과 밤이 서로 교대하고 추위와 더위가 서로 교대하여 한번도 쉬지 않고 변하지 않으니 낮에서 밤으로 밤에서 낮으로 추위에서 더위로 더위에서 추위로 가는 까닭이 항고불역恒古不易이다. 그래서 정자程子는 "항은 일정함을 이르지 않는다. 일정하면 항상되게 할 수 없다. 오직 때에 따라 변하고 바뀜이 곧 항상되게 하는 도이다"[12]라고 했다.

정치하는 방도란 꾸밈과 바탕을 손익損益하고 때에 따라 알맞음을 조처하여 자신에게 근본하는 것은 부지런히 해서 게으르지 않고 백성에게 베푸는 것은 점차로 해서 서두르지 않으며 시작에 신중하고 끝을 염려하여 '그치지 않음'에서 '변하지 않음'의 까닭이 행해지는 것이다. 이것이 곧 천지의 상을 바탕으로 천지의 변變에 달통하여 오래가는 사업을 하는 것이다.

만약 상에 빠지고 고를 지켜 제때의 변화에 어둡게 되면 항괘 초육初六의 이른바 '항상됨이 깊어 바르더라도 흉하다'[13]라는 것이다. 고를 변화시키고 상을 어지럽혀 올바른 이치에서 어긋나면 항괘 상육上六의 이른바 '진동하는 항상됨으로 크게 공이 없다'[14]라는 것이다.

항괘의 상象에서 도의 그치지 않음을 보아 상에 빠지지 않으며 도의 변

---

11   『주역』항괘에 "恒亨无咎利貞, 久於其道也, 天地之道, 恒久而不已也, 利有攸往, 終則有始也"
      라는 구절이 있다.
12   『주역전의』항괘에 "恒, 非一定之謂也, 一定則不能恒矣, 唯隨時變易, 乃常道也"라는 구절이
      있다.
13   『주역』항괘에 "浚恒, 貞凶"라는 구절이 있다.
14   『주역』항괘에 "振恒在上, 大无功也"라는 구절이 있다.

하지 않음을 보아 상을 어지럽히지 않는다면 군자는 거의 구제함이 있을 것이다.

가까운 사람들

나의 동지가 황해도에 간다[15]

선비가 이 세상에 태어나 자기를 써주지 않음을 근심하지 말고 쓰임이 될 것이 없음을 근심해야 된다. 쓰임이 되려면 어떻게 해야 하는가? 학문이 있을 따름이다. 나는 성암과 동지同志이고 동업同業이다. 고난을 함께 겪고 우환을 서로 연민한 지 30여년 되었다. 지난날 임오년(1882)·계미년(1883) 즈음에 영원寧遠의 산골짜기에 함께 숨어 나무로 집을 짓고 감자를 심어 양식으로 삼았다. 산중에는 아름드리나무가 많았는데 높이가 모두 하늘가에 닿고 나뭇가지와 나뭇잎이 구름을 가렸다.

두 사람이 그 아래에 나란히 앉았는데 성암이 이를 가리켜 탄식했다.

"저것들은 모두 대하大廈와 동량棟樑에 쓰일 재목인데 이 사이에 태어나 늙도록 쓰이지 못하니 어쩌면 살고 있는 곳이 그렇게 만든 것이 아닐까?"

내가 말했다.

"이것들은 곧 식물이라 사는 곳을 옮기지 못해서 그렇고 사람의 재목은 본디 이와 다름이 있으니 그대는 힘써야 하네."

이때 성암은 굶주림과 헐벗음의 극도에 처했으나 그 뜻은 항상 천하를 따스하게 입히고 배불리 먹이는 데 두었다. 때문에 그 학문이 더욱 경제經

---

15 박은식 「황해 감리 성암(成庵) 전군(全君)을 보내는 서문」,『겸곡문고』. 여기서 전군은 박은식의 죽마고우인 전병훈(全秉薫)을 가리킨다. 대한제국 초기 만언소를 올려 국가 개혁을 논했다. 후일 중국에 건너가 도교를 수련하고『정신철학통편』을 편찬했다.

濟[16]에 힘써서 무릇 선배의 저술로 이와 합당한 것이 있으면 반드시 익숙하게 강구하고 정밀하게 토론했다. 이로부터 성암은 조금씩 조금씩 세상에 알려져서 명성이 먼 지방에도 미쳤고 지금 어진 사대부가 그를 국사國士로 대우하지 않음이 없는데 다시 나와 함께 서울에 와서 우거한 지 또 몇 년 되었다.

무릇 경세經世의 사무는 부세 균등이 우선이고 부세 균등의 근본은 토지 측량에 있다. 국가에서 측량의 사무를 거행하지 않은 지 오래되었다. 수교포락水嚙浦落[17]에 소민小民의 원징冤徵이 예전과 같고 신간누결新墾漏結[18]에 이서吏胥의 두식蠹蝕이 날로 심하다. 하물며 오늘날을 옛날과 비교하면 국세의 감소가 수십만결에서 그치지 않으니 가히 공사公私가 모두 병들었다고 하겠다.

법이 오래되면 폐단이 생기고 폐단이 극도에 이르면 변화한다. 이것이 오늘날 측량 사무를 속히 거행하는 까닭이다. 이에 조정에서 양지사量地司를 설치하고 각도에 감리사監理使를 파견하니 성암은 황해도의 임무를 맡았다. 원습구숭原隰溝塍[19] 사이에 가서 주선하니 해서海西(황해도)의 부세가 장차 이에 균등해질 것이다.

오당吾黨의 선비들이 모두 이를 축하하는데 내 생각에는 성암이 오늘날 쓸 것은 옛날 산중에서 감자를 먹을 때 배운 것이 아니겠는가? 당실에서 수레를 만드니 천하의 험지와 평지를 구제할 수 있고 대장간에서 거울을 주조하니 천하의 고움과 미움을 정할 수 있다고 하는데 어찌 이 말이 미덥지 않겠는가? 그러나 성암의 학문은 그 쓰일 바가 마땅히 여기에서 그치지 말아야 하리니 이것은 단지 그 징조일 따름이다. 나는 다시 성암을 위해 권

---

16 경국제세(經國濟世) 또는 경세제민(經世濟民)의 줄임말. 오늘날의 경제 개념과는 다르다.
17 물이 토지를 침식해 들어오고 토지가 물에 의해 떨어져 나감.
18 새로 개간한 토지인데 세금 대상에서 누락된 전결.
19 언덕과 습지와 밭두둑. 『문선(文選)』의 「서도부(西都賦)」에 "밭두둑은 땅 위에 새긴 도안이요 언덕과 습지는 용비늘처럼 붙어 있다"는 구절이 있다.

면한다.

우리나라 역사를 찬술하는 작업은 마치셨는지요[20]

늦가을 형편은 어떠신지요. 기거는 안녕하신지요. 우리나라 역사를 찬
술하고[21] 우리나라 문장을 선별하는[22] 작업은 과연 이미 모두 마치셨는지
요. 가만히 생각건대 선생은 사문斯文의 책임에 있어서 실로 우연하지 않
은 것이 있습니다. 아! 우리 대동大東이 단군과 기자 이래 지금까지 4천년
간 본기本紀에 기록하고 열전列傳에 기록할 사적이 언제 쓸쓸한 적이 있었
습니까? 다만 뛰어난 인재가 나지 않고 기재한 글이 문장답지 않아 오래
전해지기 부족해서 마침내 4천년 예의지방禮義之邦에 볼만한 완전한 역사
서가 없었으니 어찌 애석하지 않겠습니까? 사마천司馬遷·반고班固·한유韓
愈·구양수歐陽修의 재주를 얻어 저술을 한다면 필시 천고에 빛나고 세계에
알릴 수 있을 것입니다.

요순 삼대의 문장은 논할 것도 없고 한·당·송·명의 세상에 금궤와 석실
에 감추고 난대蘭臺와 비각秘閣에 실어, 한 시대의 예악을 갖추었지만 간행
되지 못한 채 끝없이 전해질 저술이 선후로 계속 나왔으니 그것이 세교에
보탬이 되는 것이 어찌 적다고 하겠습니까? 세상에 문장이 없으면 역대 성
현의 교훈과 영웅 준걸의 공적과 충효 의열의 절행節行이 장차 어디에 의
지해 밝게 보여 영원토록 천하의 모범이 되겠습니까?

아아! 세상에 문장을 짓는 사람이 대개 적지만 문장이 본래 반드시 전할

20   박은식 「김창강(金滄江)에게 드리는 서한」, 『겸곡문고』. 김창강은 개성 출신의 이름난 시인
      인 김택영(金澤榮)을 가리킨다. 대한제국 초기 학부에 재직하며 한국사 교과서를 편찬했으
      며 서울에서 박지원(朴趾源)의 『연암집(燕巖集)』 출판을 주도했다. 박은식은 김택영과 친밀
      한 사이였고 『연암집』 출판에 협력했다.
21   김택영이 『동사집략(東史輯略)』을 편찬한 사실과 관련된다.
22   김택영이 『여한구가문초(麗韓九家文抄)』를 편찬한 사실과 관련된다.

작품을 짓는 일에 뜻을 두어야 한다는 것을 아는 사람은 더욱 적으니 문자가 어찌 쇠퇴하지 않겠습니까? 하물며 오늘날에 이르러 한문을 폐기하고자 하는 자가 서로 발붙여 일어나고 있지 않습니까?

아! 통탄스럽습니다. 무릇 반드시 전할 작품을 짓는 일이 어찌 남의 글을 표절하여 구차하게 부응하는 자가 능히 할 수 있는 일이겠습니까? 재주가 높고 식견이 고매하며 삼재三才[23]에 통하고 만고를 꿰뚫으며 천지의 정명한 기운이 가슴속에 채워져 붓끝에서 행해지는 자가 아니면 오래 갈 글을 지을 수가 없는 것이 명백합니다.

지금 선생은 문장의 재주가 있는데다 문장의 근본을 알아 반드시 전할 작품을 짓는 일에 뜻을 두어 부지런히 쉬지 않으며 백수白首로 늙어가고 있습니다. 마침내 본기를 짓고 열전을 지을 만한 4천년 사적을 취해 이전에 편수한 훌륭한 역사서를 널리 채집하고 일가의 말을 힘써 만들어서 성조聖朝의 문명을 도울 수 있다면 어찌 성대하지 않겠습니까? 가만히 탄앙歎仰을 견디지 못하니 서로 아끼는 사적인 감정일 뿐만은 아닙니다.

나를 가르치고 나를 권면했네[24]

유세차 신축년(1901) 3월 22일 무자戊子 영가永嘉[25] 삼천 홍선생이 청주의 시골집에서 별세했다. 6월 모일 밀양 박은식은 서울에 온 선생의 아우에게 처음 부음을 듣자 곡을 하고 약간의 글을 지었다. 그가 돌아갈 때에 이를 갖고 가게 하여 도착한 날 영연靈筵의 앞에서 읽어 고하게 했다.

---

23   천지인(天地人)을 가리킨다.
24   박은식 「삼천(三泉) 홍직각(洪直閣)을 위한 제문」, 『겸곡문고』. 홍직각은 박은식의 스승 홍
      승운(洪承運)을 가리킨다. 조선후기 학자 홍석주(洪奭周)의 손자이자 조선말기 시인 이건
      창(李建昌)의 벗이다. 홍석주의 연천(淵泉), 홍우건의 원천(原泉)을 계승해서 자신의 호를
      삼천이라 했다.
25   안동의 옛 이름인데 홍승운의 본관 풍산이 여기에 속했다.

아아! 천지의 운화는 세상이 오래되어 옮겨가니
생기生氣는 날로 엷어지고 진력眞力이 온전하지 않네
안연은 요절, 도척盜跖은 장수, 천리마 엎드리고 노마駑馬 앞서가네
도철饕餮과 도올檮杌[26]을 세상은 현인이라 하고
구부정하고 더러운 사람을 세상은 예쁘다고 하네
만인 중에 한 사람 홀로 스스로 우뚝하니
뭇사람이 등돌려 달리고 하늘도 깃발을 버리네
영가는 대대로 그 근원이 이어져
왕실의 동량이요 문원의 저울이었네
연천과 항해沆瀣, 해거海居와 원천[27]은
실마리 더욱 창성해 마음과 뼈로 전수했네
우주의 정화가 이 명문名門에 모였으니
치군택민致君澤民의 도구는 곧 청전靑氈[28]이라
선생이 후손으로 선대를 계술하여
행실과 절개를 가다듬고 종일 힘쓰고 삼갔네
산악처럼 의연하고 철석처럼 굳건하여
기운을 토해내 글을 지으니 크게 솜씨 발휘했네[29]
산을 덮는 홍수를 슬퍼해 맨손으로 하천을 막는데
저들을 보니 물에 휩쓸려 장차 더러워지고
나는 좋아하는 바를 하니 은거한들 무엇이 부족할까
지난날 현옥峴屋에서 매일 정담을 나누는데

---

26   순임금이 귀양 보낸 흉측한 인물이다. 혼돈(渾敦), 궁기(窮奇)와 함께 사흉(四凶)이라고 했다.

27   홍석주와 홍길주(洪吉周), 홍현주(洪顯周)와 홍우건(洪祐健)을 가리킨다.

28   선대로부터 전해지는 귀한 유물 또는 유업.

29   원문은 "서까래 같은 큰 붓을 떨치니(奮筆如椽)"이다. 진(晉)나라 왕순(王珣)이 서까래 같은 큰 붓을 건네받는 꿈을 꾸고, 후일 크게 솜씨를 발휘할 일이 있으리라 해석했다.

골목에 수레 드물고 부엌에 나무도 때지 않네

나는 선생을 보니, 웃으며 기뻐하며

나를 가르치고 나를 권면했네, 의리를 연마했네

전수해주신 책은 무엇일까, 『속사략익전續史略翼箋』[30]이라네

어이하여 작별하고 다시 모이지 못했을까

세상 변란 날로 극심하고 상전벽해桑田碧海 거듭되어

간절히 기다렸지만 집편執鞭하지 못했네

자기 분수 궁했는데 어찌 그 햇수도 인색한가

사생의 때는 본래부터 연연하지 않았고

주자朱子에게 충직함은 누가 다시 비견할까

철인哲人께서 가시니 나 더욱 병들게 하네

어떻게 충심을 쏟아 젖은 비단에 제문을 봉할까

말이 정을 다하지 못하고 눈물만 흘리네

대감은 공맹의 책을 읽어야 합니다[31]

근래 대감의 기체후氣體候는 만만 평안하신지요? 근래 조금 한가할 때 문자도 보시는지요? 책은 잠시라도 손에서 떼어서는 안 됩니다. 한번 손에서 떼면 온갖 사악함이 번갈아 쳐들어와 자기도 모르게 몸과 마음이 거기에 빠져버립니다. 각하께서는 군자의 성품이 있고 호학好學의 명망이 있었

---

30   홍승운의 조부 홍석주가 편찬한 중국사 저술의 제목이다. 조선시대 유행한 『십구사략』은 원나라에서 끝나는데 조선후기 들어와 여기에 명나라 역사를 덧붙인 역사책이 출현한다. 『속사략익전』도 그중의 하나이다. 박은식은 홍승운으로부터 이 책을 공부하면서 경화학계의 대명의리론을 섭취했을 것으로 보인다.

31   박은식 「의재(毅齋) 민상서(閔尙書)께 올리는 서한」, 『겸곡문고』. 민상서는 민병석(閔丙奭)을 가리킨다. 박은식은 청일전쟁 이전에 평안도 관찰사 민병석의 흥학 정책을 도왔다. 그 후 대한제국 초기 서울에 체류하며 민병석의 문객으로 활동했다. 본문의 편지는 이때 작성된 것이다.

으나 근래에는 덕을 붙잡음이 항상스럽지 못하고 점점 유속流俗을 닮아가고 있는데 문제는 오래도록 책과 떨어져 지낸 데 있습니다.

『주역周易』에는 "그 덕이 항구하지 않으니 더러 부끄러움으로 이어진다"는 말이 있습니다. 『논어論語』에는 "사람이 항심恒心이 없으면 무당이나 의원도 될 수 없다"는 말이 있습니다. 근래 보면 각하는 자신을 다스리고 다른 사람과 만날 때에 '그 덕을 항구하게 한다'는 뜻에서 잘못이 있습니다. 이로 인해 천하의 선비가 다시는 각하께 '학문 재상'을 바라지 않게 되었습니다. 당세의 사람을 실망시킬뿐더러 자기의 몸과 마음에 미치는 해악을 어찌 이루 다 말할 수 있겠습니까?

저 부귀권세는 참으로 한때의 전광석화 같은 소식이니 각하께서 지난날을 돌이켜 생각하면 과연 무엇이 있었습니까? 이 때문에 천하의 즐거움은 도의가 자기에게 두루 미치는 것보다 더 나은 것이 없습니다. 지금 각하는 이렇게 한가함을 얻었으니 정히 마음을 수습하고 끌어당겨 이전의 잘못을 뉘우치고 새로운 지혜를 키울 때입니다. 옛사람은 말할 것도 없고 가까운 시대에 청망淸望을 잃지 않은 유명한 대부가 언제라도 책을 놓아버린 적이 있었습니까? 저는 감히 각하께 왕년처럼 정좌독서靜坐讀書하기를 바라는 것은 아닙니다. 다만 『논어』 몇 권이라도 취해 때로 이치를 탐구해서 그 중요한 말을 음미한다면 불원복不遠復[32]이 곧 여기에 있을 것입니다. 어쩌면 '이 세상에 태어나 신학문을 하는 것이 옳지 구학문은 어디에 쓰겠느냐?'고 할 수도 있습니다. 저는 근일 신문자를 귀동냥하고 어슴푸레 보았습니다. 전에 발명하지 못한 바를 발명해서 시의에 적합한 것을 어찌 배우지 않아도 되겠습니까. 하지만 천하의 일은 무수히 변화해도 몸과 마음이 근본이니 몸과 마음을 다스리지 못하면 어떤 변화에 대응하며 어떤 사업을 이룩할 수 있겠습니까? 몸과 마음을 다스리고자 한다면 우리 공맹孔孟의 책

---

[32] 『주역』복괘(復卦) 초구(初九)에 "멀리 가지 않아 돌아오니 뉘우침에 이르지 않고 크게 길하다(不遠復, 无祇悔, 元吉)"라는 구절이 있다.

이 아니라면 무엇으로 하겠습니까?

저도 배움의 힘이 도저하지 못해서 몇 해 사이에 자기 행동에서 마음을 놓고 혼미해지는 잘못을 저지른 일이 많았습니다. 근래 곤궁하고 굶주림이 심한데 문자 이외에는 뜻을 둘 수 있는 것이 없어서 더욱 잘못을 깨닫는 일이 없지 않습니다. 그래서 감히 이 말씀을 올리니 인자하게 혜량하소서.

각하께 간곡하게 바랍니다[33]

지난번 드린 문자[34]는 과연 이미 상세히 보셨는지요? 대저 한 나라의 학문〔文學〕을 진흥하고자 한다면 사대부에서부터 진작해야 할 것입니다. 『맹자』에는 "거실巨室이 사모하는 것을 온 나라가 사모한다"[35]는 말이 있습니다. 사대부 중에 만약 배우기를 좋아하는 사람이 있다면 국인國人이 이를 따르는 것이 어찌 쉽지 않겠습니까? 무릇 학문이 국가의 흥쇠와 관계한다는 것은 이미 분명하거늘 사대부는 어찌하여 몸소 그 책임을 져서 이를 흥기興起시키지 않는가요? 이 한가지 일도 담당하지 못한다면 어떤 일을 할 수 있겠습니까? 제가 진술한 조목들은 모두 실행하기 어려운 일이 아닌데 그 책임이 있는 자가 기꺼이 하지 않을 뿐입니다.

대개 사람은 학문이 있은 뒤에야 선善을 좋아하는 마음이 있습니다. 사람을 사랑하는 마음이 있습니다. 공公을 따르려는 마음이 있습니다. 하늘을 두려워하는 마음이 있습니다. 세상을 구원하려는 마음이 있습니다. 배우지

33　박은식 「두번째 서한」, 『겸곡문고』.

34　박은식이 지은 「흥학설(興學說)」을 가리키는 것으로 보인다.

35　『맹자(孟子)』 「이루상(離婁上)」에 "정치를 하는 것은 어렵지 않다. 거실에 죄를 짓지 않으면 된다. 거실이 사모하는 것을 온 나라가 사모하고 온 나라가 사모하는 것을 천하가 사모한다. 그래서 임금의 덕교(德敎)가 사해(四海)에 넘친다(爲政不難, 不得罪於巨室, 巨室之所慕, 一國慕之, 一國之所慕, 天下慕之, 故沛然德敎, 溢乎四海)"라는 구절이 있다. 여기에서 '거실'이란 대대로 섬기는 신하와 큰 집안을 뜻한다.

않고 이 마음이 있는 것은 상품上品의 사람이 아니면 불가능합니다. 각하는 타고난 바탕이 도리에 가깝고 심지가 진실하니 인자하게 헤아리는 도량과 지성측달至誠惻怛의 생각으로 사람들을 감복시킬 수 있습니다. 학문의 책무도 의당 다른 사람에게 양보하지 않을 것입니다. 더욱이 사람의 보는 바는 배운 바를 넘어서지 못하는 법이니 평소 학문의 공력이 없으면 어찌 그 실효를 깊이 알아 실심으로 조처하겠습니까? 이것이 제가 간곡하게 각하께 바라는 마음을 두는 까닭입니다. 행여 이를 제창하고 깨우치면 세상의 이목을 각성시켜 흥기하는 효과가 얼마나 크겠습니까?

평안도 주자학 영재가 의학교에 다니는 까닭[36]

국암은 이영오李榮五 군의 자호自號이다. 예전에 내가 평양에서 노닐 적에 정포井圃 황학사黃學士[37] 문하에서 군을 알았다. 이때 정포는 정주학程朱學으로 학생을 교수했는데 모인 사람들이 모두 서주西州(평안도)의 영재였다. 군은 모습이 수려하고 몸가짐이 단아했다. 나는 여러 선비 중에서 군을 얻고는 그를 깊이 알았다.

무술년(1898) 여름 내가 동협東峽으로부터 서울에 와서 우거할 때에 군도 서주로부터 와서 유학遊學을 계획했다. 당시 국가에서 의학교[38]를 창립해 새로운 학술을 천명하자 군은 그리 가서 배운 지 다시 몇 년 되었다.

손님이 의심해서 말했다.

---

36   박은식 「국암기(菊庵記)」, 『겸곡문고』.
37   황립(黃岦)을 가리킨다. 평양에서 유학을 교수했다. 『오륜가(五倫歌)』를 편찬했고 『동명사제(東明事題)』의 발문을 지었다. 박문오(朴文五)는 그를 전병훈, 박은식과 함께 '동지'라고 인식했다.
38   대한제국 초기 설립한 '의학교'를 말한다. 1899년 3월 18일 칙령 7호에 따라 의학교 관제가 마련되었다.

"군은 일찍이 정주학에 종사하더니 지금은 의학[39]으로 학문을 옮겨 부지런히 쉬지 않고 있습니다. 비록 힘써 생각한 것이겠지만 큰 학문과 작은 학문의 변별에서는 어떠한가요? 국화는 은일隱逸이기 때문에 세상에서 은둔하는 사람이 이를 아낍니다. 지금 군은 뭇사람을 구제하는 방도를 구하면서 도리어 세상에서 은둔하는 사람이 아끼는 것을 자기가 아끼는 것으로 삼았으니 또 어째서인가요?"

내가 말했다.

"군을 알기로 나만한 사람이 없으니 내가 변명하지 않으면 누가 변명하겠습니까? 아아! 하늘이 백성을 얼마나 사랑하시는지, 선비는 사민四民의 으뜸이기 때문에 하늘이 백성을 살리는 책임을 선비된 자에게 주셨으니 선비가 백성에게 뜻을 두지 않으면 이는 하늘이 주신 것을 갖고 있지 못함입니다. 선비가 이 세상에 태어나 안연의 학문으로 이윤伊尹의 뜻을 행하고 우리 동포와 즐거움을 함께한다면 어찌 선비의 능사가 아니겠습니까? 그러나 때를 만나 지위를 얻어 배운 것을 행하는 자는 천백년간 하나둘도 보지 못하겠으니, 한갓 뜻을 두는 것이 실제의 일만 같지 못합니다. 옛사람이 서낭당이나 양의良醫를 원했던 것은 진실로 까닭이 있었습니다. 지금 군이 유학을 공부하다 의학을 공부함이 비록 큰 학문과 작은 학문의 변별에서 마치 잘못한 것 같습니다. 하지만 그것이 사람을 살리는 일로서 허虛가 아니라 실實이 되는 것은 궁유窮儒로서 종일 도道를 담설하나 한가지 일도 실시됨을 못 보고 평생 골몰하는 것과 비교하면 낫지 않겠습니까? 이는 대개 군이 부득이해서 그런 것입니다. 내 듣건대 남양南陽 역현酈縣 감곡甘谷에 국수菊水가 있는데 이 물을 마시는 자는 반드시 장수한다 합니다.[40]

---

39 원문은 "유편(兪扁)의 문하"이다. '유편'은 고대 중국의 명의 유부(兪跗)와 편작(扁鵲)의 병칭이다.

40 남양 역현 감곡의 국수를 마시면 많으면 120~130살, 보통은 100여살, 못해도 70~80살을 산다고 한다.

도연명의 시에서 이르기를 '술은 능히 온갖 근심을 떨쳐내고 국화는 늙음을 막아 오래 살게 하네'[41]라고 했고, 또 이르기를 '남산 아래 우리집에 지금쯤 몇 떨기 국화가 피었을까'[42]라고 했으니 그가 국화를 아낌이 이러했습니다. 지금 군은 국천菊泉이 백성을 장수하게 하는 방도를 다스리고 도연명의 '동쪽 울타리'의 고아한 운치[43]를 사모했으니 그 뜻에 어찌 미칠 수 있겠습니까?"

손님이 이에 의심을 사르르 풀었다. 나는 마침내 이를 써서 국암기라 한다.

국가의 현실

어찌 이리 불평등이 심한가[44]

하루는 내가 동쪽 마을에 가서 벗님을 방문했다. 기쁘게 이야기를 나누고 제법 오래 지나 주인이 내 손을 쥐고 일어났다.

"자네는 배움을 좋아하는가? 배움을 좋아하는 사람은 어디에 가든 배움이 있지. 나와 함께 후원에 가서 배울 만한 것을 보기를 청하네."

내가 말했다.

"그대 집 후원에 장서루藏書樓가 있는가? 고사高士의 은거에 짝할 만한 것이 있는가?"

---

41 도연명의 시 「구일한거(九日閑居)」의 한 소절이다. 원문은 "酒能祛百慮, 菊爲制頹齡"인데, 박은식은 이것을 '酒能祛百慮, 菊能制頹齡'이라고 잘못 적었다.

42 도연명의 시 「문내사(問來使)」의 한 소절이다. 원문은 "我屋南山下, 今生幾叢菊"인데 박은식은 이것을 "我屋南窓下, 今生幾叢菊"이라고 잘못 적었다.

43 도연명의 시 「음주(飮酒)」 제5수에 "동쪽 울타리 아래에서 국화를 따고 물끄러미 남산을 본다(採菊東籬下, 悠然見南山)"라는 소절이 있다.

44 박은식 「행하만록(杏下漫錄)」, 『겸곡문고』.

주인이 말했다.

"그저 가서 보게나."

나는 그를 따라갔다. 후원의 동쪽에 집 하나가 치우쳐 있었다. 방에 문하나를 뚫어놓아 겨우 몸을 굽혀 들어갈 수 있는 모양이었다. 그 안에 노부부가 있는데 머리는 하얗게 세고 모습은 거무튀튀했다. 옷으로 몸을 가리지 못하고 얼굴에는 굶주린 기색이 있었다.

주인이 이윽고 내게 말했다.

"옛 군자는 한 사람이라도 얻지 못하면 '이는 내 허물이다'라고 했네. 지금 세상을 헤아리면 저렇게 사는 사람들이 수천명이네. 길가에는 굶주린 사람이 서로 줄지어 있는데 대갓집에는 술과 고기가 낭자하니 하늘이 낳은 백성이 어찌 이렇게 고르지 못함이 심한가? 대개 듣건대 지치의 세상에서는 고할 데 없는 사람을 학대하지 않고 곤궁한 사람을 폐절하지 않고 감히 환과고독鰥寡孤獨을 모멸하지 않았다고 하네. 성인이 하늘을 대신해 만물을 다스림에 하나라도 제자리를 얻지 못함이 없었네. 군자의 학문은 어짊을 구할 따름이네. 이는 장자가 말한 바 '모두 나의 형제로서 괴로운데 호소할 데 없는 자'⁴⁵가 아니겠는가? 자네는 이를 기록하게나."

나는 그에게 절하고 가르침을 받았다. 집에 돌아와 이와 같이 쓴다.

의열은 하늘의 도리이다⁴⁶

내가 보건대 자고로 충효의열忠孝義烈의 사적에는 신기한 감응이 많다. 이런 사람은 어찌 하늘이 보우하는 바가 아니겠는가? 그러나 이런 사람은

---

45   장재(張載)의 「서명(西銘)」에 "천하의 노약자와 장애인, 의지할 데 없는 사람, 과부와 홀아비는 모두 나의 형제로서 괴로운데 호소할 데 없는 자(凡天下疲癃殘疾惸獨鰥寡, 皆吾兄弟之顚連而無告者也)"라는 구절이 있다.

46   박은식 「열녀 박씨 사당 기문(烈婦朴氏祠記)」, 『겸곡문고』.

대부분 불행한 일을 만나 죽음에 이르니 천하에 양심 있는 사람의 마음을 아프게 한다. 어째서인가? 하늘이 이런 사람에게 이렇게 하지 않으면 그 아름다움을 표창하기 부족해서인가? 하늘의 호오好惡는 사람과 달라 보통 사람이 행복으로 여기는 것은 이런 사람의 행복으로 주지 않고 반드시 불행으로 여기는 것을 이런 사람에게 베푸는 것인가?

『맹자』에 "원하는 바가 삶보다 심한 것이 있고 싫어하는 바가 죽음보다 심한 것이 있다"는 말이 있다. 삶과 죽음은 혈육의 신체에 불과하고 충효와 의열은 하늘의 도리이다. 하늘의 도리가 어찌 사람의 생사에 따라 달라지겠는가? 사람이 능히 이 도리를 보전하면 이른바 혈육의 신체는 그 가벼움이 기러기 깃털 같고 그 비천함이 해진 신발 같다. 천하의 지극히 귀중한 것이 이런 사람의 소유가 되었으니 하늘이 도리어 이것으로 보답한 것인가?

무릇 삼강오륜은 하늘의 질서이고 성인의 가르침이다. 그것을 발명하고 개도하고 부식한 것이 지극했는데 천하에서 불충·불효하고 비패鄙悖·음일淫逸하여 이적이 되고 금수가 된 자가 또 어찌 그리 많은가? 아아! 도리가 약하고 기운이 강해서이다. 저 혈기의 인욕을 따르고 하늘의 도리를 버리는 자는 교화가 본디 들어가지 못하고 금령도 막지 못한다. 궁벽한 마을에 사는 사람이 집에서 시례詩禮를 배우지도 않았고 남의 도움으로 교육을 받지도 못했는데 지순한 덕행이 탁월하게 서서 신명神明과 이류異類를 감동시킨 것은 하늘로부터 받은 본성이 절로 명철하여 가르치고 훈계하지 않아도 능한 것이 있었기 때문이다. 최부인 박씨가 이미 죽어 이상한 기운이 하늘에 나타났고 다시 마르고 가물다가 세해 지나 사당을 세운 날 이상한 기운이 다시 나타나 단비가 내렸으니 이는 하늘을 감동시킨 열烈이 아닌가?

처음 열부烈婦는 가난해서 그 지아비와 함께 먹고살 수 없어서 무산茂山에서 자성慈城의 이평梨坪으로 이주했다. 방을 빌려 살면서 남의 집 품팔이

를 하며 지아비를 섬겼다. 지아비는 3년간 고질병이 들었는데 열부는 밤낮
으로 구호했고 필경 불행을 만나자 장례를 치르고 돌아와 돌을 안고 물에
뛰어들었다. 이때 나이 스물셋이었다. 하늘로부터 받은 도리를 온전히 했
다고 이를 만하니 신기한 감응은 참으로 그 이치이다.

향리 사람이 이를 군수에게 알려 사당을 세웠는데 관찰사는 5천전錢을
내서 제사를 돕게 했다. 나는 이 땅에 잠시 살면서 그 사적과 만나 서성대
다가 맑은 눈물이 흘러내림을 깨닫지 못했다. 7천전으로 전토를 사서 그곳
에 두었다. 사당은 거친 들판과 작은 언덕에 있지만 그 정수는 참으로 우주
에 가득찬 것이다. 아아! 공경할 일이어라. 아아! 공경할 일이어라.

태서 사람의 책을 번역해야 한다[47]

일전에 성암(전병훈)이 형에게 외국 문자를 번역하기를 권했습니다. 제
게는 이를 윤색해 책을 만들어서 국인의 눈을 뜨게 하자고 했습니다. 간절
하기 이를 데 없는 말이었습니다. 심지어 종이 값과 붓 값은 자기가 대겠다
는 말까지 했습니다. 성암은 지사志士입니다. 또 문자가 세상에 유익함을
깊이 알기 때문에 이러합니다. 세상의 유력자가 모두 성암처럼 마음을 둔
다면 이 일도 의지할 데가 있어서 착수할 수 있겠지만 유력자가 마음을 두
는 데가 우리들이 마음을 두는 데와 다르니 일러 무엇하겠습니까?

이 일은 곧 우리 두 사람이 일찍부터 이미 뜻이 있어서 강구한 것입니
다. 다만 아침저녁으로 골몰하여 날마다 황망하게 일하느라 이 일에 힘이
미칠 겨를이 없었습니다. 옛날 사람은 곤궁한 뒤에 책을 지었는데 지금 우
리는 곤궁함이 심하기 때문에 여기에 미치지 못하니 장차 어찌해야 하겠
습니까? 농공상고農工商賈[48]는 모두 직업이 있어서 스스로 먹고사는데 유

---

47   박은식 「김국장(金局長)에게 드리는 서한」, 『겸곡문고』.
48   농부, 기술자, 상인을 이른다. 선비[士]와 함께 사민(四民)을 구성한다.

독 선비된 자는 일 없이 먹고살아서야 되겠습니까?

더구나 천하의 일은 실공이 있으면 필히 실효가 있는 법이니 그 문자가 사람의 지혜를 계발하고 백성의 일용에 밑천이 된다면 천하 후세에 반드시 이를 취해 법으로 삼을 자가 있을 것입니다. 말이 비록 한때 행해지지 않더라도 효과는 실로 오랜 후에 펴져 이른바 불후의 명작이 그중에 있으리니 어찌 한때 고관이 되는 영예에 비하겠습니까?

지금 태서泰西 사람이 새로운 기술을 발명하고 책을 아주 많이 지었으니 그 책을 읽지 않으면 그 기술을 얻지 못합니다. 그래서 중국과 일본 같은 이웃 나라의 선비는 날마다 새로운 책을 번역하는 작업으로 부지런히 쉬지 않고 일합니다. 그러니 지금 뜻있는 선비의 급무로 이보다 먼저 할 일이 없거늘 뜻있는 자는 힘이 없고 힘있는 자는 다시 뜻이 없으니 어찌해야 하겠습니까?

아! 인문人文이 진보하지 않으면 백성의 지혜는 열리지 않습니다. 백성의 지혜가 열리지 않는다면 장래의 근심을 이루 말할 수 없으리니 이것이 선비된 자의 책임이 아니겠습니까? 생각하니 참으로 애통합니다. 모르겠습니다만 조물주는 장차 우리나라 사람을 어떻게 처우하려는 것일까요? 근일의 사정을 더듬어 애오라지 다시 한번 발분發憤할 뿐입니다.

변방의 백성을 살피라[49]

광무 4년(1900년) 7월 천자天子께서 조서詔書를 내렸다. 직무를 제대로 수행하지 못하는 각도 관찰사를 파출하고 당시 명망 있는 조정 신하 아홉 사람을 선발해 직임을 받들고 속히 부임해 병들어 있는 백성을 급히 구원하게 하셨다. 상서 심재 이공李公(이도재)은 평안북도 관찰사가 되었다.

---

49   박은식 「평안북도 관찰사 심재(心齋) 이상서(李尙書)를 보내는 서문」, 『겸곡문고』.

당시 중국의 연燕·계薊 지방에 경보警報[50]가 있었는데 이 도는 여기와 접경하고 있으니 그 선발이 더욱 중요했다. 무릇 변경의 근심이 바야흐로 가시덤불 같은 때에 공이 이렇게 떠나게 되니 서로 깊이 아끼는 사람들이 의당 근심하고 권면하는 말이 있어야 할 것이다. 나는 '군자의 벼슬은 그가 배운 바를 꺼내 세상에 시행하는 것인데 그 시행된 것이 이미 천하에 미더움을 얻고 있다면 그가 하는 정치는 수고하지 않아도 이루어질 것이다'라고 생각한다.

지금 공은 경제의 학문이 풍부하고 온갖 사물을 종합해 다스리며, 들어와서는 조정의 계책을 협찬하고 나가서는 변방의 교화를 선포하니, 그가 시행하는 바가 당세에 미더움을 얻은 지 오래되었다. 그러니 공이 서쪽으로 가는 것을 기다리지 않아도 백성의 감복하는 노래[51]가 이미 청천강 이북에서 오를 터이니 근심하고 권면하는 말을 해서 무엇하겠는가?

그러나 지금 천하 백성의 고혈을 형벌의 도구로 모두 빨아들이는 일이 하루이틀 된 것이 아니다. 이 도로 말하자면 압록강 연강沿江 일곱 고을의 백성은 수십년 이래 강북江北 땅에 흘러들어 간 것이 무려 수천호가 된다. 이들 모두 우리 임금의 적자인데 그 전리田里를 버리고 그 구묘丘墓와 작별하고 이역의 백성이 되기를 감수한 것은 누구 때문인가?

옛사람이 말하기를 "청렴한 관리는 백성의 재산을 손상시키지 않을 뿐만이 아니라 그가 하는 바를 미루어 헤아리면 백성에게 이롭지 않은 것이 없다. 탐욕스런 관리는 단지 백성의 재산을 손상시킬 뿐만 아니라 그가 하는 바를 미루어 헤아리면 백성에게 해롭지 않은 것이 없다"고 했다. 지금 우리 임금의 적자를 몰아 상대의 국경 너머 바치고는 조금도 애석해하지

---

50   중국에서 일어난 의화단(義和團)의 난을 가리킨다.
51   원문은 "내모의 노랫소리(來暮之謠)"이다. 여기서 '내모'는 '왜 이리 늦게 왔느냐'는 뜻이다. 한나라 염범(廉范)이 촉군 태수가 되어 선정을 펼치자 백성이 노래를 불렀는데 그 노래 가사에 염범이 왜 이리 늦게 왔느냐는 구절이 있었다.

않으니 어찌 그리 어질지 않음이 심한가? 아아! 그 폐단이 또한 백성을 해치는 데서 그치는 것만이 아니다. 공은 마땅히 그 까닭을 헤아려 조처할 바를 알아야 할 것이다.

또 공은 학문을 추환芻豢처럼 좋아하고 현인을 기갈飢渴처럼 좋아하는데, 관서에는 박운암雲庵·성암誠庵 형제[52]가 도학을 제창한 공이 있어서 지금 그 문인이 모두 스승의 가르침을 익히고 법도를 따라 빈빈彬彬하게 볼 만한 점이 많다. 공이 이들을 예우하고 부식하면 또한 우리 유교의 다행일 것이다. 내가 공에게 바라는 것이 이와 같다. 변방의 근심과 관계있는 것은 비루한 유학자가 멀리 헤아릴 수 있는 것이 아니다. 공경히 이를 적어드린다.

러시아의 부강과 진보를 보고 오라[53]

중니仲尼(공자)께서는 길한 사람이 말수가 적음을 칭찬했고[54] 말 잘하는 자를 미워했다. 또 시詩 삼백을 암송하면 사방에서 능히 사신 노릇을 할 수 있다고 했다. 대개 말이 간략하면 덕이 있음에 가깝기 때문에 길인이라 이른다. 시 삼백은 충후하고 화평해서 그 말이 순하면서 달통하기 때문에 능히 사신 노릇을 할 수 있다고 이른다. 내가 보기에 만오 이군은 거의 중니가 칭찬한 사람에 가깝지 않을까? 군은 순순히 자란 사람이니 그 기운은 고요하고 그 말은 간략하며 그 존심存心은 충후하고 화평하니 삼백 편을 배우지 않아도 고시古詩의 천기天機가 보존되어 있다.

---

52 박문일(朴文一, 1822~1894)과 박문오(1835~1899) 형제를 가리킨다. 박문일은 이항로의 문인으로 평안도 태천에서 강학했고 박은식은 이곳에 가서 박문일의 문인이 되었다.

53 박은식 「러시아 서울에 가는 만오(晚悟) 이군(李君)을 보내는 서문」, 『겸곡문고』. 만오 이군은 미상(未詳)이다. 『기호흥학회월보』 제4호(1908.11.25)에 '만오자(晚悟子)'가 지은 「주색지환(酒色之患)」이 있는데 이와 관련이 있는지 불분명하다.

54 『주역』 「계사하전(繫辭下傳)」에 "길한 사람은 말이 적고 조급한 사람은 말이 많다"라는 구절이 있다.

아! 지금 천하의 풍기가 변한 지 오래이다. 세상에서 시무의 학문을 한다고 자탁하는 자는 대체로 시끄럽게 경쟁함을 숭상하고 교묘하고 민첩함을 능사로 여기며 팔뚝을 떨쳐서 스스로 군중에게 호소하는 자를 쓸만하다 이른다. 군과 같이 고요하여 지킴이 있고 간략하여 번잡하지 않으며 충후하고 화평하여 천성을 잃지 않는 자는 보기 드물다. 그러나 군의 배운 바가 출중하니 세상에서도 이를 버릴 수 없다. 지금 러시아 공사의 수행원으로 떠나니 비록 사신의 책임이 있는 것은 아니지만 대개 시험하고자 하는 것이다.

무릇 사물은 커야 볼만한 것이 있다. 바다에서 나는 큰 것으로 곤붕鯤鵬과 고래가 있고, 산악에 감추어진 큰 것으로 사납고 괴이한 짐승이 있고, 도시에 모이는 큰 것으로 온갖 기이한 화물이 있다. 러시아는 천하의 큰 나라이니 필시 사람의 이목을 빼앗는 볼만한 것이 있을 것이다. 내 생각에 군은 거기 가면 보고 듣기만 할 뿐만 아니라 저렇게 부강한 이유가 무엇인지 나라의 진보가 어떠한지 걸출한 인재가 얼마나 되는지 교제는 어떻게 해야 적당하며 대응은 어떻게 해야 성공할지 의당 마음으로 묵묵히 알아서 터득하는 것이 있을 것이다.

군이 돌아와 본조本朝에 서서 마음에서 터득한 것을 조처해서 당세에 쓴다면 그 고요함으로 남의 움직임을 제어할 수 있고 그 간단한 말로 남의 웅변을 굽힐 수 있으며 그 충후와 화평으로 남의 음험함과 경박함을 굴복시켜 후일 사신의 책임을 사양할 수 없게 될 것이다. 세상에서 중니가 칭찬한 바의 사람이 참으로 쓸 만한 사람임을 믿게 되리니 군은 힘쓰라. 내가 군이 멀리 떠남에 기망하는 것이 비록 몸소 전별하며 길제사 지내지는 못하지만 진실로 정분으로 그칠 수 없는 것이 있어서 이에 말한다.

개혁의 길

나라를 고치려면[55]

행하거사杏下居士[56]가 문 밖을 나가지 않은 지 오래되었다. 하루는 꽃 피는 계절에 거사가 지팡이를 끌고 벗님 집을 들렀다. 주인이 읍을 하고 자리에 올랐다.

거사는 천천히 주인을 보고 놀라 말했다.

"지금 자네는 형신이 초췌하고 기혈이 사그라들어 완인完人 같지 않으니 무슨 증상이 있어서 그러한가?"

주인이 말했다.

"별다른 증상이 없고 절로 이렇다네."

거사가 크게 놀라 말했다.

"이것이 이른바 선천이 부족하다는 것이네. 백병을 고칠 수 있어도 이병은 고치기 어렵네. 속히 잘 조섭해서 보제補劑를 많이 복용해 원기를 회복하지 않으면 자네는 위태롭네!"

주인이 말했다.

"보제는 어떻게 조제하면 좋은가?"

거사가 말했다.

"보제는 평平과 준峻이 있네. 지금 자네의 병은 준보峻補하지 않으면 안되네. 육미六味를 원기 보충하는 좋은 조제로 삼고 거기에 삼부蔘附를 더하면 좋겠네."

주인이 말했다.

---

55 박은식 「의계(醫戒)」, 『겸곡문고』.
56 박은식은 서울의 '행하(杏下)'에서 살면서 '행하거사'를 자처했고 「행하만록」이라는 글도 남겼다.

"내 마땅히 자네가 말한 대로 하겠네. 감히 묻건대 나라를 고치는 설이 있는가?"

거사가 말했다.

"나라를 고치는 데도 어려움[難]과 쉬움[易]이 있네. 자고로 정치라는 것은 너그러움[寬]과 사나움[猛]의 두 길에서 나오는데 사나움의 잘못은 그 문제점이 서두름[急]이고 너그러움의 잘못은 그 문제점이 느슨함[緩]이네. 서두름은 회복을 도모하기 쉽고 느슨함은 구원해서 치료하기 어렵네. 이 때문에 정치가 엄한 나라는 백성이 반드시 강하고 정치가 느슨한 나라는 백성이 반드시 약하네. 사나운 장수가 군대를 다스리면 용감히 죽는 병졸이 있고 용렬한 자가 권세를 쥐면 충언하고 직언하는 선비가 없지. 기운이 부류에 따라 서로 감응해 그 효험이 반드시 그렇다네. 아아! 천하의 환난은 백성의 약함보다 심한 것이 없네. 이를테면 사람의 선천이 부족하면 별다른 위급한 증상이 없어도 원기가 날로 삭아 필경 쇠퇴해 일어나지 못하니 주나라 말세를 보면 그렇지 아니한가? 이때를 만나 삼부의 준보를 쓰지 않으면 원기를 회복해 떨쳐 일어나기 어렵네."

주인이 말했다.

"나라를 고치려면 무엇이 삼부인가?"

거사가 말했다.

"사람은 강의정직剛毅正直이네. 언론은 충분격렬忠憤激烈이네. 입교立敎는 열심혈성熱心血誠이네. 행법行法은 공신엄확公信嚴確이네. 작사作事는 분려과감奮勵果敢이네. 이 모두 삼부의 재료인데 사용하면 살고 사용하지 않으면 위태롭네. 『서경』에 '약이 독하지 않으면 그 병은 고치지 못한다'[57]는 말이 있는데 이것을 이르는 것이겠군!"

주인이 말했다.

---

57   『서경』「열명하(說命下)」에 나오는 구절이다.

"자네 말은 장씨張氏의 약계藥戒[58]와 같지 아니한가!"

교육의 방도를 다하라[59]

며칠 전 결례를 무릅쓰고 문자 한 편[60]을 보내 좌우를 번거롭게 했는데 아직 답신을 받지 못해 지극히 송구함을 견디지 못하겠습니다.

아! 도가 밝혀지지 못한 지 오래입니다. 무릇 하늘이 나에게 부여한 밝은 덕에는 커다란 조화로 곡진하게 이루어주는 신묘함이 있을 줄 누가 알겠습니까? 대개 하늘이 사람을 낳음에 그에게 본래 선한 성품과 고유한 재주를 주고 다시 살아갈 방도를 주지 않음이 없습니다. 그러니 비록 남해와 북해의 사람이 언어가 같지 않고 기욕嗜欲이 각각 달라도 이른바 성품이니 재주이니 살아가는 바탕이니 하는 것이 하늘에서 얻은 것은 모두 같습니다.

다만 사람은 슬기로움과 어리석음의 구별이 있고 풍속은 밝음과 어두움의 다름이 있어서 모두가 선인이 되어 각각 재주를 채우고 바탕을 넉넉하게 할 수 있는 것은 아닙니다. 이에 하늘이 다시 재주와 덕이 출중한 사람에게 명해 이 백성을 깨우치게 했습니다. 그래서 어리석은 사람은 슬기롭게 교화하고 어두운 사람은 밝게 가르쳐서 천하에 선하지 않은 사람이 없게 하고, 재주 없는 사람이 없게 하고, 넉넉하지 않은 사람이 없게 하니 이것이 하늘의 뜻입니다.

그러나 도가 밝혀지지 않으면 사람은 모두 선을 포기해서 악으로 휩쓸리고 재주를 포기해서 결국 쓰이지 못하며 바탕을 버려서 빈궁으로 곤란해집니다. 이것이 어찌 백성의 죄이겠습니까? 『예기禮記』에는 "군자가 만

---

58 송대 장뢰(張耒)가 지은 글이다. 『고문진보(古文眞寶)』에 수록되어 있다. 글의 후반부에 나라를 고치는 언설을 서술했다.

59 박은식 「학부대신에게 보내려 했던 서한」, 『겸곡문고』.

60 박은식이 지은 「흥학설」을 가리키는 것으로 보인다.

약 백성을 교화해서 풍속을 이루기를 바란다면 반드시 학문으로 해야 한다"는 말이 있습니다. 주렴계周濂溪(주돈이)는 "스승의 도리가 서면 선한 사람이 많다"[61]고 말했습니다. 이것이 요순 삼대의 치세에는 학교가 없는 데가 없어서 사람들이 모두 학문을 해 "집집마다 제후를 봉해줄"[62] 정도로 성대함에 이른 것입니다.

지금 태서 문명국은 학교 설립의 규모와 백성 교육의 방도가 극히 주도면밀하여 장애인[63]에게도 모두 학교가 있으니 그 어진 마음과 어진 정치가 어찌 하늘의 보우를 받아 융성함을 초래하지 않겠습니까? 우리 대한은 문화가 부진하고 교법이 미비하여 선한 사람이 적고 재주 없는 사람이 많아 살아갈 바탕을 날마다 마르게 하고 있습니다. 이것이 그치지 않는다면 백성 중에 강한 자는 모두 도적이 되고 약한 자는 모두 거지가 되어 장차 남의 노예가 되리니 이것은 하늘이 백성을 낳은 뜻을 크게 저버리는 것입니다. 어진 사람은 이에 대해 비단 백성을 근심할 뿐 아니라 마땅히 하늘에 부끄러움을 느껴야 할 것입니다.

지금 각하가 처한 직책은 하늘의 부림을 받아 백성을 깨우치는 것이 아니겠습니까? 진실로 원하옵건대 각하는 지성으로 하늘을 구하고 어진 마음을 넓히기에 힘써서 능히 교육의 방도를 다하십시오. 그리하여 선한 사람이 날로 흥하고 인재가 날로 성하며 살아갈 바탕이 날로 넉넉해져 다함이 없게 한다면 천하의 기특하고 위대한 공적으로 이보다 큰 것이 무엇이 있겠습니까? 지난번 말씀드린 조목들은 모두 실행하기 어려운 일이 아닙

61　주돈이(周敦頤)의 『통서(通書)』에 "스승의 도리가 서면 선한 사람이 많고, 조정이 바르면 천하가 태평하다(師道立則善人多, 朝廷正而天下平)"라는 구절이 있다.

62　왕충(王充)의 『논형(論衡)』에 "요순(堯舜)의 백성들은 집집마다 사람들이 선하여 제후를 봉해줄 만했고 걸주(桀紂)의 백성들은 집집마다 사람들이 악하여 주벌할 만했다(堯舜之民, 可比屋而封, 桀紂之民, 可比屋而誅)"라는 구절이 있다.

63　원문은 "농맹암아(聾盲喑啞)"이다. 곧 청각 장애인과 시각 장애인, 지적 장애인과 언어 장애인을 두루 이른다.

니다. 그저 하지 않음을 염려할 뿐입니다. 실제로 시행할 수 있다면 그 효과를 기대할 만하니 각하는 재량하소서.

세도의 책임이 선비에게 있다[64]

저는 선생과 겨우 한두번 대면했으나 마음이 맞아 서로 칭찬하니 "경개여고傾蓋如故"[65]라 이를 만합니다. 가만히 보건대 선생은 시대를 구원할 수 있는 경제의 학문과 사람을 감동시킬 만한 충분忠憤의 마음이 있습니다. 언론을 하고 안 하고는 내게 있는 것이고 그 말이 쓰이고 안 쓰이고는 계교할 바가 아니라고 여겨서 중추원中樞院에 헌의獻議를 하고 의정부議政府에 상서上書를 했습니다.[66] 수만마디 말이 모두 증상에 맞는 좋은 조제이고 구멍에 맞는 날카로운 칼날이라 거행해서 조처하면 알맞지 않음이 없습니다. 창자에 가득한 뜨거운 피가 지면에서 솟아나 천년 후에 이를 읽는 자가 주먹을 불끈 쥐리니 하물며 오늘날 교유하며 서로 마음을 토로하는 사람은 어떠하겠습니까? 고정림顧亭林(고염무)은 "사업으로 백성을 구원함은 통달해서 윗자리에 있는 사람의 책임이요, 언론으로 백성을 구원함은 곤궁해서 아랫자리에 있는 사람의 책임이다"[67]라고 했습니다. 선생은 그 책임

---

64 박은식 「문산(聞山) 손정현(孫貞鉉)에게 드리는 서한」, 『겸곡문고』. 손정현은 대한제국 초기 밀양에 개창학교를 설립한 교육자이다. 중추원과 의정부에 거듭 헌의서를 제출하여 국가 개혁, 특히 교육 개혁을 논했다.

65 『사기』 추양(鄒陽) 열전에 "흰머리가 되도록 오래 사귀었지만 처음 본 사람처럼 느껴지기도 하고, 수레 덮개를 기울이고 잠깐 이야기했지만 오랜 벗처럼 느껴지기도 한다(白頭如新, 傾蓋如故)"라는 구절이 있다.

66 『조회원본(照會原本)』에 의하면 손정현은 1900년 6월 중추원에 헌의서를 올렸고 동년 7월 중추원 의장 신기선(申箕善)은 이를 의정부 의정 윤용선(尹容善)에게 보내 결재를 요청했다. 손정현은 동년 8월 중추원에 헌의서를 다시 올렸고 신기선은 이번에도 이를 윤용선에게 보내 결재를 요청했다. 손정현은 그 후 1902년 1월과 4월에도 중추원에 헌의서를 올렸다.

67 고염무(顧炎武)의 『일지록(日知錄)』에 "장자(張子)가 이르기를 백성은 나의 동포라고 했는데 오늘날의 백성은 통달해서 윗자리에 있는 사람과 내가 함께할 대상이다. 사업으로 백성

을 게을리하지 않았다고 이를 만합니다.

아아! 오늘날 국세의 부진은 누구의 죄입니까? 사류士流의 죄입니다. 총애와 녹봉을 탐내는 저들 공경대부公卿大夫가 언론을 하지 않음은 괴이하게 볼 것도 없습니다. 학문이 없는 농공상고에게 무엇을 책망하겠습니까? 다만 이른바 사류는 평소 배운 게 무엇이기에 천하를 근심하지 않습니까? 그러니 세도의 책임이 진실로 사류에게 있는데 한마디 말도 꺼내지 않고 한가지 계책도 베풀지 않는다면 이는 삼천리 안에 선비가 하나도 없음이니 이보다 심한 국치國恥가 무엇이겠습니까? 만약 '나는 그 지위가 없으니 어찌 말하겠느냐?'고 한다면 이 또한 마음먹은 것이 치우쳐서 충후한 군자의 마음이 아니요 강개한 의사義士의 마음도 아닙니다. 만약 '말해보았자 이로움이 없어서 말하지 않는다'고 한다면 또한 계교하는 사심입니다.

오직 선생은 침묵하는 뭇사람 속에서 스스로 떨쳐 일어나 당국을 거슬리게 했나 근심하지 않고 번거롭게 했나 개의치 않고 '광망狂妄'이라 지목받더라도 이를 불사했습니다. 이 한 조각 붉은 충정은 오직 당국이 경성警省하기만을 바란 것이었으니 곧 군자의 마음이요 의사의 마음입니다. 대단히 흠복하는 마음을 견디지 못하겠습니다.

저는 성질이 본래 소탈하고 졸렬하며 배움 또한 천근하고 비루해서 본디 사류의 말석에라도 인정받기 어려운데 하물며 지금처럼 상중에 슬퍼하며[68] 세상과 상관하기에 적당하지 않은 날에는 어떻겠습니까? 초라한 집에 흙더미처럼 앉아 우연히 생각한 바가 있어서 「의계」 한수[69]를 지었는데 성긴 글이라 부끄럽지만 서로 마음이 맞는 처지에 졸작을 감출 필요만은 없어서 이에 우러러 드러냅니다. 혹시 한번 감상하실 만한 글이 되지는 않

을 구원하는 것, 이것은 통달해서 윗자리에 있는 사람의 책임이다. 언론으로 백성을 구원하는 것, 이것은 곤궁해서 아랫자리에 있는 사람의 책임이다"라는 구절이 있다.

68 박은식은 1900년 11월 15일 모친상을 당했는데 이 사실을 가리킨다.

69 박은식이 지은 글로 앞에 수록되어 있다(「나라를 고치려면」).

을지요?

학교가 흥왕하면 문명국이 된다[70]

어제 관하館下[71]에 가서 선생이 학부學部에 보낸 상서[72]를 보았습니다. 교육 정책의 마땅한 사무를 논한 것이 자세합니다. 아! 선생의 전후 문자가 모두 천하를 마음에 두었으니 사람의 마음이 있다면 누구인들 선생의 고심을 생각하지 않겠습니까만 실행될지 안 될지는 운수가 있습니다. 대개 선비의 입언立言은 본디 한마디 말로 세도를 옮길 수 있는 것도 있고 죽음에 이르도록 효과를 내지 못하는 것도 있으니 오직 그가 만난 때의 행운과 불운일 따름입니다. 저도 연전에 학교 문제로 조목조목 논한 글[73]이 있었는데 시행되지 못할까 염려하여 글 상자에 감춰뒀습니다. 모르겠습니다만 선생이 오늘날 논한 것도 빈말로 돌아가지는 않을지요?

일찍이 생각해보았는데 교육이란 것은 곧 천지에 참여해 화육化育을 돕는 일입니다. 하늘은 지극히 높은데 배워서 하늘을 알고 땅은 지극히 넓은데 배워서 땅을 압니다. 만국이 지극히 많은데 배워서 만국에 통달하고 만고萬古가 지극히 장구한데 배워서 만고를 꿰뚫고 만물이 지극히 번다한데 배워서 만물을 궁구합니다. 심성의 은미한 것도 배워서 밝히고 인류의 귀중한 것도 배워서 다하며 농업·공업·상업·의술·군사·법률·산술·기계·식목·목축 등도 배워서 그 능력을 다하지 않음이 없습니다.

이 때문에 학교가 흥왕하면 그 나라는 문명국이 되고 학교가 흥왕하지

---

70 박은식 「두번째 서한」, 『겸곡문고』.
71 미상. 박은식이 교관으로 재직하던 한성사범학교를 지칭할 가능성도 있다.
72 미상. 다만 『조회원본』에는 손정현이 중추원을 통해 의정부에 전한 헌의서(1900. 8. 2)가 있는데 이와 관련이 있을지 모르겠다. 그 내용은 서양 교육 제도를 참작하여 유교 경전과 시무 학문을 중심으로 학교 교육을 활성화하자는 교육진흥론이다.
73 「흥학설」을 가리키는 것으로 보인다.

않으면 그 나라는 야만국이 됩니다. 무릇 백성의 지혜를 깨우쳐 어리석음에서 벗어나게 하는 것이 교육 정책이 아니겠습니까? 선비의 기운을 진작해 큰일을 일으키는 것이 교육 정책이 아니겠습니까? 이익의 원천을 개척해 백성의 재산을 키우는 것이 교육 정책이 아니겠습니까? 더러운 습속을 씻어내 풍화風化를 일신하는 것이 교육 정책입니다. 백성의 뜻을 단결해 나라의 혈맥을 영속시키는 것이 교육 정책입니다. 한 사람에서 연유하여 만인에게 미치고 한때에 일어나 천만세에 퍼지는 것이 학교의 교화입니다. 학부의 책임을 지닌 사람이 과연 얼마나 중요하겠습니까만 참된 앎이 있어야 실천이 있는 법이니 만약 자기의 견해로 그 속을 통명하게 궁구하지 못한다면 교도教導하는 일이 아무래도 때때로 태만해질 것입니다.

아! 지금 천하 각국이 우리 한국을 어떤 나라로 보고 있습니까? 우리 백성을 어떤 인종으로 보고 있습니까? 한국은 천하의 약국弱國이요 한인은 천하의 열종이라 말함에 지나지 않으니 어찌 원통하지 않습니까? 우리 한국 인민이 모두 학문이 있다면 나라가 어찌 저들보다 강하지 않으며 백성이 어찌 저들과 맞먹지 않겠습니까? 그러나 지금 당국에서 학부를 한만한 관서로 보니 어째서입니까? 이를테면 선생이 설립한 개창학교開昌學校[74]는 고심혈성苦心血誠에서 나왔는데 보조를 받지 못하니 일러 무엇하겠습니까? 어찌 여러 문명국의 일을 보지 않는 것인지 또한 개탄스럽습니다.

우리가 지난날 태어났다면 이런 일을 하지 않아도 되겠지만 이런 변국을 만나 새로운 문자를 지어야 하리니 인심을 개도하고 사기를 격려할 수 있는 것이 여기에 있지 않겠습니까? 원컨대 선생과 도모하고 싶습니다. 남에게 달린 일이라면 본디 기필할 수 없겠지만 내게 달린 일이라면 힘쓰지 않을 수 있겠습니까? 선생은 혜량하고 교시해주소서.

---

74 『황성신문』(1900. 5. 21) 기사에 의하면 손정현은 1899년 12월 밀양에 개창학교를 설립하여 학생을 모집하고 신교육을 실행했다.

자주자강의 길[75]

선생은 천하의 일에 대해 근심이 크고 언론이 간절한데, 특히 "마음이 죽었고 기운이 쇠약해졌다(心死氣弱)"는 구절[76]이 더욱 오늘날의 문제점에 들어맞는다 하겠습니다. 대개 나라가 나라인 것은 자주의 마음이 있기 때문이요 자강의 기운이 있기 때문입니다. 따라서 능히 자주자강自主自强해서 다른 나라에 의지하지 않는다면, 나라가 비록 작아도 남에게 굴복하지 않을 것입니다. 벨기에와 스위스 같은 나라가 이렇습니다. 능히 자주자강하지 못해서 다른 나라에 의지하려 한다면 나라가 비록 커도 끝내 남의 속국이 될 것입니다. 인도와 베트남 같은 나라가 이렇습니다. 그러니 병사가 많지 않다고 근심할 것이 아니요, 재정이 넉넉하지 않다고 근심할 것이 아니요, 기계가 비축되어 있지 않다고 근심할 것이 아니요, 제조업이 왕성하지 않다고 근심할 것이 아닙니다. 오직 인민의 마음이 가라앉아 버리고 인민의 기운이 시들어버린 것이 가장 근심스런 일입니다.

지금 우리 한국은 열강의 사이에 처해서 교제함은 옳으나 의지함은 옳지 않습니다. 기술은 배워도 좋으나 세력은 빌려서는 안 됩니다. 만약 의지함을 적절한 계책이라 여기고 세력을 빌려도 좋다고 여긴다면 이는 자기 나라를 다른 나라 사람에게 맡겨버리는 것입니다. 폴란드 정당을 보면 전철이 명백합니다. 아! 나라가 보존되지 못하는데도 자기만 돌아보고 나라를 구하지 않았던 저들 정당이 과연 혼자서 이익을 차지했습니까? 노예가 되고 벌레가 되었습니다. 곧 이른바 '자기가 만든 재앙은 모면할 길이 없게 된다'는 것입니다. 어리석지 않습니까?

---

75   박은식 「세번째 서한」, 『겸곡문고』.
76   『황성신문』(1903. 8. 27)에 손정현이 황성신문사 사장 장지연에게 보낸 공개 편지가 실렸다. 이 글에서 손정현은 정부가 "정신이 몽롱하고 몸이 시들어버렸다"고 개탄하고 전국이 "기운이 쇠약해지고 마음이 죽었다(氣弱心死)"고 비판했다.

우리 한국은 평소 예의가 있는 나라라고 알려져 있습니다. 윗사람에게 친근히 하고 어른을 위해 죽는 의리가 본디 사람들의 마음에 굳게 결합되어 있으며 이것이 사적인 이해관계 때문에 없어지지는 않았습니다. 어째서 근일에는 러시아를 향해 당파 짓는 무리는 러시아에 의지해서 권세를 얻고 일본을 향해 당파 짓는 무리는 일본에 의지해서 권세를 얻는 것입니까? 다른 나라를 향한 당파도 모두 그러하지 않음이 없습니다. 벼슬이 있는 자는 입으로는 복수復讐와 설치雪恥를 말하면서 몰래 무리를 심어 훗날의 재앙을 모면하려 하고, 벼슬이 없는 자는 행여 천하에 변란이 있으면 외국인에게 의지해서 사욕을 채우려 하니 폴란드 정당의 소행과 가깝지 않습니까? 아, 이들은 모두 우리 임금의 신하이고 우리 임금의 인민인데 어쩌다 타락해서 이 지경이 되었습니까?

아아! 의리의 회색晦塞이 오래되었습니다. 사욕의 횡류橫流가 극에 달했습니다. 심지어 임금을 잊고 나라를 저버리는 일이 있어도 돌아보지 않을 것입니다. 그 이유를 깊이 생각한다면 '마음이 죽었고 기운이 쇠약해졌다'는 것이 크다 하겠습니다. 참으로 능히 사기를 진작시키고 민지를 개도하여 사람들마다 자주자강의 의리를 가슴속에 붙이고 오늘 진일보하고 내일 진일보하여, 하던 대로만 하고 편안히 놀려는 생각이 없게 되고 두려워하고 주저하는 습관이 없게 된다면 자강의 방도가 이로 말미암아 생길 것입니다. 하지만 이것을 이룩할 길은 오직 교육의 흥왕에 있을 뿐이니 어찌 다른 데서 구하겠습니까? 아아! 천하에 동일한 것이 마음입니다. 한번 각성시키면 어찌 이로부터 깨닫는 사람이 없겠습니까? 이것이 제가 선생의 그침 없는 고언을 찬탄하는 바입니다.

학문을 진흥하는 방법[77]

나라는 사람을 통해 일어선다. 사람은 학문을 통해 이루어진다. 나라의 나라다움을 논하려면 사람의 사람다움을 논해야 하고 사람의 사람다움을 논하려면 학문의 학문다움을 논해야 한다. 학문이란 천하의 이치를 다하여 천하의 일을 이루는 것이다. 만약 학문의 진흥을 정치 중의 한가지 일로 여긴다면 얕게 알고 있는 것이다. 대개 문명의 효과는 지혜가 날로 열리고 사업이 날로 진보하여 인민이 부강하면 나라도 이를 따라가는 것이다. 야비의 습속은 지혜가 열리지 않고 사업이 진보하지 않아 인민이 빈약하면 나라도 이를 따라가는 것이다.

지나支那 4천년간 세도의 높고 낮음과 나라 운수의 길고 짧음이 거개 학문의 성쇠에서 연유했는데 근일 동서 각국을 보면 더욱 이를 징험할 수 있다. 인도는 교법이 선하지 않고 풍속이 변하지 않아 다른 나라에 복속되었다. 페르시아는 회교에서 일어나 잔혹한 풍조를 이루어 인문이 퇴보하고 국위가 더욱 쇠퇴했다. 아라비아는 그 가르침이 이미 공자와 다르고 또 궁리하는 학문이 아니다. 그래서 국민이 더욱 어리석은데 고치지 않는다. 로마는 강성했음에도 영원토록 유지하지 못한 것은 사람의 지혜가 원대하지 않고 풍속과 교화가 흡족하지 않았기 때문이다. 터키는 강대했지만 지금은 쇠약해 남에게 부림 받는 것은 비단 정치 제도가 좋지 않을 뿐 아니라 교법도 좋지 않기 때문이다. 스페인은 옛날에 유럽의 가장 부유한 나라였는데 학문을 수련하지 않아 마침내 각국보다 뒤처져 부진하다. 포르투갈은 땅은 비옥하지만 농사에 게으르고 전국 인민 중에 글자를 아는 사람이 불과 10분의 1이다. 그래서 근래 더욱 부진하다.

프랑스는 루이 14세 때에 무력이 크게 꺾이고 정치 기강이 무너졌지만

---

77   박은식 「홍학설(興學說)」, 『겸곡문고』.

인민의 학술이 날로 크게 진보하여 갑자기 부강한 나라가 되었다. 그래서 프랑스 학부대신으로 이름이 계사稽査인 사람은 국인國人에게 유시하기를 "지금부터 남녀 전부 독서하는 일에 대해서는 자주를 지키고 국가를 높이는 견고한 터전으로 보아야 한다"고 했다. 그리스는 교육받은 백성 1만이 페르시아의 교육받지 못한 백성 10만과 싸워서 이겼다. 영국은 프랑스 사람 중에 기예가 많고 학문이 있는 사람들을 초청해 국인을 가르쳐서 제조가 날로 혁신되고 부강이 날로 증가했다. 그래서 영국에 시를 잘 짓는 대신으로 이름이 밀턴Milton인 사람은 학문을 논하기를 "국인이 모두 능히 공직 선거를 담당하는 사람이 되고 모두 국가 등용에 적합한 사람이 되기를 바란다면 학문이 있는 사람이 아니면 누가 가능한가"라고 했다. 독일은 프리드리히 대제의 교육 진흥 이래 모든 백성이 조야, 귀천, 남녀, 빈부를 막론하고 독서하지 않음이 없었다. 보불전쟁에서 독일이 프랑스 사람을 이긴 까닭은 온 나라에 모두 글 읽고 이치를 밝힌 사람들이라 장수는 다 목숨을 바치고 선비는 다 군사를 알기 때문이었다.

미국은 나라를 세우기 전에 학업에 힘써서 여러 종류의 학교가 준비되지 않음이 없었고 남녀노소 책을 읽지 않음이 없어서 끝내 영국에 승리하고 자립했다. 워싱턴이 8년 재위하고 자리에서 물러날 때 사람들에게 고하기를 "국가의 정치는 학교를 진흥하여 뭇 백성에게 널리 학문을 전하는 일보다 중요한 것이 없습니다"라고 했다. 이로 인해 미국의 각 주[state]는 서로 경쟁적으로 널리 학교를 더했는데 처음부터 지금까지 관官에서 의연한 땅이 4조 8억경頃이나 되고 국내에 학교를 세운 구역이 12만 1440구區나 되고 장애인과 병자도 모두 교학의 법이 있다. 그래서 세계에서 가장 부유한 나라가 되었다.

일본은 30년 이래 신학이 날로 일어나고 학교가 날로 넓혀져 종류를 나누면 절목이 번다하다. 관립과 사립의 크고 작은 각종 학교를 통계하면 많게는 3만여곳이고 남녀 교사는 많게는 9만여명, 남녀 학생은 많게는 3백여

만명이다. 이로 인해 민생이 날로 모이고 재물이 날로 풍부해지고 국세가 날로 강해져 그 변화의 완전함과 효과의 신속함이 더욱 천하 고금에서 이에 미칠 수 있는 바가 아니다.

이러한 나라들을 보건대 학문이 흥기하지 않으면 저렇듯 쇠퇴하고 학문이 크게 흥기하면 이렇게 강성하다. 대개 태서의 학문에는 농학·상학·무학·의학·광학·철학·화학·법률학·공예학, 그리고 측산·회화·천문·지리·광선·전기·음성·중력·증기·기계 등의 학문이 있다.

대개 농학農學이 흥기하면 토지의 알맞음이 밝혀지고 수예樹藝의 법이 좋으며 신식의 기기가 이롭다. 하나를 파종해서 백을 수확하는 이로움이 있을 것이다. 상학商學이 밝혀지면 선박 제조법, 항해술, 지도의 해로, 경도와 위도 등에 대해 묘하게 깊은 조예가 있어서 수송과 교역이 지구상 오대양에 편재할 것이다.

땅속에 묻힌 쇠붙이를 강구하여 광산의 많고 적음과 광질의 높고 낮음을 측량하며 또 쓸모없는 물산을 쓸모 있는 물품으로 변화시키는 것이 광학礦學의 효과이다. 음식에 신중하고 가옥을 청결히 하고 양생의 방도에 밝아 아프고 다치는 근심을 없애며 사람의 고통과 사고를 구제하고 수명을 늘리는 것이 의학醫學의 효과이다.

인심의 본연에 부합하고 세사의 당연을 거울삼아 논변하고 심의하여 온 나라 사람들이 윗사람의 공평정직公平正直에 복종하고 집정자의 무편무사無偏無私를 깊이 믿게 해서 국가의 견고한 터전을 만드는 것이 율학律學의 효과가 아닌가? 한 시대의 충신과 용장을 배양해서 전쟁시에 공훈을 세우게 하고 의정과 행정의 인재를 만들어내 경제에 쓰이도록 하는 것이 학문의 효과가 아닌가? 바다에는 기선이 있고 육지에는 철로가 있고 전기를 밝히고 전신을 만드는 것이 모두 격치학格致學의 공효이다. 이 몇 가지를 자세히 보면 나머지도 모두 미루어 알 수 있을 것이다.

우리 대한은 삼면이 바다로 둘러싸여 통상에 적합하고 토양이 비옥하여 물산이 적당하며 평생 살아갈 도구가 넉넉하지 않음이 없다. 그런데 우리 한국 인민이 예로부터 지금까지 빈곤하고 초췌하여 죽기를 바랐던 것은 농상의 이치를 발명하지 못했고 기계의 쓰임이 편리하지 못했기 때문이다. 기자箕子 이래 예의를 숭상했지만 서적이 많지 않고 글을 아는 자도 적어 우리 세종대왕이 국문을 창제했어도 글을 아는 백성이 천에 하나둘, 만에 하나둘이었을 뿐이다. 대저 법률은 세상을 다스리는 도구인데 사대부도 대부분 읽지 않으니 하물며 골목의 소민은 어떻겠는가? 근래에는 이웃 마을의 공경公卿 자제도 책 읽고 강학하는 풍조가 적으니 하물며 시골 벽촌僻村에 사는 사람은 어떻겠는가? 건장한 젊은이는 대부분 놀기 좋아하고 게으르게 지내는데 하물며 장애가 있고 질병이 있는 사람은 어떻겠는가? 남자도 대부분 배우지 않는데 여자를 어느 겨를에 논하겠는가? 그러니 인재가 어떻게 육성되겠으며 경제가 어떻게 왕성하겠으며 세도가 어떻게 맑아지겠으며 인심이 어떻게 단단해지겠으며 나라가 어떻게 진보하겠는가?

더욱이 전국 인민에게는 이루 말할 수 없는 문제점이 있다. 무릇 지난날 효도하고 화목하고 충후하고 신실한 풍조가 거의 남아 있지 않고 각박한 사건과 요행의 습속이 날로 악화되어 음주로 본성을 해치고 도박으로 가산을 탕진하고 음사를 만들어 복을 구하고 도적이 되어 재물을 훔치는 일이 곳곳에서 일어나기에 이르렀다. 지난날 동학 비적의 요사스런 말이 여러 사람들을 미혹시키기 부족했는데도 온 나라에서 휩쓸리듯 추종했던 것은 교화가 무너지고 인민이 우매했기 때문이 아닌가? 백성의 양심은 좋이 아름다운 덕인데 지금은 서로 사악함에 빠져 이처럼 도도한 것은 누구의 책임인가? 교육하는 일에 직업이 있는 사람은 어찌 이를 생각하지 않는가?

아! 우리 한국 인민은 1500만 남짓인데 모두 교육받은 백성이라면 좋은 나라가 될 만하지만 도리어 죄다 교육받지 못한 백성이니 다른 나라 수천만 교육받은 백성과 비교하면 과연 대적할 수 있겠는가? 과거제를 폐지하고 학교를 설립한 때부터 어찌 시부詩賦의 누습을 없애고 유용한 실학實學을 일으키려는 생각이 없었겠는가만 구학의 폐지를 볼 뿐 신학이 일어남을 못 보겠다. 학부의 예산에 학교의 지출은 무익한 것 같은 비용이니 어째서인가?

우리 한국의 인정은 하던 대로 하기를 좋아하고 일을 만들기를 꺼린다. 작은 이익을 아끼느라 큰 이익을 잊는다. 자기 좁은 견해를 지키느라 원대한 식견에 어둡다. 자기 단점을 지키기만 하고 고칠 생각을 하지 않는다. 남의 장점을 보아도 본받을 생각을 하지 않는다. 고루한 태도를 감수하고 이를 키워 허송세월한다. 장차 1500만 사람들을 야비한 백성으로 만들어 외국인에게 수모를 받고 참화를 입게 할 것인가? 진실로 인인지사仁人志士가 깊이 생각하고 맹성할 때이다.

그러니 학문의 진흥은 보국안민保國安民의 제일 중요한 방법인데 이 일은 하루아침에 그 효과를 내라고 다그칠 수는 없다. 이치를 밝힌 사람이 분발 과감의 용기를 먼저 내서 영원하고 게으름이 없는 마음을 이어가지 않는다면 그 누가 좋은 방법을 강구해서 백성을 진작시킬 수 있겠는가?

그러면 학문의 진흥은 이미 동서양 개명한 나라들의 성법成法이 있으니 여기에 나아가 구하면 되고 이를 들어 조처하면 된다. 그러나 각국의 사정이 일치하지는 않아 저 나라의 학문이 반드시 이 나라에 모두 합하지는 않고 이 나라의 학문이 반드시 저 나라보다 모두 처지지는 않는다. 또 역대로 서로 이어온 풍속과 법도가 인심에 편안한 데가 있으니 어찌 전부 그 옛것을 변개하겠는가? 다만 좋지 않은 것은 고치고 좋은 것은 남겨서 피차를 비교하고 참작하여 장점을 취하면 어찌 좋지 않겠는가? 소략하고 우활한 견해가 시의에 어두워도 위로 옛날을 보고 옆으로 만국을 보면 득실과 장단을 고찰할 수 있다. 나라의 흥성·멸망과 사람의 현명·우매가 이 한가지 일에 있다고 여겨 어리석은 정성으로 애타는 마음이 그치지 않는다. 몇 가지 조목을 나열하여 당세에 열성이 있는 사람에게 깊이 희망을 둔다.

하나. 종교를 유지한다.

유럽 각국의 풍속은 종교 유지를 국맥國脈 보전의 방도로 삼는다. 우리 아시아에서 공자를 배우는 자만 이를 유지할 방도를 생각하지 않을 것인가? 우리 역대 임금님은 공맹을 종사로 받들고 인륜을 천명하여 정치가 융성하고 풍속이 아름답고 유현儒賢이 배출되었다. 백년 이전을 고찰하면 선비는 모두 인仁을 품고 의義를 밟고 명분과 행실을 갈고닦아 나랏일을 자기 임무로 여겨 목숨을 버려도 변함이 없었고 비록 사화가 거듭 일어나도 사기가 쇠하지 않았다. 백년 이후는 선비로서 자기를 아끼는 자는 벼슬하지 않음을 고상하게 여기고 진취하는 자는 과거 시험으로 분주하며 오로지 허문을 공부했다. 공맹의 책을 읽어도 공맹의 뜻을 크게 잃었다. 근래에는 그 책을 높은 누각에 치워버려 명분과 절개가 무엇인지 모르고 이익만 다투는데 임금을 잊고 나라를 저버리는 일도 불사하니 세도와 인심이 지극히 한심하다.

하물며 지금 외국의 종교가 날로 치성熾盛하여 전국의 인민이 서로 빠져 돌아오지 않는 형세이니 종교를 유지해 고유한 원기의 회복을 도모함이 다시 인인군자仁人君子가 급급히 힘쓸 곳이다. 각군各郡의 향교는 곧 성인을 지키는 곳이고 선비를 기르는 곳인데 근래 글을 읽지 않고 오로지 술타령이나 벌여 예모가 남지 않아 사습士習이 개탄스럽다. 의당 정부에서 각 고을에 밝게 신칙하여 향촌의 좋은 선비를 향교 강당에 두어 독서와 강도에 종사하게 하고 다시 경의經義, 시무時務, 산술算術, 법률 등의 학문을 시험하여 우등생이 있으면 군郡에서 부府로 천거하고 부에서 국학國學으로 천거하게 한다. 매년 미리 기한을 정해 큰 군은 3인, 작은 군은 2인을 국학으로 올리고 고등의 선비를 시험쳐서 관직을 준다. 그러면 선비는 성현을 지키고 도리를 강하는 즐거움이 있고 나라는 인재를 양성하고 교화를 밝히는 이로움이 있을 것이다.

하나. 학도를 각국에 널리 파견하고 외국에서 교사를 초빙한다.

학문에는 반드시 교사가 있어야 하니 지금 신학문을 진흥하기를 원한다면 먼저 외국에서 배우지 않으면 안 된다. 이 때문에 일본은 유신維新[78]을할 때 나라의 총명한 자제를 널리 선발하고 영국·프랑스·독일·미국 등의나라에 파견하여 종류별로 각종 실학을 학습하게 했다. 학문이 완성되어귀국하면 재주를 따라 관직에 임명했다. 지금 안팎의 대신으로 공명이 혁혁한 자는 서양에 유학하여 신학문에 통달하지 않은 사람이 하나도 없다.우리나라도 근래 선비와 백성의 자제로서 조금 지기志氣가 있는 자는 대부분 외국에서 배워 세상에 쓰이고자 하니, 의당 이를 권장하여 소원을 이루게 하고 장점을 따라 실학을 나누어 익혀서 후일 교육자가 되거나 세상에 쓰일 인재가 되도록 하면 불세출의 공명이 반드시 이들에게서 나올 것이다. 게다가 개명한 나라에 조회照會하여 학문이 우수하고 교육에 열심인이름난 교사를 초빙해 국인을 가르치게 하면 신학이 점점 나라 안에서 일어날 것이다.

하나. 정부와 민간에서 출연하여 널리 학숙學塾을 설립한다.

학문이 크게 일어나기를 원한다면 전국의 시市·읍邑·향鄕·촌村에 모든사람이 공부할 만한 학교가 있어야만 된다. 저들 개명한 나라는 나라 안의세입 항목의 태반이 학문을 일으키는 경비로 쓰이고 민간의 의연에서 나오는 것도 많다. 지금 널리 국민에게 유시諭示하여 '의연금을 내서 학교를창설하고 힘써 기기를 구입하는 자에게 관작을 내리거나 보호를 행하겠다'고 하면 학교 건물이 넓어지고 수업 기기를 구해올 수 있다. 인정이 절로 오지는 않는다. 무지한 사람도 자제를 가르치고 싶어하니 억지로 거두

---

78   메이지유신(明治維新)을 가리킨다.

지 않아도 출연하게 할 수 있다. 하물며 포상하는 은전이 있으면 그 누가
즐겁게 옮겨가지 않겠는가?

하나. 서적을 널리 간행한다.

무릇 나라 안의 서적이 풍부해야 학생의 견문이 넓어진다. 외국에서 장
서루를 설치하는 것도 이 때문이다. 우리나라는 서적이 매우 빈곤해서 학
생의 한탄이 이미 많은데 하물며 신학의 서적이 들어온 것은 거의 없다. 사
감史鑑, 지지地誌, 물리, 농공, 법률, 재배, 양잠 등의 책을 국한문을 써서 많
이 번역, 간인하여 국인의 견문을 깨우치고 『소학小學』이나 『삼강행실도三
綱行實圖』 같은 책을 국문으로 번역해 사람들이 모두 읽을 수 있게 한다면
인심이 열리고 문교가 넓혀질 것이다.

하나. 교법敎法을 강구한다.

사람이 학문하는 데 좋은 교사보다 중요한 것이 없다. 지금 고을 학교의
교원으로 속성과速成科에서 차출되어 파견된 사람이 있는데, 여섯달 배운
것으로 과연 교사가 될 수 있겠는가? 교육에 관한 일이 매우 구차하다. 미
국에는 교사가 모이는 학회가 있다. 매년 방학 때 미리 지역을 고르고 기한
을 정해서 교사를 모이게 하고 아울러 저명한 교사에게 주강主講과 토론을
청한다. 또한 매달 이틀 휴가를 주어 각 교사가 힘써 교법을 구하는 데 도
움이 되도록 한다.

대개 나라 안에서 학문이 일어나 인재가 날로 번성하면 사범의 인재가
더욱 부족한 모습을 보이니 교사의 학문을 더욱 키우지 않으면 안 된다.
이러한 뜻을 따라 매년 방학할 때 학부에서 교원을 사범학교에 모이게 하
고 저명한 교사에게 강설과 논변을 청하여 교원의 학문을 이롭게 한다. 교
사가 되기 부족한 자가 있으면 다시 학교에 가서 학업을 다하게 하는 것이
옳다.

하나. 벌을 주어 게으름을 경계한다.

선왕은 학업을 완성하지 못한 자는 내쫓고 끼워주지 않았다. 지금 미국의 제도에 따르면, 바보 되기를 감수하고 자포자기해서 배우지 않는 자는 영국 돈 1파운드를 벌금으로 내게 하고 용서하지 않는다. 자제가 방탕하게 놀고 학업을 폐하게 놓아둔 자는 벌을 내리고 용서하지 않는다. 지금 또한 이런 뜻에 따라 고을에 훈칙訓飭하여 인민이 자제를 가르치지 않거나 연소한데 방탕하게 놀게 하는 자가 있으면 벌하는 법규를 세워 사람들이 모두 학업이 있어 범법을 면하도록 하는 것이 옳다.

2장
근대 교육의 방향
『학규신론』의 세계

어린이 교육의 활법[1]

천지의 기운이 활동活動하여 만물이 난다. 사람이 가장 신령하니 그 활
동의 밝음을 얻어 심지가 되고 그 활동의 힘을 얻어 신체가 된다. 그래서
사람의 활동은 천지의 기운과 더불어 두루 유행하며 중단이 없다. 이를 따
라 밝음을 개발하고 힘을 배양하는 것이 교육이다. 그래서 "신체는 날마다
수련하여 강해지고 심지는 날마다 사용하여 밝아진다"고 한다. 대개 날마
다 수련하니 피로할 듯하고 날마다 사용하니 피폐할 듯하지만 도리어 날
마다 수련해 강해지고 날마다 사용해 밝아지는 것은 어째서인가? 몸과 마
음이 원래 활물活物이라서 수련하면 더욱 강해지고 사용하면 더욱 밝아져
서 그 본성을 따르는 것이지 본성에 어긋나는 것이 아니기 때문이다.

이 때문에 서구 교육 명가 프뢰벨Fröbel이란 사람이 유년기부터 노년기
까지 고심해서 연구하고 힘을 다해 궁극에 이른 것이 교육이라는 한가지

---

1   박은식 「논학요활법(論學要活法)」, 『학규신론(學規新論)』.

방법이었다. 요컨대 그 주의는 교화의 진선진미는 몽양법蒙養法에 있고 몽양법은 본성을 따르는 것이 가장 좋다는 것이다. 그래서 그는 "아이들이 동작을 좋아함은 천성이니 그 천성에 따라 기르면 발달하기 쉽다"고 말했으니 믿지 않을 수 있겠는가? 대개 사람은 자라남에 따라 몽매했던 지식이 점점 밝아지고 유연했던 신체가 점점 강해진다. 마치 샘물이 처음 솟을 때에 터놓는 것이 옳지 막는 것이 옳지 않으며 마치 나무에 막 싹이 틀 때에 북돋아 심는 것이 옳지 억압하는 것이 옳지 않음과 같다.

옛날 남자가 처음 태어나면 뽕나무 활과 쑥대 화살로 천지 사방에 쏘았는데 남자는 장차 사방에 일이 있기 때문이다. 이 때문에 삼대 소학에서 노래를 가르쳐 심지를 펴게 하고 춤을 가르쳐 신체를 기르게 했다. 문사를 익히고 무공을 배움이 이미 여기에서 발단했다. 무릇 예악사어서수禮樂射御書數[2]를 익힘은 모두 활동의 일이다. 이 때문에 선유先儒는 이르기를 "공자가 백어伯魚에게 너는 주남周南과 소남召南을 익혔느냐고 이른 것은[3] 곧 노래와 춤의 일이지 지금 글 읽는 것과 같지 않다"고 했다. 대개 그 육예六藝[4]의 일에 대해 실질을 익혀 몸소 행한 것은 이미 소학에서 그것을 얻었기 때문이다. 이는 그 법이 가히 "활活이요 체滯가 아니라"고 이를 수 있겠다. 지금 미국 사람의 몽양법은 체조 연습과 보통 과목을 소학 교육으로 할 뿐만 아니라 다시 이른바 찰물학당察物學堂[5]이 있다. 이는 아직 학령에 미치지 못한 어린아이를 위해 각 물건을 준비해서 독서하기 전에 이를 익숙하게 연습하도록 한 것이니 그 법이 더욱 정밀하다.

---

2   예와 악, 활쏘기와 말타기, 글씨 쓰기와 계산하기.

3   『논어』 「안연」에 "공자께서 백어에게 '너는 주남과 소남을 익혔느냐. 사람이 주남과 소남을 읽지 않는다면 그것은 담을 대하고 선 것과 같다'고 말했다(子謂伯魚, 曰女爲周南召南矣乎, 人而不爲周南召南, 其猶正牆面而立也與)"는 구절이 있다.

4   『주례(周禮)』는 향촌에서 '향삼물(鄕三物)'로 만민을 교화하고 인재를 천거한다고 했다. 여기서 '향삼물'이란 육덕(六德), 육행(六行), 육예(六藝)이고 이 중 육예는 '예악사어서수'를 가리킨다.

5   유치원을 가리킨다.

우리 한국은 몽양법이 어찌 그리 소략한가? 어찌 그리 막혔는가? 몽사蒙師가 내는 과제는 단지 글 읽기와 글씨 쓰기이기 때문에 자구를 읽어도 마음으로 그 뜻을 이해하지 못하니 어떻게 심지를 개발하겠는가? 앉으면 반드시 벽을 향해 마치 무서운 사람이 있는 듯 감히 동작을 편안히 하지 못하니 어떻게 신체를 배양하겠는가? 이로 인해 괴로움을 싫어하고 기뻐하지 않는 폐단이 있게 된다. 아이들 습관이 반딧불과 호롱불 밑에서 백발이 다 되도록 평생 기량이 문자에서 벗어나지 못하니 어떻게 천하의 사물을 격치格致해서 사업을 세우겠는가?

심지어 근세 유가儒家의 학규學規도 체에 편중된 문제점을 면하지 못할까 염려된다. 주공周公은 "재주가 많고 기예가 많다"[6]라고 했고 공자는 "내가 소싯적에 천했기 때문에 하찮은 일에 능함이 많았다"[7]고 했다. 성인도 '많다', '능하다'라고 이른 것이다. 자로子路는 세금을 거두었고 염유冉有는 창을 썼고 자공子貢은 외교를 잘했지만 성인의 무리가 아니던가? 호안정胡安定(호원)은 경의재經義齋와 치사재治事齋 두 재사를 설치하고 사방의 인재를 길렀기 때문에 문인이 배출되어 벼슬함에 세상의 쓰임에 적합한 사람이 많았다. 그런데 도리어 지금의 우활한 유학자는 눈감고 단정히 앉아 철두철미 성정의 함양을 공부로 삼고 사물을 달갑게 여기지 않아 곧바로 그 몸이 진흙 소상이 되고 그 마음이 고목의 타버린 재가 되어 마치 불로佛老의 법문처럼 하기를 바라니 유독 어째서인가?

공자는 나라 다스림을 논하여 "사대四代를 짐작해 손익損益하라"[8] 했다.

---

6 『서경』「금등」에 "나는 인이 아버지를 따르고 재주가 많고 기예가 많으며 귀신을 잘 섬긴다(予仁若考, 能多材多藝, 能事鬼神)"는 구절이 있다.

7 『논어』「자한(子罕)」에 나오는 구절이다.

8 사대(四代)는 순(舜), 하(夏), 은(殷), 주(周)를 가리킨다. 『논어』「위령공(衛靈公)」에 "안연이 나라 다스리는 방도를 물으니 공자는 하나라 책력을 쓰고 은나라 수레를 타고 주나라 면복을 입고 음악은 소무를 써야 한다고 말했다(顏淵問爲邦, 子曰行夏之時, 乘殷之輅, 服周之冕, 樂則韶舞)"라는 구절이 있다.

정자는 『주역』을 찬양하여 "때를 따라 변하여 도를 따른다"[9]고 하여 세상의 학자가 고금의 변화를 밝게 보고 시의時宜를 깊이 연구하게 했다. 유교로부터 새 정치를 재정裁定함이 어찌 여유작작하지 않은가? 다만 어려서 양육하고 자라서 학습하는 것이 요컨대 모두 체이고 활이 아니기 때문에 세상에 필요한 인재가 성대하게 즐비함을 보지 못하는 것이니 어찌 애석하지 않은가? 가만히 원하건대 그 까닭을 깊이 생각해 활법活法으로 나아가고 그저 옛것에 빠지지 말기를 바란다.

겸손히 남에게 배워야 한다[10]

『서경』에 "배워서 뜻을 겸손하게 하였기 때문에 민첩하기에 힘쓰면 그 덕이 닦여짐이 저절로 자신에게 올 것이다"[11]라는 말이 있다. 대개 '뜻을 겸손하게' 한 뒤에야 남의 장점을 취할 수 있고, '민첩하기에 힘쓴' 뒤에야 그 공을 세울 수 있다. 순임금은 농사짓고 질그릇 굽고 고기잡이 할 때부터 제왕이 되기까지 남에게 취하지 않음이 없었던 사람이다. 성인도 그러한데 하물며 그보다 아래인 사람은 어떻겠는가? 참으로 자기보다 낫다면 길거리의 사람에게서 배우는 것도 좋다. 풀리지 않는 것이 있으면 목동에게 물어도 좋다. 공자는 "세 사람이 걷는데 반드시 나의 스승이 있다"[12]고 했으니, 배움의 방도는 모르면 알기를 구하고 못하면 잘하기를 구할 따름이니 여기에 어찌 계교가 있겠는가? 만약 자기의 고루함을 스스로 옳게 여기

---

9   정이의 『주역전의(周易傳義)』「서(序)」에 "역은 변함이니 때를 따라 변하여 도를 따름이다 (易, 變易也. 隨時變易以 從道也)"라는 구절이 있다.

10   박은식「논학요손지(論學要遜志)」,『학규신론』.

11   『서경』「열명하」에 나오는 구절이다.

12   『논어』「술이(述而)」에 "세 사람이 걷는데 반드시 나의 스승이 있다. 선한 자는 본받아 따르고 선하지 않은 자는 경계하여 고친다(三人行, 必有我師焉, 擇其善者而從之, 其不善者而改 之)"라는 구절이 있다.

고 남에게 배우기를 부끄럽게 여기면 이는 스스로를 속임이다. 스스로를 속이니 지혜롭지 않음이 이보다 심할 수 있겠는가?

아! 한국의 선비는 발자취가 문정門庭에서 떨어지지 않고 목력目力이 해외에 미치지 못하며 세계가 서로 통하고 열강이 경쟁하는 날에 좁은 식견을 묵수하고 자현자시自賢自是[13]에 빠져 있다. 낡은 책을 연구하되 시의는 궁구하지 않고 의리를 공담하되 경제에는 실로 어두워 각국 이용후생利用厚生의 신학과 신법을 일절 원수처럼 보고 배척하여 마침내 전국 인민을 무지하고 무식한 속에 잠가버리고는 변하지 않고 스스로 편안해하다가 오늘날에 이르러[14] 필경 전국 동포가 장차 남의 노예가 되기에 이르게 했으니 이는 누구의 죄인가? 실로 우리나라 사람들의 고질적인 습성이 '자현자시'에 빠져 남에게 배우기를 부끄럽게 여겼던 죄이다.

시험삼아 생각건대 평소 굳어버린 습관이 자신과 집안에 유익했는가, 백성과 나라에 유익했는가? 이른 시기에 각국에서 배워 그 정화精華를 가려서 우리의 자강자립自強自立의 기초를 수립했더라면 나라에 경쟁력이 없음이 어찌 이에 이르렀겠는가? 일본은 30년 전에 서양을 배척하고 쇄국을 하자는 논의가 국중에 성행했으나 이윽고 서양의 법이 자기보다 나음을 깨달아 마침내 학습하고 본받아 오늘의 융성함에 이르렀다. 유독 우리 한인은 죽을 때까지 깨닫지 못해 끝내 변화의 계기가 없으니 『주역』에서 "혼미하게 회복함이니 흉하다"[15]고 이르는 것이 이것이 아니겠는가? 아아! 지난 일은 말릴 수 없으나 다가올 일은 막을 수 있다.[16] 나는 나라의 유

---

13   자기를 현명하다 여기고 자기를 옳다고 여기는 것.

14   『학규신론』은 1904년 11월 출판되었다. 1904년 2월 러일전쟁의 발발과 함께 한국은 일본군에 강점되었고 동년 8월 한일협약을 통해 외교와 재정이 외국인 고문 스티븐스와 메가다의 수중에 들어가 독립국으로서의 성격을 상실했다.

15   『주역』복괘 상육(上六)에 나온다. 끝내 깨닫지 못하고 헤매다가 개과천선하지 못함을 가리킨다.

16   『논어』「미자(微子)」에 나오는 구절이다.

학자가 자기 뜻을 겸손히 해서 남에게 배우기를 원한다.

프랑스 인민을 본받아 학업에 힘쓰자[17]

공자는 "알려고 노력하지 않으면 깨우쳐주지 않으며, 표현하려고 애쓰지 않으면 설명해주지 않는다"[18]라고 했고, 맹자는 "마음이 괴롭고 생각이 빗나간 뒤에야 분발한다"[19]라고 했다. 보통 사람의 생각은 언제나 '게을러서 스스로 편안해하기' 쉽기 때문에 반드시 격동시킨 뒤에야 일어나고 또 반드시 사세가 궁해서 심지어 마음이 괴롭고 생각이 빗나간 뒤에야 능히 분발하여 흥기함을 말한 것이다. 이 때문에 위나라는 초구楚邱에 옮겨가서 "경교권학敬敎勸學"을 했고,[20] 월나라는 회계會稽에 서식하며 "생취교훈生聚敎訓"을 했으며,[21] 악양자樂洋子는 처에게 격동되고[22] 소진蘇秦은 형수에게 분노하여[23] 모두 능히 분발해 학문을 이루었으니 이것이 '마음이 괴롭고 생각이 빗나간 뒤에야 분발한다'는 것이 아니겠는가?

---

17 박은식 「논학유발분(論學由發憤)」, 『학규신론』.

18 『논어』 「술이」에 나오는 구절이다.

19 『맹자』 「고자하(告子下)」에 나오는 구절이다.

20 『좌전(左傳)』 노민공(魯閔公) 2년 기사에 "위문공은 굵은 베로 지은 옷을 입고 굵은 비단으로 만든 관을 쓰고 인재를 기르고 농사를 가르치며 상인을 통하게 하고 공인에게 혜택을 주며 가르침을 공경하고 학문을 권장하며 백관에게 법도를 주고 재능 있는 자를 임용했다(衛文公, 大布之衣, 大帛之冠, 務材訓農, 通商惠工, 敬敎勸學, 授方任能, 元年革車三十乘, 季年乃三百乘)"는 구절이 있다.

21 『좌전』 노애공(魯哀公) 원년 기사에 "월나라가 10년간 인구를 늘려 재력을 축적하고 10년간 백성을 가르쳐 병마를 훈련하면 20년 지나 오나라는 폐허가 될 것이다(越十年生聚, 而十年敎訓, 二十年之外, 吳其爲沼乎)"라는 구절이 있다.

22 후한의 악양자가 멀리 나가 글을 배우다가 집이 그리워 도중에 돌아오자 길쌈하던 그의 아내가 베틀을 가리키며 학문을 중단하면 안 된다고 훈계했다. 『후한서(後漢書)』 권84 악양자 처(樂羊子妻) 열전에 관련 내용이 있다.

23 소진이 진나라에서 벼슬을 구하지 못하고 초췌한 몰골로 고향에 오자 형수가 냉대했는데, 다시 육국의 재상이 되어 고향에 와서는 형수에게 어째서 전에는 거만하고 뒤에는 공손한가 물었더니 형수가 무릎을 꿇었다. 『사기(史記)』 권69 소진 열전에 관련 내용이 있다.

대저 인정은 고금에 일치한다. 프랑스는 루이 15세 때에 전국의 인민이 학정으로 괴로움이 쌓이고 거듭 병화에 다쳐서 거의 깊은 물과 뜨거운 불 속에 있었으니 천하에서 가장 애처로운 것이 백성이었다. 이에 프랑스 백성이 분발자강奮發自强을 하여 상무를 정돈하고 제조를 전공하며 특히 학업에 힘써서 밤낮 독서하며 선정을 강구하여 도탄의 고통에서 벗어나 편안히 살 수 있게 되었으니 나라의 부강이 실로 여기에 기초했다.

지금 우리 한국 백성도 이미 치욕을 알아 분발자강하여 바르게 닦을[24] 날에 다다랐는데 만약 학문을 다투어 권하지 않고 실업에 서로 힘쓰지 않아 몽매한 습관과 위태로운 화기에서 벗어나려 하지 않는다면 이는 '마음이 괴롭고 생각이 빗나가는데'도 능히 분발하지 못하는 것이다. 무릇 한국 땅의 신령하고 깨끗한 기운과 한국 인민의 꼼꼼하고 분명한 자품으로 어찌 이러한 열등함에 이르겠는가? 아! 슬프도다!

해외에 유학해서 실학을 배우자[25]

중봉重峯 조趙선생(조헌)은 항상 "하늘이 남자를 낳음이 어찌 우연이랴!"라고 되뇌었다.[26] 참으로 남자로 태어난 것이 우연이 아님을 생각한다면 편안히 지낼 생각을 품어 자패自敗해서는 안 된다. 아! 산에 오르지 않은 사람은 대산岱山과 숭산嵩山[27]의 높이를 모르고 바다에 가지 않은 사람은

---

24 『맹자』「만장상(萬章上)」에 "태갑(太甲)이 잘못을 뉘우쳐 스스로를 원망하고 바르게 닦았다(太甲悔過, 自怨自艾)"는 구절이 있다.

25 박은식 「논유학지익(論遊學之益)」, 『학규신론』.

26 조헌(趙憲)의 『중봉집(重峯集)』「연보(年譜)」 기묘 조(己卯條)에 "항상 격앙되어 '하늘이 남자를 낳음이 어찌 우연이랴!'라고 되뇌었다(常激昻自誦曰, 天生男子之意, 豈偶然哉!)"라는 구절이 있다.

27 『상서주소(尙書註疏)』「우공(禹公)」에 "중국의 높은 산을 가리켜 오악이라 하는데 숭산, 대산, 형산, 화산, 항산이 그것이다(山之高者, 莫高於岳, 言高山五岳, 謂嵩·岱·衡·華·恒也)"라는 구절이 있다.

창해滄海와 명해溟海[28]의 깊이를 모른다. 한갓 귀동냥하는 것보다는 눈으로 보는 것이 참되고 오로지 문자에서 구하는 것은 몸소 실상을 익히는 것만 같지 않다.

지금 시대에는 학문이 월등하기를 바란다면 먼저 유학하는 것이 좋다. 이 때문에 일본은 메이지유신 초기에 국중 총명한 자제를 영국·프랑스·독일·미국 여러 나라에 파견해 각종 실학을 나누어 학습하게 하고 학문이 완성되면 귀국하여 재주에 따라 관직을 제수했다. 지금 내외 대신으로 공명이 혁혁한 사람들은 서국에 유학해서 신학문에 통달하지 않은 사람이 하나도 없다. 지금에 이르도록 구미에 유학한 사람의 발걸음이 서로 이어진다. 한국의 남자가 불세출의 공명에 뜻이 있다면 어찌 옷소매를 떨쳐 분발하지 않는가?

보통 교육에서 전문 교육까지[29]

학문의 길은 시작이 있고 끝이 있으니 보통普通은 시작이고 전문專門은 끝이다. 대개 보통의 뜻은 주周나라 학교의 육예와 부합하고 전문의 이름은 한漢나라 유학자의 경전 연구에서 나오는데 그 학문의 과목은 고금에 다름이 있다. 대개 보통이 아니면 천하 사물의 명목을 알 수 없고 전문이 아니면 정의精義와 입신入神의 경지에 갈 수 없으니 어찌 둘 중의 하나를 빠뜨릴 수 있겠는가? 지금 서양인의 학문에는 천문·지지·물리·화학·정치·법률·사감史鑑·산술·광학·전기학·음성학·중학重學·병학·농학·공학·상학·의학·광물학·기학汽學·철학 등의 분과가 있다. 보통으로 시작을 열어주고 전문으로 끝을 완성하니 천하의 인재가 어찌 완비되지 않음이 있

---

28 중국의 큰 바다를 가리켜 '사해(四海)'라고 하는데 동쪽 바다는 창해이고 남쪽 바다는 명해이다.

29 박은식 「논보통급전문(論普通及專門)」, 『학규신론』.

겠는가?

대개 사람은 재주와 성품이 각자 다르고 지혜의 구멍이 같지 않아 잘하는 것으로 인해 나아가기는 쉽지만 못하는 것을 억지로 해서 완성하기는 어렵다. 대개 한인의 학문은 오로지 한문 한 과목에서 나와 늘 부지런히 공부해서 생을 마친다. 비록 그 재주가 다른 기예를 잘해서 쉽게 성취할 만한 것이 있더라도 부형이 금지하고 사우가 꾸짖어 잘하는 것을 버리고 못하는 것을 억지로 하기 때문에 삐걱대며 이루어지기 어려운 근심이 있다. 설사 그 사람이 문자로 하는 학업을 모두 마쳐도 천하의 일이 어찌 여기에서 그치겠는가?

내가 향곡鄕曲에서 이웃 사람이 자식을 가르치는 것을 보니 자식이 종일 글을 읽어도 열 글자 남짓을 다하지 못하지만 재미 삼아 그림 그리는 일을 하면 배우지 않아도 능하니 이는 그 재주에 장점이 있어서이다. 그러나 그 부형이 노해서 이를 금하고 오로지 문자를 공부하게 했기 때문에 끝내 성취하지 못했으니 이것으로 나머지를 추론할 만하다.

대개 그 규모가 국한되어 통달하지 못하고 간략하여 완비되지 못하기 때문에 전국의 인재가 제대로 길러지지 못하고 결국 버려지는 일이 많다. 이를 그대로 인습해서 변통을 생각하지 않음이 옳은가? 그러니 보통 및 전문을 학문 과목의 시작과 끝으로 삼는 것이 마땅하도다!

국문으로 백성을 가르치라[30]

나라의 문명은 교화에서 연유한다. 교화가 날로 융성하기를 바란다면 전국 인민이 한 사람도 배우지 않음이 없는 뒤에야 가하다. 전국 인민이 모두 학문을 밝게 알기를 바란다면 국문으로 가르침보다 편한 것이 없다. 대

30   박은식 「논국문지교(論國文之敎)」, 『학규신론』.

개 한문은 사람들마다 잘할 수 있는 것이 아니지만 국문은 남녀를 막론하고 모두 배울 수 있다. 내가 보기에 근래 순검, 병정, 시정인, 장사치 같은 백성에서 부인, 여자, 노복까지 『제국신문』을 읽지 못하는 사람이 없다. 매번 지나가며 이를 들을 때마다 문화 진보의 기회가 있음을 기뻐하지 않은 적이 없었다. 만약 이런 국문 신문이 없었다면 세계의 형편, 조정의 득실, 실업의 발명을 어찌 이런 사람들이 꿈에라도 생각했겠는가? 진실로 그것이 민지民智 개발에 유익하다.

옛날 모재慕齋 김공金公[31]이 구결이 붙은 『소학』『삼강행실三綱行實』과 『이륜행실二倫行實』의 언해본, 『정속正俗』과 『여씨향약呂氏鄉約』의 언해본, 농서와 잠서蠶書의 언해본, 『창진방瘡疹方』과 『벽온방辟瘟方』의 언해본 등의 책[32]을 간행해서 어리석은 부부라도 환히 쉽게 알 수 있게 했으니 그것이 교화에 도움이 되는 것이 성대하지 아니한가? 이로부터 계속해서 주창하는 자가 있었다면 교화의 퇴패가 어찌 이 지경이 되어 우리 백성이 서로 이교異教에 들어가는 것을 슬퍼했겠는가? 아! 개탄스럽다. 지금 김공의 뜻을 스승으로 삼아 정덕正德과 이용후생의 일에 유익한 문자를 모두 국문으로 번역해 힘써 책으로 만들어 국중에 널리 퍼뜨려 사람들마다 모두 읽게 한다면 교화의 흥성을 곧바로 기다릴 수 있겠다!

---

31   원문은 "사재(思齋) 김공"인데 착오로 보여 바로잡았다. 백성을 교화하기 위해 언해본을 간행한 사람은 사재 김정국(金正國)이 아닌 모재 김안국(金安國)이다.

32   김안국이 편찬한 『이륜행실도』에 붙은 강혼(姜渾)의 서문에는 구결이 붙은 『소학』, 『삼강행실』과 『이륜행실』의 언해본, 『정속』과 『여씨향약』의 언해본, 농서와 잠서의 언해본, 『창진방』과 『벽온방』의 언해본이 김안국의 노력으로 간행된 사실이 기록되어 있다. 『중종실록(中宗實錄)』 중종 13년(1518) 4월 1일 기사에는 김안국이 유교적인 풍속을 장려하기 위해 이 책들의 언해본을 간행해 보급하기를 청하는 상소를 올린 사실이 기록되어 있다.

학교를 널리 세우라[33]

일찍이 궁실을 본 적이 있는가? 기둥, 난간, 기와, 담장을 바라보면 찬란하지만 그 집터가 개미구멍으로 균열되면 비바람에 흔들려 오랜 침수 끝에 기울어 뒤집히는 환난이 뒤따른다. 무릇 학교는 나라의 혈맥을 유지하는 집터이다. 정교政敎가 여기에서 근본하고 인재가 여기서 배출되고 풍화가 여기와 관계하니 나라가 있는 자가 이를 소홀히 할 수 있겠는가? 삼대의 학교 제도[34]는 말할 나위도 없고 지금 여러 문명국을 보면 공립과 사립학교가 즐비하게 서로 이어졌다. 이를테면 미국에서 학교를 세운 구역은 12만 1440여 곳이나 되고 남녀 학도는 모두 1195만여 명이고 몽사蒙師는 모두 34만 7천여 명이고 교사 1인당 대략 교수하는 학도는 30여 인이고 공사립 학교 수업료는 1년에 대략 도합 2551만 1천파운드이다. 나머지 나라도 이를 미루어 그 성황을 볼 수 있다.

우리 한국의 학교는 이와 비교하면 도道 하나에 불과 서너 곳이니 심히 영성하지 아니한가? 서북의 촌락을 보면 간간이 학숙을 세워 아이를 가르치는 풍조가 있으나 양남兩南과 기호畿湖의 풍속은 각각 그 집에서 자제를 가르치니 어찌 함께 모여 장점을 보는 유익함을 얻겠는가? 지금 학숙이 많기를 바란다면 형세로 보아 반드시 백성의 힘에 의지해야 하는데 사람의 마음이 자제를 가르치고 싶어하지 않음이 없을 터이니 밝게 조유詔諭를 내려 백성에게 학숙을 설립하라고 권하면 고을과 마을에 설치되지 않음이 없으리니 의연금을 후하게 낸 사람에게는 포증襃贈 또는 관함官銜을 주면 비록 억압하지 않아도 많이 설립되기를 기대할 수 있다. 이는 모름지기 믿음을 세운 뒤에야 백성이 이를 추향할 것이다. 중학교를 각 부府에 두고 대

---

33 박은식 「논설숙지무(論設塾之務)」, 『학규신론』.
34 원문에는 "가숙당서(家塾黨序)"의 제도라고 되어 있다. 사가의 학교는 '숙(塾)', 향당의 학교는 '서(序)'라고 했다.

학교를 서울에 두어 우수한 학생이 번갈아 올라갈 단계로 삼되 이것은 공공의 경비를 조달하여 운영한다. 나는 당국의 군자君子가 여기에 힘쓰고 나라의 기초를 굳혀서 기울어 뒤집히는 환난을 면하기를 원한다.

책을 인쇄하는 사업을 넓히자[35]

책이 사람에게 주는 혜택과 이익은 넓다. 한 사람 손에서 나와 천만 사람에게 퍼지고 순식간에 완성되어 천만세 뒤에도 전해지는 것은 오직 책이로다! 하물며 동서양 학문의 장단을 비교하면 각국의 정치가 날로 혁신되고 사업이 날로 흥성하며 시국의 정형이 달마다 다르고 해마다 같지 않으니 세상에 뜻이 있는 자가 하루라도 책에서 손을 뗄 수가 있겠는가?

이 때문에 문명국에서는 장서루와 박문관博文舘이 광대하고 즐비하여 새 책이 나오면 서로 다투어 사서 읽고 날마다 수많은 내용을 서로 전하니 학문에 민첩하기가 이와 같다. 우리 한국은 책이 원래 풍부하지 않은데 신학문에 대한 문자는 더욱 드물어 어두운 방의 등불과 길 잃은 나루의 뗏목으로는 남에게 두루 미칠 수 없을 것이다.

동서양의 학문을 합해 총괄하여 회통함은 일본에 있다. 그래서 서적이 매우 많고 매우 정밀하다. 또 일본 선비가 서양 책을 번역할 때 고심하며 훌륭하게 공들인 일이 많으니 한국 사람이 일본 책을 번역하면 적게 공들여도 일이 쉽게 이루어진다. 하물며 책을 구하면 아침저녁으로 이름에랴! 그러니 책을 본래 이렇게 편하게 들여올 수 있는데 서적을 얻기 어려움을 근심하는 것은 인쇄가 넓지 못하기 때문이니 어찌 교육 정책에서 유감스런 일이 아니겠는가?

아! 무릇 사람이 주색이나 연회, 도박하는 장소에 돈을 낭비하는 것이

---

35   박은식 「논인서지의(論印書之宜)」, 『학규신론』.

어찌 한량이 있을까만 백성을 깨우치고 세상을 각성시키는 일에는 참으로 인색하니 또한 이상하다. 사람의 마음이 어찌 복을 구하고 명예를 구하기를 원하지 않겠는가만 남에게 혜택을 주고 이익을 주는 사업이 없다면 이를 구해도 얻을 수 있겠는가? 지금의 군자는 책이 사람에게 혜택과 이익을 주는 것이 넓다는 것을 생각한다면 책을 인쇄하는 사업을 넓힐진저!

독서하지 않으면 벌한다[36]

『예禮』를 살펴건대 학업을 이루지 못하면 쫓아내서 끼워주지 않는 법을 시행하니 권징勸懲이 없으면 어떻게 다스리겠는가? 지금 각국 학교 제도를 보니 독서하지 않는 동자童子에게는 과벌科罰하는 규례가 있으니 이것이 그 지극한 요점이다. 공자는 "정치로 인도하고 형법으로 다스린다"[37]고 말했다. 천하의 사람이 처벌을 기다리지 않고도 서로 권선勸善하게 한다면 형벌이 없어도 된다. 그러나 어리석은 백성이 가르침을 따르지 않으면 형벌로 다스리지 않을 수 없다.

이 때문에 각국에는 독서하지 않는 자를 반드시 처벌하는 규례가 있으니 사람들마다 모두 글자를 안다. 그리스 같은 나라는 비록 그 법률이 있으나 실제로는 처벌함이 없기 때문에 능히 글자를 아는 남자가 겨우 3분의 1이다. 벨기에는 독서하지 않아도 처벌하지 않기 때문에 글자를 모르는 사람이 5분의 1이다. 이것이 그 분명한 효과가 아닌가? 지금 전국의 어린아이가 전부 입학하기를 바란다면 반드시 처벌하는 법을 써서 벼슬아치의 자제가 방탕하여 학업을 폐하면 반드시 벌금을 학교에 납부하게 한 뒤에

---

36 박은식 「논권징지규(論勸懲之規)」, 『학규신론』.
37 『논어』 「위정(爲政)」에 "법제로 인도하고 형벌로 다스리면 백성은 모면하려 하고 부끄러움이 없다(道之以政, 齊之以刑, 民免而無恥)"라는 구절이 있다. 이를 이어 "도덕으로 인도하고 예로 다스린다"는 구절이 나온다. 본래 공자의 말뜻은 '정치로 인도하고 형법으로 다스림'이 아니라 '도덕으로 인도하고 예로 다스림'이 중요하다는 것이었다.

야 국민 모두 글자를 알도록 할 수 있다. 빈민 자제가 입학할 여력이 없으면 야학 교과를 권하는 것이 좋다. 나는 이 법을 거행하지 않으면 끝내 흥학이 되지 못할까 염려한다.

국가 고시 제도를 확정하라[38]

옛날 주나라 제도에 준사俊士[39]를 사마司馬에 올려 관리의 재주가 있는지 변론하여 논정한 뒤에 관작을 주었다. 또 "조정에서 사람에게 관작을 주는데 여러 사람과 함께했다"[40]고 했다. 이는 지극히 좋은 법이다. 한나라 이래 천하의 치세를 구하는 자 누구인들 전선법銓選法을 개선하기를 원하지 않았겠는가만 일절 구차하기만 하고 선왕의 제도에 합당한 것을 보지 못함은 어째서인가? 삼물三物 빈흥賓興[41]의 근기가 없기 때문이다.

근세 시험 급제의 법은 실로 주나라 제도와 합치하여 천고의 비루함을 한번 씻어냈다고 이를 만하다. 일본으로 보자면 이에 앞서 귀족이 은총을 석권함이 오래되어 조정의 벼슬을 자기 고유의 것으로 보는 습관이 일상이 되었고 국가에서도 이들 귀족을 중시하여 관직 임명이 대체로 사정私情을 따름이 많고 공선公選에서 나오지 않았다. 그래서 정치 기강이 무너져 거의 부진했는데 유신하는 날에 미쳐 정부에서 누차 영칙令飭을 통해 도태를 행했다. 하지만 그 폐단이 이어져 거의 척결하기 어려워서 준재를 위한 문이 오래도록 공개되지 못했다. 이에 시험 급제의 법이 거행되어 묵은 폐

---

38   박은식 「논시험지법(論試驗之法)」, 『학규신론』.

39   『예기』 「왕제(王制)」에 "향에 명하여 우수한 선비를 논하여 사도에게 올려 '선사'라고 한다. 사도가 우수한 선사를 논하여 국학에 올려 '준사'라고 한다(命鄕, 論秀士, 升之司徒, 曰選士. 司徒論選士之秀者而升之學, 曰俊士)"라는 구절이 있다.

40   『예기』 「왕제」에 "爵人於朝, 與衆共之"라는 구절이 있다.

41   삼물은 '향삼물'을 가리킨다. 빈흥은 향삼물의 관점에서 훌륭한 인재를 빈객처럼 예우해서 국학으로 천거하는 것을 가리킨다. 『주례』 「대사도(大司徒)」에 "향학의 세가지로 만민을 교화하여 인재를 빈객으로 예우한다(以鄕三物, 敎萬民, 而賓興之)"라는 구절이 있다.

단이 상쾌하게 일소되고 인재가 등용되었다.

지금 한국 조정이 인습하는 폐단도 여기에 앉아 있다. 섶을 없애지 않으면 어찌 불길을 막겠으며 근원을 맑게 하지 않으면 어찌 깨끗함을 얻겠는가? 바라건대 정부에서 이 제도를 확정하여 단연코 실행한다면 학문을 이룬 선비가 청운의 꿈을 이룩하기 어려움을 근심하지 않고 세력으로 인하여 분경奔競하고 승진을 구하는 폐단이 자연스럽게 깨끗이 사라질 것이다. 이러하면 교육의 확장을 통해 인재가 출현하고 인재의 등용을 통해 교육이 진보할 것이다. 어찌 좋지 아니한가? 어찌 아름답지 아니한가?

관리를 재교육하는 학교를 설립한다[42]

자산子産이 말하기를 "학문을 한 뒤에 조정에 들어가 정치를 한다고는 들었지만 정치를 통해 학문을 한다고는 듣지 못했다"[43]고 했다. 대개 학문을 하지 않고 정치에 종사함은 곧 칼을 제대로 쥐지도 못하는데 베면 실로 많이 다치기만 하고 말타기에 익숙하지 않으면서 말을 달리면 반드시 실패에 이르는 것과 같다. 그러면 사람이 정치에 종사하기 전에 학문하는 때를 놓쳤으면 천부적인 아름다운 바탕이 있어도 일절 버려두는 것이 옳은가?

자하子夏가 말하기를 "학문을 해서 넉넉하면 벼슬을 하고 벼슬을 해서 넉넉하면 학문을 한다"고 했다. 지금 정치에 종사하는 자가 만약 '학문을 해서 넉넉하면 벼슬을 하는' 것을 제대로 못했다면 '벼슬을 하고 넉넉하면 학문을 하는' 것에 힘쓰지 않을 수 있겠는가? 우리 선왕의 조정에서는 독서당 문신에게 사가독서賜暇讀書를 해서 학업을 더욱 진보하게 했으니 이는 인재의 지극한 배양을 두텁게 해서 풍부하게 쓰일 수 있도록 비축하는 것이었다. 현시 각부의 주임관奏任官과 판임관判任官은 반드시 모두 학문을

---

42   박은식 「논사우이학(論仕優而學)」, 『학규신론』.
43   『좌전』 노양공(魯襄公) 31년 기사에 나오는 구절이다.

한 자는 아니니 의당 정부에서 정법政法 학교를 특별히 설치해서 담당하는 업무의 직책에 따라 응당 써야 하는 학문 과목에 나아가 틈틈이 학업을 익히도록 하되 속성과의 규례를 부과하면 학문을 바탕으로 정치에 시행되는 효과가 곧바로 나타나 엄숙하게 늘어선 학문의 선비가 빈빈할 것이다.

국운은 학문의 성쇠에 달렸다[44]

나라는 사람을 통해 일어선다. 사람은 학문을 통해 이루어진다. 나라에 사람이 없으면 어찌 나라가 되겠는가? 사람에게 학문이 없으면 어찌 사람이 되겠는가? 기記에 "나라를 세워 백성에게 임금 노릇할 때 학문을 가르침이 우선이다"[45]라고 했다. 자고로 국운의 융체隆替는 학문의 성쇠와 관계있다. 근일 동서 각국을 보면 더욱 크게 징험할 수 있다.

인도는 교법이 선하지 않고 풍속이 변하지 않아 필경 다른 나라에 예속되었다. 페르시아는 회교에서 일어나 잔혹함이 풍속을 이루어 인문이 퇴보하고 국위가 쇠퇴했다. 아라비아는 그 가르침이 이미 공자와 다르고 또 궁리하는 학문이 아니다. 그래서 그 국민이 더욱 어리석은데 고치지 않는다. 터키는 강대했지만 지금은 쇠약하여 남에게 부림받고 있으니 정치가 좋지 않을 뿐 아니라 교법도 좋지 않기 때문이다. 스페인은 옛날 유럽의 가장 부유한 나라였는데 학문을 수련하지 않아 마침내 각국보다 뒤처져 부진하다. 포르투갈은 전국 인민 중에 글자를 아는 사람이 불과 10분의 1이다. 그래서 근래 더욱 부진하다.

프랑스는 나뽈레옹 황제가 일찍이 "국가의 막대한 일은 학교에 있다. 작

44　박은식 「논국운관문학(論國運關文學)」, 『학규신론』.
45　『예기』 「학기(學記)」에 "옥은 다듬지 않으면 그릇이 못 된다. 사람도 배우지 않으면 도를 모른다. 이 때문에 옛날의 선왕은 나라를 세워 백성에게 군림할 때 교학을 우선으로 했다(玉不琢, 不成器. 人不學, 不知道. 是故古之王者, 建國君民, 敎學爲先)"는 구절이 있다.

은 촌락 하나에도 반드시 학교를 두어 남자아이는 응당 취학해서 공부해야 하고 여자라고 못하게 해서는 안 된다. 본국의 일은 참으로 두루 알아야 하고 세계의 일체 큰일도 경시해서 강학하지 아니함이 옳지 않다"고 말했다. 마침내 국위를 크게 떨치게 되었다. 그리스는 교육받은 백성 1만이 페르시아의 교육받지 못한 백성 10만과 싸워서 이겼다.

영국에 시를 잘 짓는 대신으로 이름이 밀턴인 사람은 학문을 논하기를 "국인國人이 모두 능히 공직 선거를 담당하는 사람이 되고 모두 국가 등용에 적합한 사람이 되기를 바란다면 학문이 있는 사람이 아니면 누가 가능한가"라고 했다. 문화가 진보하기 때문에 제조가 날로 새롭고 부강이 날로 늘어나 마침내 세계 으뜸의 나라가 되었다.

독일은 프리드리히 대제의 교육 진흥 이래 그 민인이 조야, 귀천, 남녀, 빈부를 막론하고 독서하지 않는 사람이 없었다. 보불전쟁에 이르러 독일이 프랑스에게 이긴 것은 온 나라에 모두 글 읽고 이치를 밝힌 사람들이라 장수는 다 목숨을 바치고 선비는 다 군사를 알기 때문이었다.

미국은 나라를 세우기 전에 학업에 힘써서 여러 종류의 학교가 준비되지 않음이 없었고 남녀노소 책을 읽지 않음이 없어서 끝내 영국에 승리하고 자립했다. 워싱턴이 8년 재위하고 자리에서 물러날 때 사람들에게 고하기를 "국가의 정치는 학교를 진흥하여 뭇 백성에게 학문을 널리 전하는 일보다 중요한 것이 없습니다"라고 했다. 이로 인해 미국의 각 주는 서로 경쟁적으로 널리 학교를 더했는데 관에서 의연한 땅이 4조 8억경이나 되고 장애인과 병자도 모두 교학의 법이 있다. 그래서 세계에서 가장 부유한 나라가 되었다.

일본은 30년 이래 신학문이 날로 일어나서 종류를 구별하면 절목이 번다하다. 관립과 사립의 크고 작은 학교가 3만여개나 된다. 이로 말미암아 민산民產이 날로 증가하고 국세가 날로 강성해져 그 공효의 신속함이 실로 천하 고금에서 이에 미칠 수 없는 바이다.

농학이 밝혀지면 토지의 알맞음이 적합하지 않음이 없고 신식 기계가 이롭지 않음이 없으며 하나를 파종해 백을 수확하여 예전의 몇 배 이상일 뿐만이 아니다. 상학이 흥기하면 선박 제조법, 항해술, 지도의 해로, 경도와 위도 등에 대해 모두 신묘함을 얻어 오대양 육대주의 먼 곳까지 교역을 통한다.

땅속에 묻힌 보물을 살펴서 광산의 많고 적음과 광질礦質의 높고 낮음을 측량하여 쓸모없는 것을 쓸모 있는 것으로 변화시키는 것은 광학의 효과이다. 음식에 신중하고 가옥을 청결하게 하고 아프고 다치는 근심을 없애며 사람의 고통과 사고를 구제하고 사람의 수명을 늘리는 것은 의학의 효과이다.

인심의 본연에 부합하고 정리政理의 당연을 거울삼아 논변하고 심의하여 인민이 법을 집행하는 사람의 무편무사와 공평정직에 감복하게 하니 율학의 효과가 아닌가? 일대의 충신과 용장을 배양하여 굳게 지키고 싸워 이기는 것이 무학武學의 공효가 아닌가? 의정과 행정의 인재를 만들어내 경제에 쓰이도록 하는 자는 누구인들 학문하는 사람이 아닌가? 바다에 증기선이 있고 육지에 철로가 있으며 전기를 밝히고 전신을 만들어 만리를 지척에 이르게 하니 모두 격치학의 공효이다. 종류를 따라 펼치면 나머지도 모두 유추할 수 있다.

이 여러 나라를 보면 학문이 흥성하지 않으면 저렇게 쇠퇴하고 학문이 크게 흥성하면 이렇게 급격히 강성해진다. 아아! 한국은 결국 어느 나라가 되겠는가? 멈추는 것도 내가 멈추는 것이고 나아가는 것도 내가 가는 것이다.

태학을 종교 기관으로 만들자[46]

세계 각국 사람이 종교에 감복함은 모두 효자가 부모에게 그러하고 충신이 임금에게 그러한 것과 같다. 아! 숭신崇信의 지극함이라 이를 만하다. 한국의 종교는 공자의 도이다. 천하의 대중大中과 천하의 정리正理를 극진히 하는 것으로 공자의 가르침보다 높은 것이 무엇인가? 그 가르침은 아래로 사람의 일을 배워 위로 하늘의 이치에 달통하는 것, 가까운 것을 들어 먼 것을 포괄하는 것, 신심에 근본해서 천지를 살피는 것, 지극히 작음에 들어가니 안이 없고 지극히 큼에 이르니 바깥이 없는 것,[47] 자기의 본성을 다하고 사람의 본성을 다하고 사물의 본성을 다하는 것이다. 현재 세상의 군주가 그 껍데기라도 쓰면 치평治平에 이를 수 있고 완전하게 들어 조처한다면 천지와 함께 조화롭고 해와 달과 같이 빛나며 서징庶徵[48]이 제때에 맞아 온갖 풀이 번창하며 귀신이 다 편안하고 짐승이 다 순하리니 온 천하에 어찌 하나의 사물이라도 얻지 못함이 있겠는가?

그러나 진나라는 분서갱유焚書坑儒를 일으켰고 한나라와 당나라는 패도霸道와 섞였고 송나라와 명나라에 이르러 '우문右文'의 정치라 이름했으나 이 도道를 강명함은 오직 재야의 군자뿐이었으니 언제 임금과 재상이 도를 갖고 정치를 해서 천하에 아름다운 은택을 두루 미친 적이 있었는가? 지금 서양인이 중국인을 기롱하기를 "중국인은 명목상으로 공맹을 높이고 실제로는 부처를 숭배한다"고 하니 틀린 말이 아니다. 그러니 공자의

---

46 박은식 「논유지종교(論維持宗敎)」, 『학규신론』.

47 『중용』 제12장의 주희(朱熹)의 주석에 군자의 도는 "지극히 커서 바깥이 없고 지극히 작아 안이 없으니 광대하다 이르겠다(其大無外, 其小無內, 可謂費矣)"라는 구절이 있다.

48 '비 오고 볕 나고 덥고 춥고 바람 부는' 자연 현상을 관찰하여 사람의 일을 징험하는 것이다. 『서경』「홍범(洪範)」에 "여덟째, 서징은 비 오는 것, 볕 나는 것, 더운 것, 추운 것, 바람 부는 것, 제때에 맞게 하는 것이다. 다섯가지가 갖추어져 각각 그 절서에 맞으면 풀도 번성할 것이다(八庶徵, 曰雨, 曰暘, 曰燠, 曰寒, 曰風, 曰時, 五者來備, 各以其敍, 庶草蕃廡)"라는 구절이 있다.

말은 비록 세상에 전해졌어도 도는 천하에 실행된 적이 없었다.

굴신屈伸과 소장消長은 이치가 항상 그러하니 어찌 오래도록 굽히기만 하고 펴지지 않겠는가? 아니면 모르겠으나 만억 세대를 이어서 장차 크게 펴질 날이 있을까? 장차 풍기가 날로 엷어지고 속화가 날로 치성하니 더욱 쇠미해서 부진하게 될까? 세운이 더욱 밝고 지혜가 더욱 열리면 화복설禍福說로 대중을 유혹하고 협박한 저들이 한쪽으로 물러나 청종하고 세계의 만백성이 서로 이끌고 우리의 도로 돌아올까? 그것이 실행되고 안 되고는 하늘에 달렸다.

우리 한국은 공자를 종사로 삼아 삼강오륜이 실로 나라의 법이 되고 육경과 사서로 멀리 도통을 이으며 예의를 닦고 밝혀 풍화를 부식하니 그 유래가 오래되었다. 아아! 세상의 등급이 더욱 하강하고 사기士氣가 날로 투박하여 꽃은 피나 열매가 없는 폐단이 일어나 마침내 가르침을 잃은 백성이 서로 이교에 빠져드니 이 만연한 형세가 넓고 커서 끝이 없다. 종교로 말하자면 겨우 명목은 보존하나 나라의 원기가 이 때문에 시들고 있으니 탄식을 견딜 수 있겠는가?

아아! 나라에 종교가 없으니 어떻게 나라인가? 각종 학교도 본디 마땅히 확장해야 하겠으나 종교 유지도 특히 느슨히 해서는 안 된다. 태학이 학부에 예속되어 있음은 종교를 존중하는 의리가 아니니 의당 덕망과 학문이 아울러 높고 나이와 벼슬이 모두 높은 사람을 추천해서 태학의 사師로 삼아야 한다. 마치 옛날 삼로오경三老五更[49]에게 제왕처럼 존귀한 분이 예의와 존경을 바쳤듯이 나라 안의 유교의 사무를 그에게 전관시켜서 각 고을의 향교 교수를 분치해 학도를 가르치고 경전의 뜻을 강명하며 태학太學을 거느리게 한다면 사도 존중받고 도도 존중받을 것이다.

---

[49] 주나라 제도에 삼로와 오경을 설치해서 노인을 예우하는 뜻을 보였다. 『예기』 「문왕세자(文王世子)」에 "마침내 삼로와 오경을 설치했다(遂設三老五更)"라는 구절이 있다.

자강과 단합

대한정신[1]

천하 대륙의 각종 인류가 야만인을 제외하면 사람들마다 머릿속에 자국 정신을 함유했다. 국가는 우리의 큰 가족이다. 만약 그 가족의 정신이 불완전하여 단체를 이루지 못하면 다른 가족에게 능멸하고 유린하는 환난을 입는 것은 당연한 형세이다.

대한은 곧 우리 조상의 나라이다. 삼천리 강역은 우리 가족의 유택攸宅이다. 4천년 문물은 우리 가족이 대대로 전하는 유산이다. 우리 이천만 동포의 조상과 자손의 혈맥이 서로 이어져 생명과 지체를 갖춘 것이 대한정신이 응결된 곳이요, 덕업을 서로 권면하고 의리를 서로 강마講磨하여 더불어 생존하고 죽어도 버리지 않는 것도 대한정신이 관통하는 곳이다.

---

1   『대한자강회월보』 1, 1906. 7.

그러니 우리 이천만 동포도 머릿속에 대한정신을 함유함은 다른 나라 민족과 다름없을 텐데 무슨 까닭에 오늘날에 이르러 국가의 권력을 보유하지 못할 뿐아니라 개인의 생명을 자유하지 못하고 재산을 보호하지 못하여 노예의 치욕을 감수하고 어육의 참상을 면하지 못하는 경우에 임박했는가.

아, 현시대는 세계 인류가 생존경쟁으로 우승열패優勝劣敗하는 때이다. 국민의 지식과 세력을 비교하여 영욕과 존망을 판가름하니 개명국의 민족은 교육으로 지식을 개발하고 식산으로 세력을 증진하여 오직 타인보다 우월하려고 노력하는데, 이는 자국정신이 완전하고 공고하여 온갖 어려움에 꺾이지 않고 온갖 사변에 흔들리지 않는 효력이다.

우리 한국은 교육이 쇠퇴하고 식산이 졸렬하여 지식이 어둡고 세력이 처지니 타인의 능멸과 유린을 어찌 면할 수 있겠는가. 그래서 우리 이천만 동포는 가히 자국정신을 함유한 인종이라 이르지 못하겠으니 어찌 슬프고 아프고 부끄러운 일이 아닌가.

이에 대한자강회가 뜻있는 사람들의 발기로 인해 조직되었으니 그 주지主旨 목적은 일반 국민의 교육을 진작하며 식산을 발달하여 개개인이 자강의 사상으로 자강의 실력을 양성코자 함인데 가장 중요한 점은 대한정신을 이천만 형제 머릿속에 주입하는 것이다. 우리 동포가 위급과 환난의 때와 전쟁과 재난의 속에서도 대한정신을 천지에 굳게 세워 뽑히지 않는다면 이 정신을 터전으로 4천년 조국이 완전한 세계 독립국이 될지니, 아아! 유념하고 힘쓸지어다.

자강 가능 여부의 문답[2]

객이 내게 물었다.

"그간 우리 한국이 동서 열강과 조약을 체결해 우호를 맺은 지 삼십여 년에 예물로 정례情禮를 극진히 해서 감히 게을리하지 않았으니, 우호를 맺은 저들 각국도 마땅히 우리를 야박하지 않게 대우하여 영원토록 변함없이 우리의 독립을 유지할 줄로 생각했고, 만일 불행히 어느 강국의 압력으로 우리의 독립이 위태로울 경우에는 평소 우호를 맺은 각국이 옛 정의를 돌아보고 공법에 준거하여 강한 나라가 약한 나라를 능멸하고 많은 사람이 적은 사람을 폭압하는 정당하지 못한 행위를 금지하고 우리의 주권을 함께 지켜 붙들 줄로 믿었소. 그런데 일이 크게 잘못되어 그렇게 되지 않아 하루아침에 외교가 단절되고 주권이 멸시되는 참상을 입었는데 우호를 맺은 각국이 이전의 우호를 망각하고 모두 손놓고 물러나 태연히 보고 말이 없으니 이른바 공법이 어디에 있으며 인도를 논해 무엇하겠소? 아니면 더러 열강이 시기를 엿보아 공의를 성명하고 우리 독립을 원조하여 옛 우호를 회복할 가망이 있겠소?"

나는 말했다.

"오, 이것이 무슨 말이오? 지금 시대는 생존경쟁을 천연天然이라 논하며 약육강식을 공례公例라 이르는지라. 저들 중에 가장 문명을 중시한다 하는 영국도 인도와 이집트에 대하여 어떠한 정책을 시행했으며 이름하여 덕의를 숭상한다 하는 미국도 필리핀을 향해 어떠한 수단을 취했는가? 지금 열강이 매처럼 날고 범처럼 뛰는데 말씨는 보살이오 행동은 야차라 누구와 말하고 누구를 의지하리오.

이뿐만이 아니라 그 사람의 자격이 자강의 성질이 없으며 자립의 능력

3장 근대국가 만들기 **101**

이 없고 단지 타인의 숨소리를 우러르는 자는 결코 노예에서 벗어날 날이 없을지라. 지금 개인의 생활로 말하더라도 자기가 빈한하고 궁핍하거든 반드시 뼈가 아프도록 수고하고 의복과 음식을 절제해서 욕구를 참으며 실업에 힘써서 세월이 지나 조금씩 쌓여서 털끝이라도 타인에게 의지심이 없는 자는 필경 자기 손으로 집을 일으킬 수 있소. 만일 그렇지 않아 자기 힘을 들이지 않으며 자기 생업을 영위하지 않고 다만 친척과 친구의 구호를 기다려 불을 지피는 자는 영영 걸식의 생애를 면하지 못하는지라.

연전 내가 시골에서 목격한 것이 있으니 한 부잣집 자식이 어린 나이에 호탕하여 천금을 죄다 흩어 얻어먹을 것이 없더라. 그 처가 말하기를 '지금 생애를 경영하자면 자본이 있은 뒤의 일이오. 내 친정은 만금 자본을 어렵지 않게 장만하니 가서 청하는 것이 어떻소?' 하니 그 사람이 탄식하며 말하기를 '사람으로 태어나 자기 생활을 마땅히 스스로 도모해야 하니 하필 남에게 힘을 빌리겠소?' 하고 마침내 처와 함께 시정 사이에 투입하여 품팔이하고 노동하는 고역을 몸소 하고 게을리하지 않으며 산업을 경영한 지 몇 년간 절대로 친척과 친구가 그 종적을 알지 못하게 했소. 그 부옹婦翁이 오래 격조함을 이상하게 여겨 사방으로 탐문하여 오래 지나 알아내고 크게 놀라 가서 찾아보고는 울며 이르기를 '네가 어찌 고생하며 이런 일을 하느냐? 일찍 와서 말했으면 너희 부처를 살리는 일을 내가 어찌 못 했겠느냐?' 하니 그 사람이 말하기를 '이를 어찌 모르리오마는 다만 사람으로 태어나 자기 생활을 스스로 도모하지 못함을 제가 깊이 수치로 여긴 까닭에 이런 고생을 즐겨 했으니 원컨대 염려하지 마소서' 하고 더욱 노력하여 10년이 안 되어 크게 풍족한 재산을 모은지라. 마침내 고향 마을에 돌아와 전택을 사고 쾌활하게 삶을 즐기니 마을에서 칭찬하더라.

나라의 실정도 어찌 유독 그렇지 않으리오? 오늘날 우리 한국이 타인의 압제를 받고 재갈을 물린 것이 어찌 억울하지 않겠는가만 언제 어느 때라도 이 속박에서 벗어나 독립의 지위에 뛰어오르려면 전국 인민이 개개히 분발심과 인내성으로 국력을 양성하는 사업에 대하여 온갖 어려움을 돌아보지 않고 한마음으로 진취하여 자조自助로써 천조天助를 얻기로 목적을 삼은 연후에야 자강을 이룩하고 독립을 회복할 수 있지만 만일 다른 열강이 어떤 기회로 우리를 원조할까 희망하면 망상이 될뿐더러 실로 막대한 불행이라. 설혹 다른 열강이 우리를 긍휼히 보아 원조한다는 성명聲明이 있을지라도 우리는 사양해 말하기를 우리나라 독립은 우리나라 자력으로 할 것이요, 다른 나라 힘은 빌리지 않으리라 하고 자강의 성질을 배양하며 자립의 기초를 부식할지니 만약 그렇게 하지 못하면 영영 타인의 노예일 뿐이요 희생일 뿐이니 유유히 흐르는 세월에 이 한탄이 어찌 다할쏜가?"

객이 "예. 예" 하고 물러나니 곧 그 말을 기술하여 우리 동포에게 고하노라.

단체 결성 여부의 문답[3]

객이 기자에게 물었다.

"그대가 사회의 자리에 초청되어 장황하게 언론사의 기사를 쓴 지 몇 해 되었다. 그 언론한 글의 취지를 대강을 보건대 현재 우리 동포가 이 경쟁시대를 만나 그 생존의 기관機關이 오직 단체 결합에 있다고 간곡히 희망하고 절절히 권고하여 거의 혀가 닳고 붓이 닳도록 스스로 그치지 못하고 있다. 그러나 내가 보기에는 이런 말이 한갓 몽상일 뿐 필경 단체 성립하는 실상은 아득히 못 보겠으니 그대는 생각해보라."

기자가 근심하며 말했다.

"오, 이 무슨 말이오? 오늘 우리가 단합하면 문명의 우등이고 흩어지면 야만의 열종이며 단합하면 생존을 얻을 수 있고 흩어지면 멸망을 구원하기 어려우니 그대 말과 같으면 우리 한국 동포는 끝내 야만의 열종에 추락

---

3   『서우』3, 1907. 2.

하리라 하며 멸망을 구원하기 어려운 경우에 함몰되리라 이르는 것인가? 내가 이 말에 대하여 절로 한심함을 느낀다. 나는 우리의 생존을 희망하며 문명을 기대하여 오직 단체 성립하는 결과를 볼 수 있을까 하는 일념으로 잠 못 이루어 밤을 새다 새벽을 맞이할 지경인데 그대는 공언과 망상으로 돌리니 또한 슬프지 아니한가?"

객이 말했다.

"우리의 화복의 기관으로 말하자면 단합 목적에 주의하지 않을 수 없겠으나 사람 마음이 같지 않음이 마치 모습이 서로 같지 않음과 같다. 지금 같은 부모에게 태어난 두세 형제와 네다섯 형제도 모습과 성질이 각각 다르고 우리나라 이천만 민족을 모아 보더라도 모습과 성질은 필시 한 사람도 똑같이 닮지 않았을 것이다. 전 지구상 억조億兆나 되는 사람들을 모아 살펴도 그 모습과 성질이 필시 모두 다르고 같지 않다. 같지 않음이 저러하니 어찌 결합하여 하나가 될 수 있겠는가?"

기자가 말했다

"그대는 세계 인종에 대하여 단지 같지 않은 정상이 있는 것은 보고 대동의 정情이 있는 것은 살피지 못하는가? 이른바 대동의 정이 무엇인가? '좋아하고 미워하는 정'이 이것이다. 사람이 태어나 육신은 백魄이 구비되고 지각하는 혼魂이 있어서 생존을 좋아하고 사망을 미워하며 영화를 좋아하고 치욕을 미워하며 안락을 좋아하고 위태를 미워하며 존귀를 좋아하고 비천을 미워하며 행복을 좋아하고 환난을 미워함은 천하에 생명이 있는 부류에 일치된 정이니 이것이 단합하는 원인이오.

현 20세기에 문명 인류는 모두 국가의 영욕 화복으로 자기의 영욕 화복을 삼으니 그 대동의 정이 나날이 단합의 목적을 지향함은 본디 그러한 이치이다. 하물며 우리는 오늘날 한배에서 물에 빠질 위험을 만났고 한집안에서 불에 탈 위험을 만난 정세로 어찌 서로 돕고 서로 격려할 사상이 없으리오?

좋아하고 미워하는 정으로 말하자면 생존을 도모하고 사망을 구원하고자 할진대 단합하지 않을 수 없고, 영화를 취하고 치욕을 씻고자 할진대 단합하지 않을 수 없고, 안락을 얻고 위태를 면하고자 할진대 단합하지 않을 수 없고, 존귀를 구하고 비천을 면하고자 할진대 단합하지 않을 수 없고, 행복을 누리고 환난을 막고자 할진대 단합하지 않을 수 없다.

가령 열 사람이 사는 집에 호랑이가 들어오면 열 사람이 목소리를 모아 급히 부르고 힘을 모아 막아내면 호랑이는 쫓아낼 수 있지만 만약 각자 입을 다물고 각자 머리를 수그려 외치지도 못하고 힘껏 막지도 못하면 호랑이는 필시 마음대로 치고 깨물 것이오. 수백 집 모여 있는 마을에 도적이 겁탈하는데 수백 집이 목소리를 모아 외치고 힘을 모아 상대하면 도적은 필시 달아나지만 만약 각자 문을 닫고 손을 놓아 외치지도 않고 힘껏 상대하지도 못하면 도적은 필시 마음대로 약탈할 것이니 이것은 명확하여 알기 쉽지 않은가?"

또 말했다.

"실 한 가닥은 쉽게 끊기지만 천만 가닥을 합해 두레박줄을 만들면 힘센 사람도 능히 끊지 못하고 화살 한개는 쉽게 꺾이지만 천만 화살을 모아 한 묶음을 만들면 간성干城 같은 장수의 칼날도 고개 숙인다 하니 지금 우리 동포의 유래 풍습은 이른바 정당간에 동서남북의 사색이 분파하여 서로 원수로 보며 서로 혈전을 한 지 수백년이라. 평소 언론이 여기에서 나오지 않음이 없으며 필생 경쟁이 오직 여기에 있고 종사와 국민의 중대함은 도리어 대수롭지 않게 본다. 이로 인해 일반 사민士民이 그 풍화에 점차 물들어 각기 문파 분열이 층층이 생기고 계급이 매우 많다. 담장을 이어 사는데 혼인길이 통하지 않고 한집에 사는데 우애가 서로 저해되니 이러한 습관으로 어찌 능히 장애를 깨뜨리고 단체를 결성하겠는가?"

기자가 말했다.

"습관의 폐해는 본디 갑자기 변하기 어려우나 대개 천지 사이에 혈기 있는 부류가 친애하는 정도 있고 경쟁하는 마음도 있으니 서로간에 친애로 인해 경쟁도 일어나고 경쟁으로 인해 친애도 생기는지라. 『시경』에 이르기를 '형제가 담장 안에서 다투다가도 바깥의 수모는 함께 막아낸다'[4]라고 하니 대개 형제의 집안싸움은 천륜의 변고이다. 그러나 바깥의 수모가 있으면 한마음으로 막는 것은 천륜의 반본反本이다. 예전 우리나라 안의 허다한 당파의 분쟁은 형제의 집안싸움이니 천륜의 변고라 이르겠으나 오늘날은 바깥의 수모를 당한 시대라서 우리 동포 형제가 마땅히 평소 집안싸움의 노여움을 풀고 바깥의 수모를 함께 막는 목적이 곧 천륜의 반본이니 어찌 종전 당파 분쟁의 습관으로 오늘날 단체 결합을 이루지 못한다 이르리오?

더욱이 천하의 이치가 내정이 견실하면 외환이 들어오지 않으니 한집안 안에 형제의 우애가 돈독하면 누가 능히 이간질하며 누가 감히 모욕하리오? 오늘날 우리가 이렇게 바깥의 수모를 당한 것은 우리 동포 형제가 우애를 전혀 잃어 동기를 서로 해치며 천륜을 감히 저버리는 죄이다. 사물이 극에 이르면 반드시 변하고[5] 사람이 궁하면 근본으로 돌아간다.[6] 오늘날은 우리 동포 형제가 똑같이 궁함이 극에 도달해서 천륜의 반본이 또한 대동의 정일 터이니 그래서 단체 결합을 단연코 기필할 수 있다 하노라."

객이 말했다.

"이러한 말이 이론적일 따름이요 결코 실지 정황은 아니다. 무릇 정부는 이른바 상등 사회가 아닌가? 현재 정부 대관이 불과 이런 사람일진대 그 사상과 행동은 단지 사권과 사리를 다툴 뿐이요, 국민 관계에 이르러는 공경함을 함께해서 충심을 화합하고 협찬하는 기상을 못 보겠고, 지방 관

---

4   『시경』「녹명지십(鹿鳴之什)」에 나오는 구절이다.
5   원문은 "物極則必變"이다. 본래는 "物極必反"이라는 표현으로 쓰인다.
6   『사기』굴원(屈原) 열전에 "하늘은 사람의 시작이고 부모는 사람의 근본이다. 사람은 곤궁하면 근본으로 돌아간다(夫天者, 人之始也, 父母者, 人之本也. 人窮則反本)"라는 구절이 있다.

리는 일반 인민을 동포로 대우하지 않고 노예와 희생으로 천시하여 거리낌없이 짓밟고 마음대로 침탈하니 인민의 질시와 원한을 받음이 또한 자업자득[7]이다. 이러한 정황으로 단체 결합을 어찌 의논할 수 있으며 더욱이 근래 사회의 명목이 분분히 일어났으나 도리어 도당을 믿고 평민을 멸시하며 혹은 그 문호를 분리하여 반대하고 서로 공격하는 폐단이 있으니 단체의 성립은 결코 가망이 없다 하노라."

기자가 말했다.

"무릇 야매의 나라는 사회가 성립하지 않고 문명의 나라는 사회가 날로 왕성하니 사회의 성립 여부는 공중의 지식 여하에 있다. 우리 한국의 정계와 사회의 정황이 아직 이렇게 결렬된 것은 유래한 습관의 두드러기가 제거되지 않고 문명 신화新化의 정도가 미달한 까닭이다. 우리 동포가 사상이 날로 앞서고 지식이 날로 넓어져 함께 받는 손익이 어떠하며 함께 누리는 이해가 어떠한지를 통찰하여 국민을 사랑함이 곧 자신을 사랑함이요, 공리를 도모함이 곧 사리를 도모함인 줄 확신하면 상하 피차 간에 서로 사랑하고 서로 돕는 일에 한마음으로 주의하여 단체 목적을 달성할 시기가 반드시 있으리니 그대는 이를 기다리라."

객이 "예. 예" 하고 물러나니 이에 그 문답을 서술하여 우리 동포에게 고한다.

미세한 일을 조심하고 나를 두지 말자는 강연[8]

본인이 기가 짧고 말이 서툴러 평소 회의 자리에서 발언을 하지 못했으나 본회 전도의 발전을 위하여 옹축顒祝하고 연구한 바 있어서 여러 회원

---

7 『맹자』 「양혜왕하(梁惠王下)」에 "증자가 말하기를 경계하고 경계하라. 네게서 나온 것이 네게로 돌아간다(曾子曰, 戒之戒之, 出乎爾者, 反乎爾者也)"라는 구절이 있다.

8 『서북학회월보』 1-5, 1908. 10.

께 한번 충고를 드리고자 한 지 오래되었소이다. 그러나 말할 것이 제법 장황하기로 글로 써서 회장 각하에게 맡겨 배포하오니 주의하여 들어주시기를 간절히 바라옵나이다.

연래 우리나라에 각종 사회가 잇달아 일어났으나 기초가 완전히 성립되고 정대한 목적이 발표된 것을 아직 하나도 보지 못한 중에 우리 서북학회가 잘되어 간다는 공공의 세평이 있으나 명예 하에 비방이 따름은 본디 그러한 이치이고 또 세인의 영예를 얻을수록 책임이 더욱 무겁고 우려가 더욱 절실한 것이오. 본인이 본회 전도에 대하여 어떻게 하면 완전한 기초를 성립하고 정대한 목적을 발표할까 하여 거의 밤낮으로 침식도 잊고 그 방침을 연구하였습니다.

혹 권변 수단으로 다수 회원을 조합하면 어쩌할까 혹 강개 격렬한 언론으로 일체 회중의 마음을 고동하면 어쩌할까 하였으나 권변 수단은 일시 농락하는 풍력은 있으나 장구히 공중의 신앙을 얻지 못하는 것이고 강개 격렬한 언론도 일시 고동하는 능력은 있으나 시세에 대하여 좋지 않은 영향을 취득하기도 쉬운 것이라. 그러니 무슨 방침으로 완전한 기초를 성립하고 정대한 목적을 발표하겠느뇨.

구구한 천견으로 두개 방침을 생각한 바 있으니 이를 이론이라 이를지나 사실에서도 근본이 될 듯하외다. 그 방침은 무엇이오. 하나는 미세한 일을 조심하는 것이고 하나는 나를 두지 않는 것입니다.

미세한 일을 조심하는 것이란 무엇이오. 천하의 일이 모두 미세한 원인으로 큰 결과가 생기니 선한 결과도 미세한 원인으로 인해 무한히 큰 데 이르고 악한 결과도 미세한 원인으로 무한히 큰 데 이르니 그 분명한 증거를 거론하리이다.

대저 우리나라에 사회란 명칭이 근래 처음 생겼으나 그 실제는 본조 수백년간 최대 사회가 있었으니 '사림 사회'라. 본조의 나라 세운 규모가 특별한 삼대 권리가 있으니 하나는 정승의 권리이고 하나는 대간의 권리이고 하나는 사림의 권리라.

정승의 권리는 무엇인고 하면 대신이 연석筵席에서 아뢰면 임금이 청종하지 아니함이 없고 육조 판서와 내외 백관을 진퇴하고 출척하는 권리가 있었습니다. 이에 재상권의 편중을 제한하기 위하여 대간과 사림에게 정부 대관을 논박하는 권리를 부여하니 이는 대소大小가 서로 붙들어 경중輕重의 편향된 폐단이 없게 함이외다. 그러나 대신과 대간이 모두 사림 출신인 까닭에 사림의 권리가 더욱 특수하였소. 이런 까닭에 성균관 재생들이 국정을 논하다가 합하지 않으면 권당捲堂하고 출재出齋하여 박석고개를 넘어 남대문에 나간다 하면 임금이 출동하여 재생들을 만류하여 입재入齋하게 했고 성균관 유생이 궐문 밖에 엎드려 상소하면 각 시전의 시민이 비단 방석을 제공했으니 당시 사림 사회가 이처럼 고상한 지위에 있었소. 그래서 일본인이 저술한 『만국사기萬國史記』에도 우리나라 역사를 평하기를 조선은 사론士論을 주장하여 유통儒通이 한번 나가면 사방 인사가 서울에 모여 국정을 논단하여 왕왕 정부 대권을 옮겼으니 5백년 향국享國이 이것에 의지했다 하였습니다.

우리나라에서 제일 문화 융성하고 치교治敎가 아름다운 시대는 세종조와 성종조인데 성종조 유신儒臣인 점필재 김종직金宗直 씨는 영남 선산군 사람이라. 덕행과 문학으로 사림의 영수가 되어 사론과 국론을 주장하다가 연산조 즉위 초에 점필재가 벼슬 버리고 귀향하는데 혹인이 묻기를 새 임금이 총명한데 선생이 좌우에서 군덕君德을 보도하지 않고 어찌하여 이처럼 거취를 결정하느뇨. 점필재가 말하기를 "새 임금의 기상을 쳐다봄에 나 같은 늙은이는 머리를 보존하기 어렵겠다"고 하고 즉일로 하향했으니 점필재의 선견지명이 없다 이르지 못하겠소. 그러나 필경 연산조에 정치가 탁란하여 소인 유자광柳子光 무리가 사림에게 쌓인 유감이 있어서 일망타진할 독계를 행하는데 점필재 저술 중에 「조의제문弔義帝文」 한 편이 있으니 유자광 무리가 이것이 세조를 비난했다고 무옥誣獄을 크게 일으켜 한 시대 사림을 모조리 체포하여 장살하거나 유배 보내고 점필재의 묘를 파서 뼈를 부수어 바람에 날렸으니 이는 무오사화戊午士禍라 합니다. 대개 이 사변은 소인배가 사림의 청의淸議를 질시함으로 인했으나 그 구실이 된 단서는 「조의제문」 한 편으로 문제를 삼아 사림을 박멸했으니 또한 미세한 문제로 비상하고 커다란 참화가 일어났다 하겠소.

그리고 중종조에 정암 조광조趙光祖 씨는 타고난 기품이 탁월하여 생지生知에 가까운 대현大賢이라. 중종조에 알아줌을 입어 요순군민堯舜君民[9]으로 자기 임무를 삼았는데 대사헌에 제수된 지 사흘 만에 국민이 길에 버려진 물건을 줍지 않았고 또 선생의 풍신과 용모가 출중하고 발군이라 매양 문밖을 나가면 남녀노소가 길거리를 가득 메우고 선생의 용모를 다투어 보았습니다. 이에 정암의 문도가 모두 한 시대의 선한 부류이라. 정암의 도가 가히 행할 기회가 있음에 전국 여론이 모두 말하기를 요순지치堯舜之治를 불일간 일으킨다 하는데 이때 남곤南袞과 심정沈貞의 무리가 모두 훈척신이고 또 문인 재사라. 정암파에 의부하고자 하는데 정암 문도가 공척이 너무 심해 발붙이지 못하게 하고 혹 길에서 남곤을 보면 문득 꾸짖기를 남소인南小人, 남소인이라 이르니 남곤이 이로써 크게 유감이 있어서, 정암이 현인인 줄 알고 정암의 도가 행하면 동방에 요순지치가 일어날 줄로 아나 자기 평생을 돌아보니 정암파와 양립하지 못할 형세라. 이에 일망타진할 독계를 품고 흉당을 체결하여 밤낮 궐내에 들어가 참언을 윤색해 전국 인심이 조 아무개에게 폭주한다 하여 임금의 마음을 동요케 하고 끝내 꿀로 금원禁苑의 나무껍질에 '주초왕走肖王' 세 글자를 그리니 뭇 벌레가 모여 꿀을 먹자 글자 모양이 뚜렷한지라. 임금을 인도하여 보게 하고 조 아무개의 당을 속히 처치하지 않으면 커다란 변란이 있을 줄로 임금 마음을 공

---

9   『맹자』 「만장상」에 "내가 어찌 이 임금으로 하여금 요순의 임금이 되게 하는 것만 하겠으며 내가 어찌 이 백성으로 하여금 요순의 백성이 되게 하는 것만 하겠으며(吾豈若使是君, 爲堯舜之君哉, 吾豈若使是民, 爲堯舜之民哉)"라는 구절이 있다.

동恐動하니 이에 신무문 안에 국정鞫庭을 설치하고 정암 이하 일반 사류를 모조리 체포하여 야간에 고문해 죽이려 하는데 정광필鄭光弼 씨는 덕망이 저명한 대신이라 사변을 듣고 곧바로 입궐하여 머리를 조아리고 힘껏 간쟁하니 겨우 사형을 감해 정배된지라. 이에 전국 인민이 달려가 원통함을 호소하지 않음이 없어 갖바치, 고리장이〔柳匠〕, 노파, 농부 등이 모두 하던 일을 버리고 궁궐에 모여 용서를 간청하나 효과가 없고 그 후 정광필 씨도 유배를 입고 정암 이하 현인들이 모두 사약을 받았습니다. 대개 이 사변은 정암 문하에 신진 소년들이 예기가 너무 지나쳐 훈척과 간신을 너무 심하게 공격하여 용신하지 못하게 하므로 한 시대 선한 부류가 어육의 참화를 당하고 우리 동방에 요순의 치세를 흥하지 못하게 하였으니 어찌 천고 역사에 통한한 일이 아니리오.

선조조에 이르러 문화가 다시 진작하고 현인들이 배출한 가운데 동서 당파가 일어나기 시작했습니다. 서인파 영수는 심의겸沈義謙 씨이고 동인파 영수는 김효원金孝元 씨인데 심씨는 서촌에 살았기 때문에 서인파라 하고 김씨는 동촌에 살았기 때문에 동인파라 하였소. 대개 심의겸은 척신이나 사림을 아끼고 부호한 공이 있으므로 명망이 있고 김효원은 문학 범절凡節로 사림 중 명망이 있는지라. 이전에 척신 윤원형尹元衡의 세력이 치성할 때에 김효원이 윤가에 출입하여 유숙도 하였소. 하루는 심의겸 씨가 윤씨 저택에 가서 보니 사랑에 침구가 있는지라. 누구 침구인가 묻는데 김효원의 침구라 하니 심씨가 크게 경멸해 말하기를 어찌 선비가 권세가 집에서 유숙하는가 하였소. 그 후 김효원 씨 명망이 점차 높아 이조 전랑銓郎에 의망擬望되었는데 이조 전랑은 국초 이래 영조조까지 삼백여년간 제일의 청환淸宦이라. 문학과 행의에 털끝만큼도 흠결이 있으면 전랑에 의망되지 못하고 전랑을 거치면 평탄하게 재상의 자리에 이르는 까닭에 당시 사대부가 모두 수신을 하고 명망을 길러 과거 급제한 후 십년을 조용調用되지 않아도 오직 전랑 한 자리를 목표로 삼았습니다. 이에 이르러 김효원이 전랑 후보가 되니 심의겸 씨가 논박하여 말하기를 김 아무개가 일찍이 권세가에서 유숙한 행위가 있으니 어찌 전랑을 의망하리오 하니 김효원은 말하기를 심沈은 척신으로 어찌 조정에 간여가 있느냐 하여 서로 논척하니 당시 사림 가운데 명예를 사모하는 자는 다수 김효원을 편들었습니다. 이에 당파가 분쟁하여 조론朝論이 결렬하니 당시 율곡 선생의 지공혈성至公血誠으로도 이를 조정하다가 되지 못하고 율곡도 구축을 당해 시골집으로 물러갔습니다. 대개 심과 김 이 두 사람의 미세한 감정으로 사백년 붕당의 참화를 양성하여 나랏일을 돌아보지 않고 국세를 떨치지 못했으니 이로 보건대 사회상 미세한 감정이 어찌 크게 두려운 일이 아니리오.

동서 당파가 일어난 이후 조정과 사림 사이 언론이 오직 동서東西 시비 뿐이더니 이때에 일본 관백關白 평수길平秀吉(토요또미 히데요시)이 강대한 병력을 준비하여 장차 동양 전국을 유린하고 병탄할 생각이 있어서 명나라를 침략하고자 하는데 먼저 우리나라를 도모하려고 사신 현소玄蘇 등을 보내 조빙朝聘하니 기실 우리 형세를 정탐함이요, 우리나라가 사신 황윤길黃允吉과 김성일金誠一을 보내 답빙하니 또한 저들의 정형을 정탐하고자 함이라. 사신의 일을 마치고 돌아와 복명하는데 임금께서 평수길의 사람됨을 물으니 황윤길은 "눈빛이 번쩍번쩍하니 비범한 인물이라" 하고 김성일은 "범상한 인물이니 능히 큰일을 내지 못할 사람이라" 하였소. 임금이 다시 일본의 동정을 묻는데 황윤길은 "큰일이 장차 있으리라" 하고 김성일은 "큰일이 반드시 없으리라" 했으니 대개 이 두 사람이 모두 한 시대 명류인데 황은 서인파이고 김은 동인파이라. 당파의 사사로움으로 각기 의견을 주장하나 이에 서인은 황을 편들고 동인은 김을 편들어서 언론을 일삼을 뿐 대적을 방어할 방략은 강구하지 않았소. 그러다가 필경 임진년 (1592) 4월에 일본 수군과 육군 20만의 대군이 국경을 누르는데 부산에 상륙한 지 십여일을 넘지 않아 도성을 곧장 침범하니 임금의 대가大駕가 창황히 서로西路로 파천하는데 오성부원군 이항복李恒福 씨가 도승지로 촛불을 잡고 앞을 인도했으니 그때 토붕와해土崩瓦解하는 모양이 어떠하였소.
그러니 임진 병화가 당일에 본디 모면하지 못할 형세이나 저렇게 토붕와
해하여 삼경三京이 침몰하고 팔로八路가 유린된 것은 황과 김 두 사람의 당
파 감정으로 서로 시비만 하고 미리 방어할 대계를 시도하지 않은 까닭이
라 이를지니 이도 개인의 미세한 감정으로 국가의 극렬한 참화를 돌아보
지 않음이라 하겠소.

그리고 충무공 이순신李舜臣 씨가 적국의 반간으로 원균元均 무리의 모
함이 있어서 거의 불측한 지경에 빠져 겨우 사형을 감해 백의종군했으니
이에 일본인이 정유년(1597) 다시 침입하여 수륙으로 병진함에 삼남이 함
몰하였소. 이것도 한두 소인의 시기심으로 국가의 만리장성을 스스로 무
너뜨리려 했으니 천년 후에 어찌 늠연히 한심한 일이 아니리오. 당시 8년
난리 중에 조정 신료가 한편으로 일본인을 방어한다 하고 한편으로 명군
을 응접하는 데 분주해 다른 겨를이 없어서 당파 경쟁이 조금 그친지라. 이
때문에 선조대왕께서 용만龍灣(의주)의 행재소行在所에 계실 때에 시를 지
어 조정 신하에게 경계하기를 "관산關山의 달을 보며 통곡하고/압록강 바
람 쐬며 상심하도다/조정 신하들은 오늘 이후에도/다시 서인이니 동인이
니 할까"[10]라 했으니 이는 임금이 붕당의 참화를 깊이 경계하였으나 조정
신하의 머릿속에는 당파의 뿌리가 끝내 절단되지 않은지라.

마침 평수길이 죽고 일본군이 철수하여 강역이 조금 안정되니 동서 당
쟁이 다시 일어났소. 이에 영의정 유성룡柳成龍 씨는 동서를 타파하리라 하
여 남인 일파를 조직하고 원로 이산해李山海 씨는 동서남을 타파하리라 하
여 북인 일파를 조직하니 이는 사색 당파가 각립하고 대치한 바입니다. 광

---

10   원문은 "痛哭關山月, 傷心鴨水風, 朝臣今日後, 那復言西東"이다. 『열성어제(列聖御製)』에
      전해지는 선조의 시 「용만서사(龍灣書事)」의 해당 시구는 "痛哭關山月, 傷心鴨水風, 朝臣今
      日後, 尙可更西東"이다. 『국조보감(國朝寶鑑)』에 보이는 해당 시구는 "痛哭龍灣月, 傷心鴨
      水風, 朝臣今日後, 寧復更西東"이다.

해조에 이르러 북인파가 정권을 담당하여 권세를 부리니 동서남 삼색은 세력이 전혀 추락했소. 그러더니 인조조 반정공신이 서인파에서 많이 나온 까닭에 서인이 정권을 맡고 동인도 조금 진출하더니 북인은 크게 쇠퇴하여 지금까지 부진합니다. 이로부터 동서남 삼색이 서로 승리를 각축하고 서로 진퇴했고 숙종조에 이르러 노소론파가 다시 일어나니 노론 영수는 송우암宋尤庵(송시열)이고 소론 영수는 윤명재尹明齋(윤증)라. 우암은 연로한 까닭에 '노론老論'이요 명재는 연소한 까닭에 '소론少論'이라. 노소 분당의 원인을 말하면 우암은 네 임금의 원로이고 한 나라 사림의 영수라. 명재는 우암 문하에 30년을 수업한 사람으로 그 부친 미촌美村(윤선거)의 행장은 박현석朴玄石(박세채)에게 청하고 비문은 우암에게 청했소. 대개 행장과 비문의 격식은 그 사람의 역사를 서술하고 결사結辭에는 찬양하는 입론이 있는 것인데 우암이 미촌의 비문을 찬술함에 처음에 역사를 서술하고 결사에 찬양하는 어구는 순연히 박현석의 찬술한 행장 속 찬양하는 결사를 취해 쓰고 끝맺는 단락에서 "나의 벗 박화숙朴和叔이 현석의 자字 운운"이라 했소. 명재가 크게 마음에 들지 않아 다시 고쳐 짓기를 거듭 청했으나 우암이 끝내 허락하지 않으니 이에 삼십년 사제의 정의를 끊고 당파를 나누어 서로 공격함이 수화보다 심했소. 그 영향이 조정과 사림에 두루 미쳐 집집마다 내는 의리와 사람들마다 내는 언론이 오직 노소 당론이라. 그 권리 경쟁하는 결과로 사림을 어육으로 만들고 종사를 위급하게 하는 사변이 거듭 있었소. 비문 한 편의 미세한 문제로 국가 및 사림 사이에 비상한 참화가 누누이 발현했으니 어찌 천고의 기변이 아니리오.

이상 역사로 보건대 우리나라에서 가장 크고 가장 좋은 사림 사회가 모두 미세한 감정과 미세한 사건으로 끝내 큰 결렬과 큰 경쟁이 있었으니 참으로 두려워할 것이오. 선배의 시대로 말하면 순연히 도덕학문을 숭상하는 시대이나 저렇게 결렬한 결과가 있었거든 하물며 오늘날은 도덕이 전혀 추락한 시대에 여간한 통상 지식과 통상 역량으로 온전한 좋은 사회를 성립하기가 대단히 어려운 줄로 생각하오. 우리 여러 회원은 구시대 사회의 실패한 까닭을 거울삼아 십분 주의하여 근신謹愼하기를 간절히 원합니다. 미세한 감정과 미세한 사건이 사회 전체에 별로 관계가 없다 이르지 마시오. 작은 감정이 큰 감정이 되는 것이요 작은 사건이 큰 사건이 되는 것입니다. 여러 회원은 오직 공평 정대하고 충후 신실한 심지로 회원간에 혹 과실이 있으면 조용히 충고하여 합당함에 귀결하기를 힘쓰고 과당한 말씨와 낯빛으로 사소한 감정이라도 야기하지 말아 본회의 광명정대한 목적에 도달해봅시다. 만약 본회 전도가 오늘날의 기망企望에 위반함이 있으면 우리 신세는 어찌하며 국가 전도는 어떠하겠소. 항상 중대한 목적에 주의하면 사소한 충절은 자연히 풀리는 것이오.

다시 한개 방침인 나를 두지 말라는 문제로 설명하리라. 대저 인류의 쟁단은 항상 피아彼我 관계로 발생하니 우리 단체와 사업에 나라는 한 글자가 머릿속에 있으면 긍벌심矜伐心과 시기심과 음해심이 생기니 긍벌심은 나의 사업만 자랑하는 것이요, 시기심과 음해심은 타인의 사업을 시기하고 음해하는 것이니 근일 각 사회 정황을 관찰하건대 갑이 일개 단체를 조직하여 기관을 주장하면 을이 스스로 생각하되 내가 하필 저 사람의 기관에 복종하리오 하여 따로 일개 단체를 만들고 갑이 일개 사업을 경영하면 을이 스스로 생각하되 내가 하필 저 사람의 사업을 보좌하리오 하여 따로 일개 사업을 경영하니 이 때문에 전국 안에 하나도 온전한 사회와 완전한 사업이 없는 바입니다. 저렇게 천박한 식견과 편협한 도량으로 사회에 처하여 큰소리하기를 내가 국가를 담임한다, 교육을 열심히 한다 하는 것이 자기의 명예를 취득하는 경영에 불과함이니 참으로 가소롭고 가탄할 일이로다. 대인의 마음속에야 어찌 명예 두 글자가 있겠소. 또 혹 어떤 사람은 외양으로는 사회상으로 사업상으로 열심히 하는 듯하나 속정은 실로 냉담한 자가 있으니 또한 기괴한 심사로다.

예로부터 대사업을 성취한 인물은 다 지공무아至公無我의 심법으로써 했으니 충무공 이순신 씨의 심적을 생각해보시오. 명나라 장수 진린陳璘이 수군을 이끌고 우리나라를 구원할 때에 진린은 원래 자잘하고 가혹한 인물이요 명나라 군병 또한 우리 백성을 학대하는 행위가 있으므로 당시 동요에 말하기를 일본인은 빗과 같고 명나라 사람은 참빗과 같다고 합니다. 충무공이 지성으로 명나라 장수를 대우하고 적군과 싸워 이긴 후에는 포로로 잡힌 적의 장졸과 노획한 군수품을 모두 진린에게 돌리니 이 때문에 명나라 조정에서 조선에 출전한 장수를 논공하는데 진린의 공이 우등에 처한지라. 이로 인해 진린이 크게 감복하여 충무공을 부사父師와 같이 공경하고 자기 장졸로 하여금 모두 충무공의 절제를 받게 하니 이로부터 명나라 군병이 혹 불법 행위가 있으면 충무공이 다 군법으로 처치함에 명나라 군병이 감히 함부로 학대하지 못해 인민이 안도했고 진린이 조정에 아뢰기를 이 통제사는 경천위지經天緯地의 재주와 보천욕일補天浴日의 공로[11]가 있다고 했으니 이는 충무공의 지공무사至公無私한 심법으로 자기의 공로를 타인에게 양보한 까닭에 중흥 대업을 이룬 것이니 우리 여러 회원도 개개 흉중에 나라는 한 글자를 갖지 말고 나를 두지 않는 심법으로 명예는 타인에게 돌리고 어려운 일은 자기가 담당해야 장래 좋은 사업을 성취하겠소.

이상 두개 방침에 대하여 유념해 들어서 실심實心으로 하시기를 십분 간절히 원하옵나이다. 또 본회 전도에 대하여 가히 실지적으로 이행할 일이 있사오나 천하의 일이 순서도 있고 기회도 있는 까닭에 잠시 발론하지 않거니와 일후日後 해당 안건을 제출하여 실행하면 본회의 발전하는 영향과 우리 동포에게 행복을 미치는 방침이 있을 듯하여 일후에 가부를 취결하여 이행할 터이오니 여러 회원은 본회 전도에 대하여 혹 어려운 일이 있을지라도 조금도 의심하지 마시고 더더욱 힘써 주시기를 절절히 옹축하옵니다.

---

11 큰 공로를 세움을 가리킨다. 여와(女媧)가 오색 돌을 구워서 터진 하늘을 꿰매고, 희화(羲和)가 감연(甘淵)에서 해를 목욕시켰다고 하는 데서 유래한다.

교육과 실업

교육이 흥하지 않으면 생존하지 못한다[12]

고금 천만년을 오르내리고 동서 수만리를 종횡하여 역사상 지구상 민족 성쇠의 이유와 국가 존망의 까닭을 들어서 증거한다면 어떻게 해서 성쇠가 있었고 어떻게 해서 존망이 있었는가. 지식의 명매明昧와 세력의 강약 때문이었다고 이르겠다. 서양 학자의 말에 생존경쟁은 천연天然의 이치이고 우승열패는 공례公例의 일이라 하니 이 말이 어찌 인의도덕의 언설에 위배되지 않겠는가. 그러나 인의도덕이라는 것도 총명하고 슬기롭고 굳세고 용맹한 사람이 전유하는 바이고 우매하고 나약한 사람은 가질 수 없는데 하물며 그 경쟁의 권력이야 어찌 우승열패가 아니겠는가.

아, 천지가 생긴 이래 혈기가 있는 생명체에 언제인들 경쟁이 없던 적이 없었으니 승자는 주인이 되고 패자는 노예가 되며 승자는 영화롭고 패자는 욕되며 승자는 즐겁고 패자는 괴로우며 승자는 살아남고 패자는 사라지니 그 경쟁의 국면을 만나 지각과 운동의 성질이 있는 자가 누구인들 남에게 이기려 하지 않겠는가. 심상한 토론과 한만한 놀이라도 모두 승리를 좋아하고 패배를 싫어하는데 하물며 민족 성쇠와 국가 존망에 크게 관계되는 일은 어떻겠는가.

그러면 누가 이기고 누가 지는가 하면 오직 지혜가 우등한 자는 이기고 지혜가 열등한 자는 진다고 하겠다. 이를 논해보겠다. 태곳적에는 사람과 짐승이 경쟁하는 시대였다. 천지가 처음 갈리고 초목이 생기고 짐승이 생기고 인류가 생기니 저들 짐승은 깃털, 발톱, 뿔같이 타고난 이용물이 있어서 인류보다 나은 것이 많아 저들과 경쟁함에 의당 인류가 얻어맞고 물

---

12   『서우』1, 1906. 12.

어뜯기겠지만 결국 인류가 이기고 짐승이 패하고 인류가 번식하고 짐승이 줄어든 것은 어째서인가? 사람은 지식이 있고 또 기계가 이용의 재료가 되기 때문이다. 지식이 없으며 기계가 없었으면 인류는 오래전에 사라졌을 것이다.

그러니 인류로 태어나 이름하여 만물의 영장이 지식을 넓히고 기계를 이롭게 하는 데 힘쓰지 않으면 짐승일 따름이니 타인에게 먹히고 타인에게 쫓겨남이 당연하지 않겠는가. 천지가 만물을 생성하는 어짊[仁]으로 말하자면 사람과 짐승이 아울러 생육을 얻어야 마땅하지만 옛날 성인이 사람과 짐승이 경쟁하는 경계에서 크게 치력했던 것은 짐승의 환난을 없애지 않으면 인류가 편안히 살아갈 수 없었기 때문이다. 하나라 우禹임금이 구정九鼎을 주조함에 깊은 산과 큰 늪에 사는 악독한 짐승을 구정에 새겨 인민이 그 형체와 모양을 살펴 방어할 줄 알게 하고 백익伯益이 산과 늪에 불을 질러 태우고 주공이 범과 뱀을 몰아낸 뒤에야 생민이 편안해지니 이 당시 인류가 짐승에게 이긴 까닭이 어찌 성인의 지식에 의지함이 아니었겠는가?

아아! 짐승의 환난이 제거되자 인류의 경쟁이 발생하니 중고中古 이후 지식과 세력의 각축 투쟁이 날로 극렬해졌다. 현시대에 이르러 오대양이 크게 열리고 육대주가 서로 통하여 오색 인종이 서로 경쟁할 때 지식이 개명하고 세력이 팽창한 자는 우등 인종이라 부르고 지식이 우매하고 세력이 축소된 자는 열등 인종이라 이르는데 우등 인종이 열등 인종을 대하여 야만이라 지목하고 희생으로 인식하여 조금도 거리낌 없이 마음대로 몰아내고 살해했다. 때문에 열등 인종은 생존하지 못해 점점 쇠멸하니 아프리카 흑인과 아메리카 홍인이 이들이다. 어찌 슬프지 아니하며 어찌 참혹하지 아니한가. 지금 시대 열등 인종이 우등 인종에게 축출됨은 상고上古 시대 짐승이 인류에게 축출됨과 같으니 이 때문에 생존경쟁은 천연이고 우승열패는 공례라고 하는 것이다. 아, 똑같은 사람인데 누구는 우등한 지위에 처해 행복한 생활을 누리고 누구는 열등한 지위에 처해 비참한 신세를 견디지 못하니 이는 무슨 까닭인가? 다만 그 학문의 유무로 격차가 현격하여 안위와 성쇠와 영욕과 고락이 천연적으로 결판나니 염려하지 않을 수 있겠는가.

세력은 지혜에서 생기고 지혜는 학문에서 나오기 때문에 현세계 문명부강한 국민은 각기 학업을 권면하여 지식을 키운 효과이니 어찌 다른 데서 구하겠는가? 지금 우리 대한 동포는 이 시대를 만나 처한 지위가 과연 어떤 등급에 있는가? 이러한 지식과 이러한 세력으로는 이미 우등한 지위를 상실하여 남의 노예가 되고 남에게 희생으로 바쳐질 일이 곧 눈앞에 닥칠 것이니 영각靈覺의 성질이 있는 자라면 어찌 척연히 각성하여 분연히 일어나지 않으리오만 여전히 단잠에 빠져 오랜 꿈에서 깨어나지 않으니 장차 어찌하리오?

무릇 우리 동포의 부형 되는 이는 한번 생각할지어다. 자기 신세는 고루한 구습 속에서 생장하여 뇌수가 이미 굳었고 세월을 좇기 어려우니 신학문에 종사하여 신지식을 개발함이 어렵다 하겠으나 차마 자손이 게을러 배우지 않아 지식도 없고 재주도 없이 거듭 하등 지위에 빠져 타인의 노예가 되고 타인의 희생이 되게 하려는가? 옛사람이 말하기를 자식을 기르면서 가르치지 않는 것은 부모의 죄라고 하니 이 지경에 이르도록 아직도 과거 세월을 생각하고 장래 화복을 염려하지 않아 자제 교육에 주의하려 하지 않는 자는 국가의 죄인일 뿐만 아니라 자손의 죄인이니 어찌 개탄하지 않을 수 있겠는가?

무릇 사람의 인정은 자손이 영화롭고 부귀하기를 원하지 않음이 없는 법인데, 우리 동포 형제는 자손이 게을러 배우지 않도록 놓아두어 영영 만겁의 지옥에 추락하고 고상하고 쾌락한 경우를 얻지 못하게 하려는가? 생각이 이에 미치면 침식이 어찌 편안한가? 일언이폐지一言以蔽之하고 이 시대를 만나 교육이 흥하지 않으면 생존하지 못하니 우리 동포 형제는 서로 분발하고 서로 권면하여 자제 교육의 진작에 한마음으로 주의하여 살고 있는 곳에 학교가 서로 이어서 일어나면 그 설비 규모와 교도 방법은 곧 본 학회의 책임이요, 이에 대해서는 잡지를 발행해 천만 마디 말을 우리가 심혈을 쏟아낼 것이니 우리 일반 사우는 헤아리고 힘쓸지어다.

인민의 생활상 자립으로 국가가 자립을 이룸[13]

무릇 국가는 인민이 쌓인 것이니 백성의 문명은 나라의 문명이요 백성의 부강은 나라의 부강이라. 하늘 아래 대륙 위에 우거지고 아름다운 생명체가 균히 사람의 족속이다. 저들 태서의 영국, 미국, 독일, 프랑스의 인민이나 동방의 일본 인민이나 우리 대한 인민이나 머리가 둥글고 발이 네모난 것이 같고 이목으로 보고 듣고 손발로 운동하는 것이 같은데 저들은 어찌 문명과 부강이며 우리는 어찌 야매와 빈약인가? 이는 하늘을 원망할 것도 아니요 사람을 탓할 것도 아니니 오직 자기를 반성하여 구할지라. 아, 우리 이천만 동포여, 우리가 오늘 이 지경에 이르러 각기 생각하여 볼지어다.

지금 가족의 생활로 말할지라도 불행히 선대의 기업을 탕진하고 유리걸식하여 타인의 노복이 될 경우에는, 남편이 아내를 책망하고 아내가 남편을 원망한들 무엇이 이로우며 형이 아우를 책망하고 아우가 형을 원망한들 무엇이 이로우리오. 현금 우리 한국의 국세가 이에 이른 것을 일반 인민이 다 정부 당국에게 허물을 돌려 지척하나니 정부가 그 책임을 사양할 수는 없으나 우리 인민 사회인들 어찌 책임이 없다 하리오? 왜냐하면 나라는 다만 정부 몇 사람의 나라가 아니요 우리 이천만 동포가 공유하는 나라이라. 지금 그 공유한 것을 능히 보존하지 못하고 오로지 정부 몇 사람에게 허물을 돌림은 만만 옳지 않도다. 우리 인민 사회에서 각기 의무와 직분

---

13   『서우』 8, 1907. 7.

을 극진히 했으면 국세의 기울어짐이 어찌 이 지경에 이르렀겠으며 인권의 추락이 어찌 이렇게 극도에 이르렀겠소? 정부와 인민이 누가 잘못했든지 지금에 와서는 말해보았자 이로움이 없소. 다만 동틀녘의 잘못을 해질녘에 수습하여[14] 선후善後의 방침에 주의하여 노력하는 것이 옳도다.

그러면 우리가 전일의 잘못을 회개하고 바른길을 찾아 정당한 인격을 이루고자 할진대 먼저 생활 방법을 취하여 의식주의 필요한 것을 타인의 은혜에 의지하지 말고 자기의 성실한 근로를 수고하여 생명을 스스로 기르고 재산을 스스로 증식하여 국민의 의무를 능히 해나갈지라. 서양인이 우리 한인의 성질을 폄하하여 논하기를 한인은 항상 안일을 숭상하고 혼암하고 유약하며 용진하는 풍기가 없는 까닭에 저항 없이 포박되어 타인의 노예가 되었으니 이는 세계 제일의 꼴등 추예醜穢의 천한 종족이라 하니, 아아! 애통하다. 우리가 실로 자취했으니 누구를 향해 원망하고 허물하리오?

그러면 우리 한국 사람의 만반 죄악이 다 안일安逸 태타怠惰에서 생기는지라. 대개 일찍이 보건대 권문세가에서 조석으로 대령하여 관직 요구와 청탁 분경에 앵앵대고 쫓아다니며 등창 빨고 치질 핥으며 조금도 부끄러운 기색이 없음도 여기에서 생기며, 관직을 맡아 공의와 배치하고 사리를 도모하여 염치를 상실하고 백성의 고혈을 빼앗는 자도 여기에서 생기며, 혹 여색을 생각하며 혹 신선 놀음을 생각하며 혹 미주美酒 진찬珍饌을 생각하여 금전을 낭비하고 가업을 소모하게 하는 자도 여기에서 생기며, 화투 골패로 밤낮 무리지어서 시간 들여 수고함이 없이 천금의 이익을 채려고 하는 허욕 악행도 여기에서 생기며, 기타 사기, 절도, 강도 등 갖가지 죄악이 안일 태타의 결과 아님이 없다.

이 때문에 우리 국민의 생활 빈곤이 극도에 달했으니 아침에 저녁을 생

---

14   『후한서』 풍이(馮異) 열전에 나오는 구절이다.

각하지 못하고 기한이 뼈에 사무치니 어느 겨를에 국가사상이 발달하며 공익 의무를 영위하리오. 그러면 우리가 서둘러 통렬히 고쳐 없앨 것은 안일 태타의 병근이니 근로 생활이 곧 인민이 자유自由하는 원인이요 국가의 자립하는 기초이다. 어떻게 이를 말하는가? 대저 정실正實하게 근로하는 자에게 상당한 성공이 반드시 있으니 노동자로 보더라도 노동의 근면과 태만으로 임금의 많고 적음이 판가름난다. 이 때문에 일을 잘한 자는 좋은 보답을 받고 일을 못한 자는 나쁜 보답을 받음은 천리 자연의 약속이다.

옛날 어떤 부자가 있어서 소유한 전토를 두 자식에게 분급했더니 형은 경작에 나태하므로 조달이 넉넉하지 않아 세곡을 체납하는데 아우는 부지런히 파종하고 부지런히 제초하여 조달이 넉넉하고 세곡도 체납하지 않을 뿐더러 당상에 봉양을 풍족히 하고도 저축이 있는지라. 하루는 형이 아우에게 와서 말하기를 "부모의 자식 사랑이 편파적이라 좋은 밭을 네게 주고 나쁜 땅을 내게 주어 호구糊口는 고사하고 세금을 미납하니 어떻게 살아갈까? 지금 네가 가진 것을 내가 가진 것과 바꾸면 어떨까" 하는데 아우가 조금도 난색 없이 흔쾌히 응낙하여 경작을 한층 노력함에 그 수확이 전처럼 풍족하고 형은 언제나 태타하여 파종과 제초를 제때에 하지 않으니 수확이 다시 전처럼 군핍이라 했다. 우리 대한의 들판의 경작과 강해江海의 무역과 산택山澤의 소산이 실로 천연의 부원이니 이는 황천이 우리 동포 형제에게 주신 바인데 무슨 까닭에 오늘날 공사간에 빈곤이 극도에 이르러 황급하고 황급함이 이다지도 심한가? 이는 우리 동포 형제가 안일하고 게으른 습관으로 근면하게 수고하지 않은 까닭이라. 만약 우리도 저 문명한 나라의 사람과 같이 직업을 근면하게 했으면 이 토지와 이 물산으로 생계를 발달하여 반드시 부유한 나라를 이미 오래 전에 이루었을지라.

서양인은 남녀노소를 막론하고 각기 생업을 잡아 병들어 사람 구실 못하는 사람이 아니면 모두 스스로 수고해서 살아가고 남에게 의지해 놀고 먹는 자가 없는데 우리 한인의 성질은 이와 반대로 서로 의지하여 먹고산다. 부자가 서로 의지하고 형제가 서로 의지함은 고사하고 붕우와 친척에게도 구호를 기다리니 전국 인구가 비록 2천만이라 하나 실제 생업에 종사하는 자는 4백만이나 5백만에 불과한 것이요, 그 나머지는 놀고먹으며 타인에게 기생하는 사람이니 어찌 공사를 충족하고 상하가 쾌락의 행복을 바라리오? 그러니 생활상 자립은 반드시 근로를 따라 얻을 것이니 한 사람이 근로하여 자활·독립하면 한집안이 자활·독립하는 것이오 한 집안이 근로하여 자활·독립하면 한 나라가 자활·독립할지니 개인의 생활이 국가에 관계된 것이 과연 어떠한가? 그러므로 인민의 생활상 자립으로 국가의 자립을 이룬다 하노라.

누가 우리나라를 구할 수 있는 자인가? 누가 우리 백성을 살릴 수 있는 자인가? 실업학가實業學家가 이들이다[15]

지금 큰 바다에 쏠리고 넓은 파도에 떠서 풍랑은 더욱 사납고 건너편은 보이지 않으니 하늘을 우러러 외쳐 '살려주세요, 살려주세요' 하며, 어두운 안개에 추락하고 날아가는 모래에 덮여 눈동자는 더욱 혼미하고 앞길은 분변하지 못하니 하늘을 향해 호소하여 '인도해주세요, 인도해주세요' 하는 것은 사람의 상정이다. 지금 우리 한인의 목하 정황도 '살려주세요'를 외치며 '인도해주세요'를 간구하는 중인데 어디를 향하여 찾을까 하면 반드시 학문계學問界라 할지며 학문계로 말하면 정학가政學家인가, 법학가法學家인가, 이학가理學家인가, 종교가인가, 저술가인가, 연설가인가? 이 모두 국가 체통과 사회 조직에 관해 필요하지 않은 것은 아니나 가장 구국 활민活民의 요소가 되는 것은 실업학가이다. 지금 그 분명한 증거를 고찰하면 세계 역사에 사실이 요연하니 살려주는 좋은 약과 인도해주는 보배로

15   『서북학회월보』 1-7, 1908. 12.

운 뗏목이 즉 이에 있도다. 대저 나라의 승패와 사람의 생멸에 관한 기관은 빈부 강약에 있는 것인데 똑같이 나라이며 똑같이 사람인데 무엇으로 부강하고 무엇으로 빈약한가? 오로지 실업 기관의 발달 여부에 있다.

지금 세계상 부강한 것으로 말하면 영국은 원래 유럽의 소국이다. 땅은 독일과 프랑스의 3분의 1에 미치지 못하고 백성은 수백만에 불과하나 문명의 발달과 국력의 팽창이 여러 나라에 으뜸이 되어 수십년 지나지 않아 속지 개척이 수만리요 인민 증식이 수억에 이른 것은 국민 학술계에 물질의 발명이 다른 나라보다 선진이라 실업의 이권이 비상히 발전한 까닭이다. 와트James Watt의 증기 기관과 아크라이트Richard Arkwright의 새로운 수력 방적기와 다비Abraham Darby의 새로운 석탄 용광로와 크럼프턴Samuel Crompton의 새로운 뮬 방적기와 머독William Murdock의 석탄가스 등불이 가장 현저한 것이요, 기타 제조가의 신발명은 이루 헤아릴 수 없다. 영국인이 이 물질 발명으로 국력의 천백 배를 늘리고 세계 만고에 미증유의 문명을 발전시켰으니 물질학의 효력이 어찌 신령하지 않으며 어찌 넓고 크지 않은가?

러시아의 표트르 대제는 북유럽 황막한 땅에서 굴기하여 여러 나라를 병탄함에 만리 땅을 개척하고 서유럽과 대항함에 전세계에 국위를 선양한 것은 궁궐의 안락을 버리고 조선造船 공장에 살며 제왕의 존귀함을 굽혀 공장 노동을 수행한 결과이니 이는 세계 고금에 없는 위대한 공적이다. 대개 임금의 지위로 노동자의 직역을 겸하여 공장 일을 수행한 것은 제조업이 부국강병의 제일 요소가 됨을 깊이 알고 환히 본 까닭이 아닌가?

독일이 크루프 대포와 드라이제 후장식 소총을 제조하지 않았으면 비스마르크의 정략과 몰트케의 군략으로도 프랑스에 승전하기 어려웠을 것이며 미국이 제철 대공장과 석유 대왕이 없었으면 워싱턴의 공덕과 링컨의 사업이 세계를 진동하기 어려웠을 것이다. 그러니 물질 연구는 인공人工의 천백 배를 늘리는 까닭에 그 국력이 또한 천백 배가 늘어나는 것인데 우리

나라 학술은 무엇이오?

이학가는 무릎 꿇고 단정히 앉아 심성을 담론하며 경례經禮를 연구하는 것으로 철두철미 필생 과업을 만들고, 공령가功令家는 경전의 피부를 표절하여 시부詩賦의 헛된 꾸밈을 만드는 데 정력을 소모하며 세월을 허송하고, 사대부는 벼슬 사냥으로 가법을 만들며 백성 재산 박탈로 생활을 해갈 따름이요, 향임鄕任과 이교吏校의 무리는 세금 장부를 도찰하며 관청의 위세를 빙자하여 공물을 도적질하며 민재를 침탈하는 것으로 자기를 살찌우는 사욕을 이루며, 기타 풍수와 복서卜筮의 요사하고 황당한 언설로 놀면서 먹는 계책을 만드는 자와 토호土豪 무단武斷으로 평민을 능멸하며 동포 잔학으로 능사를 삼는 자가 국중에 가득하여 세도를 더럽히고 국맥을 손상시키는 흉악한 재앙을 척결하지 못한다.

실업에 이르르는 농작의 방법도 극히 노망할뿐더러 목축 종식種植 등 이익에는 전혀 주의하지 않았고 공업과 상업은 더욱 천시하고 학대하여 하류로 배척하고 열등한 기예라고 칭했으니 진보 발달은 고사하고 더욱 하향하고 더욱 열악함이 극점에 달한지라. 자신이 피복하는 재료와 집안에서 일용하는 물품도 자기 손으로 제조하지 못하고 다른 나라의 수입을 전혀 앙망하는데 하물며 증기선, 증기차와 전기 철함의 제조야 하늘에서 떨어지는가 땅에서 솟아나는가. 이렇게 물질의 이치를 연구하지 않으며 실업의 학문을 강구하지 않으면서 오늘날 경쟁 시대에 처하여 생존의 화복을 희망한들 되겠는가?

대개 우리나라는 토지의 생산이 풍족하며 인민의 재성才性이 영민한데 다만 허문을 숭상하고 실사를 방기하여 국력의 쇠퇴와 민산의 곤췌가 이렇게 극점에 이르렀으니 어찌 열 손가락 까딱하지 않고 하늘에서 비 오듯이 곡식과 금전을 앙망하리오. 벌은 꿀을 만들기로 풍우를 피하지 않고 거미도 그물을 맺기로 경륜을 남기지 않으니 하물며 사람은 동물의 최고 영장으로 생활의 방침을 강구하지 않음이 옳은가? 오늘이라도 우리나라를 구할 자는 실업학가이며 우리 백성을 살릴 자는 실업학가이니 사회상 자본가와 유지자는 혹 주식을 모집하여 제반 영업을 발전하기로 주의하고 힘쓰며 혹 청년을 외국에 파견하여 실업 학문을 다수 배워 국가의 부강과 민생의 쾌활을 힘써 도모할지어다.

지방의 발흥

사설社說[16]

오늘 본 학회[17]가 한성漢城 중앙에서 굴기한 것은 실로 천년 전 백년 전 옛날에는 없는 성대한 일이라 이를지며 전국 삼천리 안에 가장 먼저 일어난 빛줄기라 칭할지로다. 무엇으로 그리 말하는가. 우리 양서兩西[18]의 사우 士友는 전날을 돌이켜 생각하라. 수백년간 이른바 서토西土 출신이 우리나라 사람들에게 어떤 대우를 받았는가. 글 읽는 선비는 불과 재상가 종이요 일반 평민은 죄다 관리의 희생이었다. 그중에서 가장 나은 일이라 하는 것은 이른바 진사進士이니, 급제及第이니, 지평持平이니, 정언正言이니, 첨사僉事이니, 만호萬戶이니, 찰방察訪이니 하는 것을 노리고 대갓집에서 종일 고개 숙인 문객이 되어 나그네 세월에 수염 끝이 하얗게 세는 줄 모르고 사는 것이었다. 이러한 지기와 이러한 신세로 밥먹고 고생하며 더러 그 문호에 영광을 얻을까 아득바득 지내다 평생을 그르쳤으니 벼슬을 얻지 못한 자는 본래 가련하지만 이른바 얻은 자인들 어찌 나은 것이 있었겠는가. 이는 우리 선조와 부형이 대대로 겪은 경우이다. 지금 우리가 전일의 풍진을

---

16 『서우』1, 1906. 12.
17 서우학회(西友學會)를 가리킨다.
18 관서와 해서, 곧 평안도와 황해도.

미루어 생각하면 얼마나 분한가?

옛날 우리 선조와 부형이 벼슬을 구하려고 서울에 머무르던 날 도계道契라는 조직이 있었으니 이것이 오늘날 학회의 배태이다. 그러나 그때 도계의 주의는 불과 일반 계원이 서로 아끼고 도울 목적으로 했고 지금 우리의 학회 발기는 그 취지 목적이 단지 회원의 친목과 구락俱樂을 위함이 아니고 일절 청년의 교육을 진기振起하며 동포의 지식을 개발하여 공중의 단체 결합하여 국가의 기초를 수립하고자 함이다. 그러니 이는 그 범위 역량이 실로 전날 도계에 비할 바 아니니 천백년간 미증유의 성사라 이르지 못할까.

또 우리 양서가 수백년간 문물의 발전과 사람의 자격이 저들 기호 명족과 영남 사림의 등 뒤를 바라보겠으며 발걸음을 뒤따르겠던가? 저들이 본디 우리 양서를 현격하게 다르게 대우했는데 오늘날에 이르러 국민의 교육 의무를 담책하여 학회를 조직함은 기호와 영남이 일으키지 못한 사업이다.

때문에 일반 여론이 본 학회에 대하여 '우리나라가 이 시대를 당해 보통 인민이 혼몽하여 깨어나지 못하고 위축돼서 일어나지 못하는데 유독 서로西路가 자못 활발하게 용진하여 해외 유학과 학교 설립이 다른 데 비해 조금 낫더니 지금 다시 서우학회 조직이 있어서 저러한 지기로 반드시 실효를 내리라. 오늘 신문화의 개진은 반드시 서로에서부터 창시하리라' 하니, 그러면 본 학회가 전국 삼천리 안에서 가장 먼저 일어난 지점의 빛줄기가 아닌가? 우리가 이러한 영예를 취하며 이러한 책임을 지고 더러 선시선종善始善終[19]의 실효가 없으면 그 허물이 어디에 있겠는가? 이른바 발기한 몇 사람은 논할 것도 없고 우리 양서 수백만 동포 형제가 장차 무슨 얼굴로 천하의 사람을 상대하겠는가?

본 학회가 날로 흥왕하고 제반 사업이 차례로 확장하여 뭇사람의 뜻을 계발하며 국가의 혈맥을 유지하여 우리 양서 사우의 광휘를 세계에 전파

---

19   시작도 잘하고 끝마침도 잘함.

함도 우리 동포 형제의 심력心力 여하에 있는 것이요, 만약 유초선종有初鮮終[20]으로 세인의 영예를 저버리며 자기의 책임을 방기하여 이 수백년 침울한 유족으로 거듭 천하의 비웃음을 입어 다시 얼굴을 들어 사람을 대하지 못하는 치욕을 끼치는 것도 우리 동포 형제의 심력 여하에 있으니, 아아! 생각하고 생각하라.

공경히 사우에게 고한다[21]

우리 양서의 일반 사우는 본 기자의 한마디 말을 들어보시오. 이 3도[22] 67군 안에 조상 대대로 살아온 사람이 누구인들 의관衣冠 족속이 아닌가? 그러나 이전 수백년간의 경우를 돌이켜 생각하면 자격이 부끄럽고 생활이 가련한 자는 유독 우리 양서 인사이다. 상투를 매달 정도로 독서를 하고 일어선 키와 같을 정도로 저술을 해도 필생의 목적은 과거급제[23]와 미관말직에 그쳤다. 비록 영호준걸英豪俊傑의 재주와 충신강개忠信慷慨의 무리가 있더라도 이전 시대에는 우리 양서 선비가 한쪽 가장자리로 물리쳐졌고 품은 뜻을 펼칠 방법이 없었으니 초췌한 모습으로 초목과 함께 썩는 것은 본디 그럴 수밖에 없었다. 지금 시대는 옛날과 달라 나라가 나라 되는 까닭은 정계와 사회의 사업이 병진함에 따른 나라의 융성함 때문이다. 그러나 정계상 사업은 통할統轄 받음에 있을 따름이나 사회상 사업은 전념하여 효과를 내기 쉽다. 그래서 지금 나라 다스리는 자는 더욱 사회의 힘에 의지한다. 사회란 일반 인민이 상호 결합하여 국가와 민족의 공익사업을 협력해 진취하는 것이다. 그래서 지금 시대를 만나 국민이 된 자들은 필부필부匹

---

20 처음만 있고 끝마침이 드묾.
21 『서우』2, 1907. 1.
22 황해도, 평안남도, 평안북도를 가리킨다.
23 원문은 "홍패와 백패"이다.

夫匹婦 같은 미천한 사람도 모두 나랏일을 담임하는 의무가 있고 나랏일을 해나가는 권한이 있다. 오늘날 우리가 교육을 권면하여 청년 자제가 학문이 고명하며 지식이 통달하며 지기가 탁월하도록 하면 천하의 일이 다 그 분수 안의 일이다. 그 발달 증진하는 효력을 누가 저해하며 누가 막을 수 있으리오. 이미 추락한 국권도 이를 통해 회복할 수 있고 이미 잃어버린 인권도 이를 통해 신장할 수 있다. 그러니 이것이 우리 양서의 수백년 불우하게 지낸 원한을 통쾌히 씻을뿐더러 세계 역사상 대한의 중흥 사업을 논하는 자가 반드시 이를 가리켜 우리 양서의 교육 발달의 공적이라 하리니 우리 자손만대에 복록과 광영이 과연 얼마이며, 이 3도 67군 구역에 산천초목이 광채가 다시 새롭고 가치가 오르리니 어찌 통쾌하지 않으며 어찌 바르지 않겠는가? 이러한 날 우리 일반 사우가 여전히 혼몽한 가운데 세월을 지나치고 자제 교육을 한쪽에 놓아두었다가는 우리 동포 형제가 자자손손 영구히 타인의 노예와 희생을 면하지 못하리니 어찌 한심하지 아니하며 4천년 대대로 지켜온 땅과 조상의 분묘가 있는 고향에서의 참혹한 광경을 장차 어찌 차마 보겠는가? 그러니 끝없는 영욕과 한량없는 화복이 우리의 몽夢·각覺 여하와 근勤·타惰 여하에 있거늘 이날 이때에 우리가 정신을 차리며 심력을 수고하지 않으면 허다한 동포의 자손이 가련하지 아니하며 세세로 전수하던 강토의 광경이 참혹하지 않겠느뇨. 우리 사우는 이 말을 듣고 척연히 맹성하며 분연히 용진하실지어다. 제철이 왔도다! 제철이 왔도다![24] 우리 사우여!

---

24   『논어』「향당(鄕黨)」에 "산량의 까투리여, 제철이 왔도다, 제철이 왔도다(山梁雌雉, 時哉時哉)"라는 구절이 있다.

무릇 극도에 이르면 반드시 돌아오고 궁하면 변통을 생각하는 것은 이
치가 항상 그런지라. 현재 우리나라에서 인민의 사상이 점차 진보하고 사
회의 풍기가 날로 열리는 기점은 평양 및 개성에서 볼 것이니 이는 극에
이르면 돌아오고 궁하면 변통할 기회라 이를지어다. 대개 지구상 역사를
보건대 무릇 풍기의 개통과 문화의 발달은 반드시 산천이 수려하여 영기
靈氣가 모이고 강해江海가 교통하여 인물이 폭주하는 지방으로부터 기점
이 되니, 시험삼아 우리나라의 역사로 징험할지라도 평양은 단군이 처음
나와 나라의 도읍을 건설했고 기자가 건너와 팔조八條로 교화를 세우고 정
전井田으로 민산을 제정했으니 우리 한국 4천년 예의문물이 실로 여기서
발원했소. 고구려 시대에 이르러 동명왕이 타고난 신무神武로 독립을 회복
하고 광개토왕이 강토를 널리 개척하고 고국천왕이 정교를 밝게 닦아 엄
연히 해동에 강국을 수립했고 유리왕이 사언시四言詩를 짓고 을지문덕이
오언시五言詩를 시작하니 무공의 경쟁에 문풍의 진작을 여기서 보겠소.

개성은 이전 왕조 오백년 역사에 정교와 법도가 울연히 볼만하고 문무
신하들의 위대한 공렬이 우뚝 서로 이어졌고 말기에는 중국의 원조元朝와
교통하니 조빙이 서로 이어지고 혼인으로 서로 화호和好했소. 이에 이제
현, 안향, 정몽주 현인들이 모두 중국에서 배워 유교를 천명하고 도학을 발
휘하니 공자, 맹자, 정자, 주자의 서로 전하는 도통이 드디어 동토東土에 왔
다. 본조本朝에 미쳐 현인들이 배출하여 유도를 떨치고 문치를 꾸민 것이
실로 전조 현인들의 연원을 이어받아 윤색하고 창명한 것이니 그러면 우
리나라 사람이 예를 좋아하고 도를 높이는 미풍선속美風善俗이 또한 개성
에서 근원한 것이 아니겠는가?

---

25   『서우』9, 1907. 8.

우리나라 중에서 평양 및 개성은 산천이 승하고 인물이 많기로 실로 해동의 유명한 곳이니 인걸과 지령을 믿지 않겠는가? 다만 본조 수백년 이래 두 곳 인사가 문지門地에서 제한되어 침울하고 폐고되어 거의 사람 자격을 자처하지 못했다. 이 때문에 국중의 미천한 족속을 말하는 자 반드시 서북 송도인西北松都人이라 하니 이 당시 우리 선조와 부형이 비록 하늘을 통달한 재주와 옛날을 꿰뚫는 학문이 있어도 적막하게 말라버려 초목과 함께 썩어갔을 따름이니 어찌 슬프지 아니한가?

아아! 우주의 시국이 변천하고 해류의 풍조가 진탕하여 구름과 안개처럼 바다를 덮고 오는 것은 윤선과 철함이요 번개와 천둥처럼 대륙으로 치닫는 것은 전차와 철로이고, 역사책 및 신문에 모국의 부력은 세입이 수억만원이고 모국의 강력은 병력이 수백만이고 약육강식으로 수많은 나라에 멸국역종滅國易種이 있다 하며, 최근 경쟁은 뤼순 전투와 랴오양 전투에서 엎어진 시체가 백만이요 흐르는 피가 천리라 옛날에 없는 대경쟁이 일어났으며, 우리나라가 만난 경우는 국권과 인권이 전연 추락하여 타인의 노예와 우마가 된 참상이 가히 장막 위의 제비요 솥 안의 물고기라, 조금이라도 동물의 지각이 있으면 마땅히 근심과 두려움, 격앙과 분발의 사상이 절로 그칠 수 없을 터인데 도리어 우리나라 사람은 아직도 눈으로 못 보는 듯하고 귀로 못 듣는 듯하여 몽롱히 깨어나지 않고 숨이 거의 끊어져 일어나지 못하는지라. 하등 사회에 낫 놓고 ㄱ자도 모르는 동포는 우선 두고 논하지 않지만 이름하여 사대부라 하며 독서인이라 하는 무리도 전에 없는 이 변국을 만나 오히려 구습을 교수하고 창연한 옛날을 좌담할 뿐 아니라 도리어 거짓된 말을 미신하여 장래에 총혈銃穴에서 생수生水하는 인재가 나오면 저 철함 윤선이 절로 물러가리라 하니 이 무리가 성현의 책을 읽었다고 이름하며 사림의 지위를 차지하고서 그 지식의 혼미하고 광망함은 최하등의 하우下愚이니 무엇을 논하겠는가? 아, 저들이 설령 민국을 근심하지 않으나 필경 국토가 폐허가 되고 종족이 진멸하는 날에도 높은 관과 너른 띠를 하고서 세상 밖에서 생활을 독점할 것인가? 식자의 말에 오늘날 나라를 망친 자는 정부 사회이고 사림 사회라 함이 과연 적당한 논論이로다. 저러한 풍기가 국중에 편재하니 긴 밤은 지루한데 아침 해는 어찌 더딘가? 이는 우리가 낮에도 식사를 잊고 밤에도 잠 못든 채 고개 들어 우러르고 발 구르며 부르짖은 지가 이제 몇 년인데, 황천이 버리지 않아 잠자코 우리 동포의 충정을 유인하니 우리 서우의 사회 중에 현재 평양 및 개성 두 곳이 한줄기 광선을 내어 학교의 진취와 사회의 활발이 실로 막 일어나 그치지 않을 모양이 있음이라. 매양 사우로부터 그 정황을 탐문하면 일반 학생의 열심진보와 남녀동포의 애국사상이 과연 사람을 감흥시켜 자기도 모르게 손발로 춤추는지라.

대개 평양은 풍기가 활발하여 진취를 잘하고 개성은 풍기가 고밀固密하여 수립樹立을 잘하니 이 두 곳 사회의 진보가 어찌 오늘날 전국의 전위가 아니겠는가? 그러나 우리가 모두 한집안의 정의로 심절하게 기대하는 것이 있으니 평양의 진취는 남음이 있지만 더러 심후한 근기가 결핍할까 하며 개성의 수립은 자족하지만 혹 용예勇銳한 걸음이 조금 흠결일까 하니 원컨대 사우는 십분 면려하고 갑절 분발하여 전진 더욱 전진하고 혁신 더욱 혁신하여 앞으로의 좋은 성과를 완전히 성취하기로 천만 옹축하옵나이다.

사설社說[26]

서북학회는 서우와 한북 두 학회[27]가 하나의 단체가 된 것이니 이는 우리 서북 인사의 문명 정도가 진보한 까닭이로다. 대개 세계상 어떤 나라를 막론하고 그 민족의 지식 정도를 따라 사회가 진보함은 그대로 공례인 까닭에 야만의 족속은 사회가 이루어지지 않고 문명의 나라는 사회가 아주

---

26   『서우』 15, 1908. 2.
27   서우학회(西友學會)와 한북흥학회(漢北興學會)을 가리킨다.

왕성함이 이러하다.

　우리 대한 민족의 과거 역사를 소급해보건대 종전 사환가의 색론色論은 불과 사권 사당의 경쟁으로 같은 조정 안에서 서로 원수로 보고 서로 충돌할 따름이니 이는 좋지 않은 사회라 이를 것이요, 여러 고을의 사림의 학계學契와 향약鄕約은 긍칙하는 규모와 고아한 성질이 세도와 풍속에 보탬이 없지 않은 것이나 국권을 보수하는 중대 관계와 공익을 확장하는 공동 사업은 전혀 강구하지 못했고, 여염집 시정 사이에 종종 설립된 계는 경조사를 서로 묻고 환난을 서로 구휼하고 이해를 함께하는 주의가 있으나 그 취지와 역량이 편소함에 국한되어 발전하기 불가능하고 그 질서와 강령의 정숙이 부족하여 오래가기 불가능했으니, 이 여러 종류의 사회는 구시대의 지식 정도가 아직 유치한 까닭에 사회 정도도 여기에서 멈추었도다.

　우리 서북 인사도 기왕에 서울에 와서 머무르는데 도계의 조직이 있었으니 서로 친애하는 정의와 서로 돕는 의지로 결합한 것이나 붕우의 도덕을 강마하거나 국가의 공익을 도모함은 듣지 못했고 이 당시 서도西道 인사는 다만 서도가 있음을 알고 북도北道에 미치지 못하며 북도 인사는 다만 북도가 있음을 알고 서도에 미치지 못한지라. 또 그 개개인의 생각이 미친 곳은 구구한 사환의 경영과 가산의 보호이고 세력과 이익을 추종하는 사상에 불과했으니 저렇게 천단하고 협애한 추향으로 어찌 자수자립自修自立하는 좋은 사회를 결성하리오. 이는 수백년래 우리 서북 인사가 자유의 천직을 방기하고 경화 세가에 노예되기를 스스로 구함이니 어찌 가련하며 가치可恥하며 가통可痛할 일이 아니리오. 또한 시대로 인해 지식 정도가 원대한 사업에 미치지 못한 까닭이로다.

　천운이 순환하니 가면 필히 돌아오고 인사가 변천하니 궁하면 변통을 생각한다. 단군 개국 4238년 서도 인사가 의연히 분발하여 자수자립할 사상으로 한걸음 맹진하여 서우학회를 창립했고 이윽고 북도 인사가 동일한 사상으로 한걸음을 따라가 한북학회를 조성하여 회원의 지향과 학생의 노력이 실로 전도의 기망이 있더니 과연 오늘날에 이르러 서북학회를 합성했으니 이는 우리 일반 동지의 문명 정도가 진보함이요 역시 우리 대한 전국의 문명 진보하는 계제로다.

이로써 수백년전 경화京華 및 영호嶺湖에서 우리 서북을 변방[28]과 같이 멸시하고 천대하던 자가 갑자기 모두 두려워 고쳐 보면서 말하기를 "오늘날 문명 선진의 지위를 점한 자는 서북인이라" 하니 그 가치의 여하를 전일과 비교하면 진흙길에서 빠져나와 하늘길[29]에 올랐다고 이를지어다. 그러니 우리의 책임이 어찌 중차대하지 않은가? 어떻게 하면 나의 자수自修를 더욱 진일보하며 나의 자립을 더욱 굳건히 하여 우리 서북학회의 문명 정채를 더더욱 발휘하여 큰 영예와 큰 승리를 차지할까? 만일 종전 부패한 습관이 아직 다 제거되지 않아 혹 권세가를 숭배하여 비굴하게 굽실대거나 혹 협잡 등에 물들어 손인이기損人利己의 행위가 있거나 혹 고루한 구습을 묵수하여 쇄신 분발하는 사상이 없으면 결코 우리 서북 인물이라 칭하지 못할지로다.

오직 학문의 열심과 교육의 주의로 한목소리로 서로 응하며 발걸음 나란히 함께 나아가되 티 없이 순결한 이상이 빙설氷雪보다 밝고 놀지 않고 용진하는 발걸음이 번개처럼 빠르며 견인불발의 기상이 산악처럼 우뚝하면 성현의 도덕도 이를 의지하여 유지할 것이요 영웅의 사업도 이로 인해 성취할 것이요 국민의 의무도 이에 기초해 발전할 것이요 사회의 광영도 이로 인해 방달旁達할 것이요 제국의 기초도 이에 의지해 공고할지니 위대하다 본 학회의 책임이며 위대하다 본 학회의 취지여!

이 목적에 도달하는 날에는 우리 서북 인사가 종전 수백년 침체하고 울

---

28   원문은 "민촉(閩蜀)"이다. 오늘날 중국 복건성의 민(閩) 지방과 사천성의 촉(蜀) 지방을 가리킨다.

29   원문은 "天衢"이다. 『주역』 대축괘(大畜卦)에 "何天之衢, 亨"이라는 구절이 있다. 허공의 하늘길은 형통하고 광활하여 장애가 없다는 뜻이다.

적한 원한을 펼 뿐 아니라 우리 전국 동포에게 무궁한 행복을 줄지니 그 방법은 다른 데 있지 않고 오직 우리의 단합정신이 응결하여 풀리지 않고 진취사상이 견고하여 물러나지 않으며 학문의 자수와 교육의 보급이 그침 없이 전진함에 있으니 힘쓸지어다 우리 서북 인사여.

여성과 노동자

여자보학원女子普學院[30] 유지회 취지서[31]

대저 사람이 태어난 처음에는 남자 여자 균히 상제上帝의 자녀이다. 본 성상으로 지각을 품부 받음이 원래 차별이 없으니 직분상으로 권능에 어찌 우열이 있겠는가.

우리 동아시아의 구래 풍속은 남존여비男尊女卑이고 남귀여천男貴女賤이라 여자의 신분은 남자의 노복이 되어 압제를 받아 노리개가 될 뿐인 까닭에 현숙한 자질과 총명한 지식이 있는 자라도 다 규중에 깊이 갇혀 유폐된 생활로 밥 짓고 길쌈하는 일에 종사할 뿐이요 규문 밖의 일체 인사는 도무지 듣지 못하니 행여 남편이 착하고 자식이 현철하면 편안히 지내지만 불행히 미친 남편을 만나거나 패덕한 자식이 있으면 산업을 탕진하고 가문을 전복케 하는 근심이 있어도 감히 제어하지 못하고 그저 무궁한 고초를 혼자 받고 필생의 원한을 영영 품는 것이다.

또한 부인이 학문이 없어서 세사를 소통하지 못하여 편벽한 성품을 이

---

30 여자교육회의 부속 학교로 설립되었다. 1908년 유지회가 조직되어 여자보학원의 정상적인 운영에 기여했다. 수업 연한은 3년이고, 원장 강윤희, 원감 이석영, 학감 최재학 등의 임직원이 있었다.

31 『여자지남』 1-1, 1908. 5.

루어 가정의 화목한 기운을 잃은 자도 있고 우울한 기운이 쌓여서 신체가 병든 자도 있으니 거기에서 태어난 자녀가 또한 화순한 천성과 건전한 체질이 결핍할 것이며 또 부인이 학문이 없으면 가정 교육을 몰라서 자녀의 덕성을 배양하지 못하니 이것으로 보건대 자녀계子女界 교육이 또한 완전을 얻지 못한다.

또 하물며 오늘날은 인종 경쟁하는 시대이다. 소수가 다수에 맞서지 못하며 야매한 자가 문명한 자에 대항하지 못하는 것은 당연한 형세이다. 우리 한국 인구가 2천만을 부르는데 여자가 그 반수를 차지하니 만약 반수의 여자가 거개 교육이 없어 야매한 자가 되고 1천만 남자 중에도 교육이 완전하지 못하여 문명한 자가 소수를 차지하면 어찌 남자가 일치로 개명한 다수의 다른 나라 인민을 대적할 능력이 있겠는가. 그러니 여자 교육의 필요는 인종 생존에 제일 긴절한 관문이라 이를 것이다.

오늘날 한성계漢城界의 여자보학원은 수천년 폐쇄한 나머지 한줄기 광명을 처음 드러냄이니 어찌 아름답지 아니한가. 다만 그 확장할 목적과 유지할 방침은 한두 개인의 능력으로 달성할 바 아니다. 그래서 일반 유지有志가 단체를 조직하여 이를 확장하며 유지하고자 함이니 과연 여러 뜻이 단합하고 여러 힘이 협일하면 이 원院을 유지할 것이고 일반 여자계女子界에 교육을 보급하게 하는 결과가 반드시 있을 것이니 이것이 실로 문명의 본원지이다. 힘쓰지 않을 수 있겠는가. 힘쓰지 않을 수 있겠는가.

노동 동포의 야학[32]

오늘날 우리 한국 학계에 제일 좋은 소식이 발현하니 곧 우리 서북학회에 물장수의 야학 청원이 이것이다. 대개 물장수 제씨는 평소 조금의 재산

---

32   『서우』 15, 1908. 2.

도 없고 다른 종류의 영업도 결핍해서 유리하고 표박하다 서울에 가서 몸을 맡길 데가 없고 호구할 계책이 없는지라. 이에 한성 각처에 마르지 않고 샘솟는 우물물을 길어서 허다한 사람들의 음료를 공급하는데 새벽부터 저녁까지 도르래로 삐걱삐걱 잠시도 쉬지 않는지라. 몇 푼 금전을 이에 의지해 얻어 아침저녁을 연명하니 그 생활의 곤란과 처량한 신세가 과연 어떠한가? 이에 오늘날 개연히 분발하여 서로 협의함에 낮에 노동하고 밤에 공부하기로 본 학회에 대하여 실심으로 간구하며 실력으로 해나가니 이는 시국의 정세를 관념함이요 국민의 의무를 감각함이요 자기의 자립을 지원志願함이니 과연 세계의 기특한 소식이요 고금의 드문 일이라. 누구인들 갈채하며 환영하지 않겠으며 누구인들 열심히 지도하지 않겠는가?

본 기자는 이에 위 노동 동포의 야학하는 정성스런 마음과 아름다운 행동을 들어 우리 전국 이천만 동포에게 일치하여 권고한다. 공경거실의 비단옷 입은 자제여, 저 노동 동포가 학문에 종사하는데 너희는 사치 음일에 빠져 스스로 평생을 그르치고 학문을 하지 않는가? 소봉素封[33] 부호의 호화자제여, 저 노동 동포가 학문에 종사하는데 너희는 포식난의飽食暖衣의 단꿈에 취해 광음을 포기하고 학문을 하지 않는가? 기타 사족가와 농업가와 상공업가의 일반 자제여, 저 노동 동포가 학문에 종사하는데 너희는 국민의 책임을 생각지 않고 남아의 지기를 추실하여 학문을 하지 않는가?

아아! 우리 이천만 동포여! 저 물장수의 신분으로도 이처럼 개명 목적과 발달 사상으로 학업에 주의하여 근면하고 태만하지 않으니 귀가 있고 눈이 있고 심지가 있는 모든 우리 동포라면 어찌 이에 대하여 관감하고 흥기할 사상이 없으리오? 우리 전국 사회에 상류와 중류와 하류를 막론하고 교육을 받지 않음이 없어 보통 학문과 보통 지식이 발달하지 않음이 없는 날

33　『사기』 화식(貨殖) 열전에 "지금 관직의 녹봉도 없고 작읍의 수입도 없으면서 관직과 작읍이 있는 자들과 즐거움이 비등한 자를 소봉이라 한다(今有無秩祿之奉爵邑之入, 而樂與之比者, 命日素封)"라는 구절이 있다.

에는 우리의 자유를 획득할 수 있고 우리의 자립을 회복할 수 있으니, 아 아! 생각하고 힘쓸지어다.

나무꾼, 도공, 농부 세 학자의 전기[34]

하루는 『명유학안明儒學案』을 읽다가 나무꾼, 도공, 농부 세 학자의 전傳에 이르러 이상히 감촉感觸하고 흥모興慕함이 있었다. 아, 오늘날 사회에 이런 사람을 많이 얻으면 사회 개량과 문화 보급이 어찌 쉽지 않겠는가. 그래서 본지本誌에 그 대략을 실어 일반 동포의 관감觀感을 돕고자 한다.

나무꾼 주서朱恕[35]의 자는 광신光信이니 태천인泰川人이다. 나무하는 직업으로 어미를 공양하더니 하루는 왕심재王心齋[36]의 강당을 지날 때에 "산에서 10리 떨어지면 섶은 집에 있고 산에서 1리 떨어지면 섶은 산에 있지"라고 노래하니 심재가 문하 제자에게 이르기를 "소자는 이를 들으라. 도가 병들면 구하지 말라. 구하는 것은 어렵지 않으나 구하지 않는 것은 쉽지 않다"고 말했다. 나무꾼이 그 말을 듣자 점점 재미있었다. 이로부터 섬돌 아래에 매번 나아가 강설을 들으니 문하 제자가 더욱 경이롭게 여겼다.

같은 종족 사람이 불러서 이르기를 "내가 수십 금을 빌려줄테니 살아갈 계획을 따로 찾으면 고초를 면하겠고 또 아침저녁으로 우리와 함께 노닐 수 있겠다"고 말했다. 나무꾼은 성내며 말하기를 "그대는 나를 아끼는 자가 아니다" 하고 이를 도로 주었다. 제학사提學使[37]가 불러서 만나고자 하니 가지 않았고 일을 사역하면 짧은 옷을 입고 맨발로 들어가 만나니 제학사가 함께

---

34   『서북학회월보』 1-22, 1910. 4.

35   명나라 양명학의 전개 과정에서 태주학파 왕간의 적전 문인이다.

36   왕간을 가리킨다. 명나라 양명학의 학파 중에서 가장 서민적인 학문 성격을 보여주는 태주학파의 주요 학자이다.

37   중국의 명청대 각 성(省)에서 문교를 담당하던 관직 이름이다.

예를 갖추고 물러갔다.

　도공 한정韓貞의 자는 이중以中이고 호는 낙오樂吾이니 흥화인興化人이다. 질그릇과 기와 굽는 일을 했는데 주朱 나무꾼을 깊이 사모하여 좇아서 배우다가 뒤에 왕동애王東崖[38]를 스승으로 섬겨 졸업했다. 갖고 있는 초가삼간은 빚을 갚고 마침내 기와 가마 속에 살며 스스로 노래하기를 "초가삼간은 새 주인에게 돌아가고 한 조각 저녁놀은 나의 벗님이라"고 했다. 나이 서른 넘도록 장가들지 않자 왕동애의 문인이 금전을 모아 그를 위해 혼례를 치르게 했다.
　학문을 얻은 후 마침내 세속의 교화를 자임하여 기회 닿는 대로 지도하니 농부·장인·장사치 중에 종유하는 사람이 천여명이나 되었다. 가을이 되어 농사일이 한가하면 문도를 모아 강학하여 한 마을을 마치면 다시 한 마을에 갔는데, 선창하고 후창하여 글 읽는 소리가 양양洋洋히 퍼졌다. 매번 회강會講할 때 다른 일에 말이 미치면 크게 꾸짖어 "세월이 얼마나 된다고 이런 한담이나 나누느냐?" 하니 좌중이 각성했다.

　농부 하정미夏廷美는 번창인繁昌人이다. 하루는 장증산張甑山[39]의 강학을 듣더니 그 말에 "학문은 사람됨을 배우는 것이다. 사람됨은 모름지기 참다운 사람이 되기를 구할 것이고 거짓된 사람이 되기를 구하지 말라"고 하니 농부가 무연히 말하기를 "내가 평소 참답지 못한 사람은 아니었을까?" 하고 향선생 초약후焦弱侯[40]를 좇아 사서四書를 배웠고 오래 지나 탄식하기를 "내가 『사서집주』를 읽었지만 능히 깨닫지 못하겠다. 다만 본문을 몸으로

38　명나라 양명학의 전개 과정에서 태주학파 왕간의 차자 왕벽(王襞)이다.
39　장서(張緒)를 가리킨다. 추수익(鄒守益)의 문인이다. 동성 교유(教諭), 번창 교유가 되어 강학 활동을 활발하게 했다.
40　초횡(焦竑)을 가리킨다. 명나라 태주학파의 주요 인물로 이지(李贄)와 절친했다. 장증산의 묘지명을 지었다.

돌이켜서 붙이는 것이 옳겠다. 사람을 알기를 생각한다면 하늘을 알지 못해서는 안 된다. 사람이 하늘을 알지 못하면 사람이 아니니 어찌 어버이를 잘 섬기는 자를 효자라 칭하는가. 『논어』에서 말하는 이단은 그 단서가 다름을 이른다. 우리가 스스로 학문을 하는데 그 초념이 일어난 데가 과연 무엇인가를 연구할 것이다. 요새 사람이 공맹의 글을 읽고 단지 잘 먹고 잘 살 생각이나 하는 것이 곧 이단이니 어찌 다시 벽이단關異端이라 하는가?"라고 했다.

또 말하기를 "우리가 모름지기 자기 마음으로 주재를 삼아 범사를 본심에 의해 행하는 자가 곧 대장부이니 만약 세미世味에 견인되어 망설이다 남을 따르면 다 첩부妾婦의 길이다"라고 했다. 또 말하기를 "천리天理와 인욕人欲의 분별은 몸으로 돌이켜 자세히 구하면 단지 미혹과 각성에 있을 뿐이다. 각성하면 인욕이 곧 천리이고 미혹하면 천리도 인욕이다"라고 했고, 강회 중에 어떤 사람이 이르기를 "양지良知는 궁극적인 종지가 아니고 다시 향상하여 일착이 있으니 무성무취無聲無臭가 이것이다"라고 하자 농부는 이에 항언해 외치기를 "양지가 유성유취有聲有臭인 적이 있었는가?"라고 했다.

살피건대 이 세 학자의 반신실천反身實踐과 수진안명守眞安命이 근세 유럽 도덕가 톨스토이 선생과 흡사하다. 우리는 하夏 농부의 '참다운 사람이 되기를 구한다'는 것에 대하여 척연히 반성하여 '우리의 사람됨이 과연 참다운가?'라고 해야 할 것이며 '하늘을 알지 못하면 사람이 아니다'라고 한 것에 대하여는 '우리가 과연 능히 하늘을 아는가?'라고 해야 할 것이다. 한韓 도공은 학문을 이미 얻고나서 열심히 세속을 교화함이 또 저렇듯 감동적이었으니 오늘날 사회에 과연 이런 이인異人이 있는가? 우리 동포 중에 관감하여 흥기하는 자가 있기를 간절히 바란다.

유교의 혁신

구습 개량론[41]

지금 20세기는 세계 각국의 찬란한 문물이 지구 전체에 걸쳐 신세계를 조성하는 시대이다. 그 풍조가 퍼지는 정도가 날로 증가하고 건드리는 곳마다 팽창하니 우리 한국도 이렇게 개벽하는 시대를 조우하여 열리지 않을 이치가 없고 이렇게 극렬한 풍조를 접촉하여 변하지 않을 형세가 없으니 필경은 열리고 변하는 날이 있을 터이나 지금 소견으로는 대단히 분하고 침울하도다.

설사 우리가 옛 법을 독실히 지켜 변하지 않고도 국가 유지를 능히 하며 인민 생활을 얻을지면 옛것에 빠져 있는 벗님들을 대하여 털끝만큼이라도 애석할 바가 없을 것이오. 우리도 또한 전일과 같이 고서만 읽고 고사만 말하여 꼼짝 않고 단정히 앉아 편안한 생활을 취하는 것이 자기 신상에 극히 편리한 방법이니 무슨 까닭에 학회라 조직하며 월보라 간행하며 교무의 찬성이라 하여 고심과 혈성으로 소리 높여 급히 외치기를 즐겨하리오.

오늘은 결코 전일과 같이 편안한 방편을 취하고 수구하는 규모를 고집하다가는 필경 대한국大韓國이라 대한민大韓民이라 하는 이름을 부지할 도리가 없으니 우리가 어찌 동포 형제를 대하여 속정을 말하고 심혈을 토로하지 않으리오. 목하 우리 한국 정형情形을 보건대 동틀 무렵이라 한편에는 개명한 앞길에 분발해 전진하는 자도 있고 한편에는 무릉도원 춘몽에 몽롱히 잠꼬대하는 자가 있는데 그 수의 다소를 대략 계산하면 몽롱히 잠꼬대하는 자가 아직 열에 여덟아홉을 차지한다.

하나는 유림가儒林家이다. 무릇 유림은 멀리는 공자, 맹자, 정자, 주자가

---

41   『서우』 2, 1907. 1.

잇고 열어주신 연원과 접속하며 가까이는 우리 왕조 여러 철인哲人이 전수하신 학통을 이어받아 이들에 힘입어 강상綱常이 유지되고 의리가 부식되니 실로 국가의 원기이고 인민의 사표이다. 그러나 근래 유림은 쇠퇴가 심하고 결렬이 다단하여 "호湖"라, "낙洛"이라,[42] "이理"라, "기氣"라[43] 하여 일언반구가 맞지 않으면 같은 길에서 갈리고 한집안에서 싸우니 이는 도덕상 본지를 크게 잃음이고 또한 인민에게 보편적인 가르침이 되지 못할 것이 분명하도다.

그런데도 수구의 폐습을 독실히 지키고 구신求新의 시의를 강구하지 않으며 예의를 공허히 말하고 경제를 강론하지 않는다. 옛날 공자는 노담老聃에게 예를 물으며 염자剡子에게 벼슬을 물으셨고[44] 나라의 다스림을 논하되 사대四代를 짐작하여 손익損益을 하셨으니[45] 가령 오늘날 태어났으면 태서 사람의 이용후생하는 제조품과 신법률의 통행과 신학문의 구비한 것을 순연히 거절하시겠는가, 아니면 시대로 인해 알맞음을 제정하여 장점을 취하시겠는가? 이는 다시 말하지 않아도 가려낼 수 있을 것이오.

『상서』에 "백성을 진작시켜 새롭게 한다"[46]라고 했고 『맹자』는 "또한

---

42 '호(湖)'라, '낙(洛)'이라: 조선후기 성리설 논쟁에서 호론(湖論)과 낙론(洛論)의 대립을 가리킨다.

43 '이(理)'라, '기(氣)'라: 조선후기 심설 논쟁에서 심주리론(心主理論)과 심주기론(心主氣論)의 대립을 가리킨다.

44 노담은 노자의 본명이다. 염자는 담자(郯子)의 오기이다. 『공자가어(孔子家語)』「관주(觀周)」에, 공자가 주나라에 가서 노담에게 예를 물었다는 내용이 있다. 『춘추좌씨전(春秋左氏傳)』 소공(昭公) 17년 기사에, 담(郯)나라 군주가 노(魯)나라에 와서 소공에게 고대의 벼슬 이름에 대해 설명했는데 공자가 이를 듣고 담나라 군주에게 가서 배웠다는 내용이 있다.

45 사대는 순(舜), 하(夏), 은(殷), 주(周)를 가리킨다. 『논어』「위령공」에 "안연이 나라 다스리는 방도를 물으니 공자는 하나라 책력을 쓰고 은나라 수레를 타고 주나라 면복을 입고 음악은 소무를 써야 한다고 말했다(顔淵問爲邦, 子曰行夏之時, 乘殷之輅, 服周之冕, 樂則韶舞)"라는 구절이 있다.

46 『서경』「강고(康誥)」에 "네가 소자이지만 네가 할 일은 왕의 덕을 넓혀 은나라 백성을 보합하는 것이다. 또한 왕을 도와 천명을 안정시키고 백성을 새롭게 하는 것이다(已, 汝惟小子, 乃服, 惟弘王, 應保殷民, 亦惟助王, 宅天命, 作新民)"라는 구절이 있다.

그대의 나라를 새롭게 할 수 있다"[47]라고 하였거늘 어찌하여 지금의 유자는 옛것만 묵수하고 새것을 굳게 거절하며,『주역』에 "궁하면 변하고 변하면 통한다"[48]라고 했고『중용』에 "밝게 발산되면 감동하고 감동하면 변한다"[49]라고 하였거늘 어찌하여 지금의 유자는 변통을 미워하고 시기하여 겨울에 베옷을 입고 여름에 갖옷을 입으며 육지에서 배를 타고 냇가에서 수레를 타고자 하느뇨?

더욱이 그 규모가 단지 독선獨善을 중시하고 겸선兼善의 의리를 생각하지 않아[50] 국가의 존망과 인민의 휴척에 대하여 문 닫고 상관하지 않으며 오랑캐 세상이 되어도 구원하지 않으니 현시대는 국가가 없으면 민족이 반드시 멸망하는지라. 만일 불행히 국가와 민족이 보존되지 못하는 경우에도 유가는 홀로 무릎꿇고 단정히 앉아 심성을 말하고 심의深衣와 큰 띠로 향음주례鄕飮酒禮와 향사례鄕射禮를 행할 장소가 있겠는가? 이는 성현이 혈성血誠으로 구세하는 인의의 마음과 배치할뿐더러 자기 집과 자기 자신의 보전할 방책도 전혀 생각하지 않음이니 어찌 가련하지 않으며 어찌 불쌍하지 않은가? 이러하니 그 구습을 의당 변통해야 할 것이오.

하나는 행세가行世家이다. 이른바 행세하는 자들은 남을 마르게 해서 자

---

47 『맹자』「등문공상(滕文公上)」에 "시경에서 이르기를 주나라가 비록 오랜 나라이지만 천명이 새롭다고 하였으니 문왕을 이른 것입니다. 그대가 이를 행한다면 또한 그대의 나라를 새롭게 할 수 있습니다(詩云, 周雖舊邦, 其命維新, 文王之謂也, 子力行之, 亦以新子之國)"라는 구절이 있다.

48 『주역』「계사하전」에 "역이 궁하면 변하고 변하면 통하고 통하면 장구하다(易, 窮則變, 變則通, 通則久)"라는 구절이 있다.

49 『중용』제12장에 "성실하면 드러나고 드러나면 뚜렷하고 뚜렷하면 밝아지고 밝아지면 감동시키고 감동시키면 변하고 변하면 화하는데 오직 천하에 지극히 성실한 사람이라야 능히 화할 수 있다(誠則形, 形則著, 著則明, 明則動, 動則變, 變則化, 唯天下至誠, 爲能化)"라는 구절이 있다.

50 『맹자』「진심하(盡心下)」에 "옛사람은 뜻을 얻으면 은택이 백성에게 베풀어지고 뜻을 얻지 못하면 자신을 닦아 세상에 이름을 드러냈다. 곤궁하면 홀로 자신을 선하게 닦고 영달하면 천하 사람을 모두 선하게 했다(古之人得志, 澤加於民, 不得志, 修身見於世, 窮則獨善其身, 達則兼善天下)"라고 했다.

기를 살지게 하는 사욕이 심지에 고질이 되어 있고 노비처럼 비굴한 모습이 습성이 되어 서울에 머무르는 자는 주사主事니 참봉參奉이니 군수郡守니 비서승秘書丞이니 하는 썩은 영예를 얻고자 하여 권문세가에 뇌물을 몰래 바치며 종종걸음을 공손히 하는 것이 일생의 기량이다. 가정의 규모가 파괴되어도 묻지 않으며 자제의 품행이 방탕하여도 살피지 않거든 하물며 국가의 안위와 인민의 화복이 어찌 몽상이라도 도달할 바이겠는가? 세도를 더럽히고 풍속을 상하게 하는 것이 이보다 심한 것이 없다.

시골에 있는 자는 이른바 부군府郡에 출입하는 자의 필생 행색이 관찰사나 군수에게 아첨하며 호강하고 간사한 향리와 체결하여 명주 베필과 담배[51] 궤짝으로 협잡하고 모리할 자본을 삼아 놀고먹으려 하고 서로 붕당도 하며 서로 알력도 하여 관정을 탁란케 하며 민산을 침탈하는 폐단이 있으니 이것이 곧 국가의 강아지풀이고 인민의 좀도둑이다. 그 근심과 폐해를 이루 말할 수 있겠는가? 이들 행세가는 결코 국민 자격으로 대우할 수 없다. 그러나 어찌 그 본성은 착하지 않겠는가? 단지 세교가 무너지고 풍화가 망가져 이른바 인민 중에 교초翹楚[52]가 분경과 협잡을 능사로 간주하고 당연하게 생각하여 국민의 의무 여하와 자격 여하를 전혀 알지 못함이니 어찌 가엾지 아니한가. 이러하니 그 구습을 개량하지 않을 수 없는 것이다.

하나는 잡술가雜術家이다. 사농공상 이외에 생업이 없는 일종의 무리가 잡술을 다스려 혹세무민을 생활의 밑천으로 삼으니 이른바 감여堪輿[53]의 비결, 마의麻衣의 상서相書[54], 야학野鶴의 복서卜書[55], 자미紫微의 산명算命[56], 삼전三傳과 사과四課의 육임六壬[57] 등이 분분히 잡출하여 그 종류가 한두가

---

51 원문은 "양초(兩草)"이다. 이유원(李裕元)의 『임하필기(林下筆記)』에 의하면 순조 초기 심상규(沈象奎)가 평안도 관찰사가 되었을 때 새로 난 잎을 가려 한냥(兩)으로 묶어 양초라고 했다고 한다.

52 출중한 인재를 가리킨다. 『시경』 「한광(漢廣)」에 "쑥쑥 뻗은 잡목 속에 회초리 나무를 베리라(翹翹錯薪, 言刈其楚)"라는 구절이 있다.

53 풍수지리를 가리킨다.

지가 아니다. 풍수에 미혹된 자는 무덤 속 백골에서 복을 구하여 왕왕 파산하는 자가 많고 관상 및 산명에 미혹된 자는 평생의 궁달窮達을 신수와 팔자에 부여하고 육효六爻와 사과를 믿는 자는 일의 성패를 점치는 자의 요언으로 결정하는데 행실의 선악과 작업의 근태는 두고 묻지 않는다. 사람을 미신에 빠지게 해서 본성을 잃게 하며 심지를 무너뜨리게 하는 종종 폐해가 나라에 해로우며 집에도 흉하여 잘못된 선례가 서로 이어지나 깨닫지 못하는도다! 하물며 잡술에 공교로운 자가 모두 제법 기량이 있는 자라서 황탄불경荒誕不經한 말에 정력을 낭비하여 평생을 그르쳤으니 애석하지 아니한가? 이는 곧 세교가 밝지 못한 까닭이다. 만약 이 공부를 옮겨 실지 학문과 실지 사업에 힘쓰면 자신에게 복을 만들고 백성에게 이로움이 있음이 많지 않겠는가? 이러하니 그 구습을 개량하지 않을 수 없는 것이다.

하나는 학구가學究家이다. 무릇 어린아이를 바르게 키우는 것이 성인聖人이 되는 공부이니[58] 초학의 태교가 그 근기이다. 우리나라는 좋은 교과서가 없고 재주 좋은 교사가 부족해 성시와 촌리에서 일반 숙사塾師가 아동 교육의 책임을 담당하는데 그가 부과하는 공부는 "천황씨天皇氏는 목木의 덕으로 왕이 되어"[59]라는 책과 "무인戊寅. 23년. 처음 진晉나라 대부大夫에게 명하여"[60]라는 책이니 이것이 과연 어린이를 기르는 요결인가? 또 과

---

54   송나라 때 관상(觀相)의 대가였던 마의가 지었다고 하는 『마의상서』를 가리킨다.

55   야학노인(野鶴老人)이 지었다고 하는 『복역(卜易)』을 가리킨다. 청대 이문휘(李文輝)가 증산한 『증산복역(增刪卜易)』이 현전한다.

56   송나라 때 진단(陳搏)이 지었다고 하는 『자미두수(紫微斗數)』를 가리킨다. 청나라 말기 『비성자미두수(飛星紫微斗數)』가 출간되었다.

57   육임이란 것은 천반(天盤)의 분야(分野)와 지반(地盤)의 방위(方位)와의 배합 관계로서 사과와 삼전의 법을 써서 길흉을 점치는 것이다. 육임에 의해 점치는 법을 집대성한 책으로 『내학(內學)』이 있다.

58   『주역』 몽괘(蒙卦)에 나오는 구절이다.

59   증선지(曾先之)의 『사략(史略)』 권1 첫머리에 나오는 구절이다.

60   강지(江贄)의 『통감절요(通鑑節要)』 권1 첫머리에 "(주나라 위열왕) 23년. 처음으로 진나라 대부 위사, 조적 한건을 명하여 제후로 삼았다([戊寅] 二十三年. 初命晉大夫魏斯趙籍韓

거제가 이미 폐지된 뒤에도 궁벽진 향촌의 학구가 먹고살 계책으로 유년 자제를 대하여 소고풍小古風과 대고풍大古風,[61] 시詩와 부賦[62]로 학업을 권면하여 날을 보내니 이것이 과연 훗날 세상에 필요한 것인가? 덕육德育과 지육智育과 체육의 교과는 그 숙사가 처음부터 알지 못했으니 어찌 수업하는 아동에게 책하리오. 이러하니 그 구습을 개량하지 않을 수 없는 것이다.

우리나라 구습의 폐단이 이루 헤아릴 수 없는데 이 네 종류의 폐습이 더욱 특히 현저한 것이다. 그러나 유림가의 구습은 그 원질이 좋으니까 고루한 식견을 고쳐 시무時務 학문으로 지식을 열어 넓히면 체용이 완전하고 문질이 구비하여 충분히 국가와 인민의 행복을 이룩할 것이요, 행세가는 원래 하등 사회가 아니라 그 지위와 영향력이 본디 그 인민이 앙망하고 외탄하는 자요, 잡술가는 그 길이 사람을 그르쳤지만 재질이 아름답지 않음은 아니요, 학구가도 모두 문자를 조금 아는 사람이니 남의 자식을 해치는 것이 어찌 본심이리오. 다만 유래한 습관이 풍조가 된 지 이미 오래되어 거의 세간에 전염병이 되어 줄곧 퍼져나가 온 나라가 똑같이 미쳐버리게 된 것이다.

오늘날 우리가 개명한 전도에 발걸음을 나란히 함께 전진하기를 희망함이 긴 밤에 잠 못 들어 하늘의 서광을 바랄 뿐만이 아니나 이러한 구습의 뿌리를 먼저 통렬히 혁거하고 깨끗이 없애지 못하면 청구 강산이 영원히 흑

虜爲諸侯)"라는 구절이 있다.

61 정약용(丁若鏞)의 『아언각비(雅言覺非)』에 "고풍이란 이태백의 고시 59수의 한가지 이름이다. 우리나라 아이들이 시구 짓는 연습을 하는데 운이 맞지 않으면 '고풍'이라고 한다. 5언 단편은 '소고풍'이라 하고 7언 장편은 '대고풍'이라 한다. 엄연히 문체의 하나가 되었으니 비루한 관습이다(古風者, 李白古詩五十九首之一名也, 東人蒙稚, 習爲詩句, 未能叶韻, 名之曰古風, 其五言短篇, 謂之小古風, 其七言長篇, 謂之大古風, 儼爲文體之一, 亦陋習也)"라는 구절이 있다.

62 과거 시험에 사용하는 문체의 일부분이다. 유득공(柳得恭)의 「과폐책(科弊策)」에 "과거 응시하는 문체가 일곱가지가 있으니 시, 부, 표, 책, 의, 의, 론이다. 모두 이로 인해 바르게 할 수 있지만 변하지 않을 수 없는 것은 시와 부이다(應擧之文有七焉, 曰詩曰賦曰表曰策曰疑曰義曰論, 凡此七者, 皆可以因而正之, 而不可不變者, 詩與賦是也)"라는 구절이 있다.

암의 동굴 속에 있어서 우리 동포의 신지식 발달이 결코 가망이 없으리니, 아아! 이때가 어느 때인가? 동방에 뜨는 해가 이미 높이가 세길이라. 혼몽에서 각성하고 정신을 수습하여 급급히 옛것을 버리고 새것을 노릴지어다.

유교 구신론[63]

우리 동양 수천년 교화계敎化界에 중정 순수하고 광대 정미하여 여러 성인이 전수하고 뭇 현인이 강명하는 유교가 끝내 인도의 석가교와 서양의 기독교와 같이 세계에 크게 발전하지 못함은 무슨 까닭이며 근세에 이르러 침체하고 부진함이 극도에 달하여 거의 회복할 희망이 없는 것은 또 무슨 까닭이뇨.

나는 대한 유교계儒敎界의 한 분자라. 나의 선조와 나의 평생이 공자의 은혜를 받음이 막대한데 현금 공자의 교가 날로 암담하고 날로 위급한 경황에 대하여 늠연히 두려울 뿐만 아니라 실로 척연히 땀이 나는 까닭에 그 원인을 소구遡究하며 말류를 추측하니 유교계에 삼대三大 문제가 있는지라. 그 삼대 문제에 나아가 개량 구신求新을 하지 않으면 우리 유교는 흥왕하지 못할 뿐 아니라 결국 멸절을 면하지 못할지니 하늘이 사문을 없애고자 아니한다면 이 문제에 대하여 개량 구신을 하는 호걸의 선비가 나올지나 우리 대한 세계에 있어서 유림의 현황을 관찰하건대 이를 개량 구신할 식견과 백력魄力이 있는 자를 일단은 찾지 못하겠도다. 아아! 아픔이 바야흐로 극렬함에 광언狂言이 절로 나옴이요, 궁함이 지극함에 이르러 자력自力을 의당 분발함이라. 차라리 선배들에게 죄를 얻고 유림파에게 분노를 취할지언정 차마 우리 공자의 도가 끝내 추락하게 하지는 못하겠도다. 이에 감히 분수를 돌아보지 않고 삼대 문제를 거론하여 개량 구신의 의견을

---

63   『서북학회월보』 1-10, 1909. 3.

드리노라.

이른바 삼대 문제는 무엇이오. 하나는 유림파의 정신이 전혀 제왕 측에 있고 인민 사회에 보급할 정신이 부족함이오. 하나는 여러 나라를 돌아다니며 천하를 바꾸기를 생각하는 주의를 강구하지 않고 내가 학생을 찾는 것이 아니라 학생이 나를 찾는다는 주의를 지키고 있음이오. 하나는 우리 한국의 유가는 쉽고 절실한 법문을 구하지 않고 지루하고 한만한 공부를 오로지 숭상함이라.

첫째 문제는 무엇이오. 대개 공자의 대동의 의리와 맹자의 민위중民為重의 학설로 보면 실로 인민에게 보급하는 정신이 있는 것이나 공자가 돌아가신 후 제자가 각국에 나뉘어 살며 혹 미언微言을 전하고 혹 대의大義를 전하는데 맹자는 백성이 중요하다는 의리를 발명하고 순자는 군권을 높인다는 의리를 표출한지라. 맹자의 문도는 추로鄒魯 사이에 있어서 그 전승이 마침내 끊어졌고 순자의 문도는 조趙나라에서 초楚나라까지 그 전승이 제법 넓었으니 이사李斯가 순자의 문도로 진秦에 들어가 그 술법을 써서 권세를 대탐하는 진나라 시황제의 생각에 영합하여 군권을 높이는 의리를 바치고 우민의 술법을 행한지라. 당시 진한秦漢 사이에 유학으로 이름난 자가 모두 순자 학문의 유파라. 한나라 고조[64]가 초야에 있을 때에 유학자의 예절을 혐오하여 그 관을 씻었으나 제왕으로 즉위해서는 부득불 유학자의 예의 절문을 취하여 천하 신민을 다스릴지라. 이에 태뢰太牢로 공자를 제사하며 육가陸賈와 숙손통叔孫通의 무리를 수용한 것이니 언제 공자의 도덕을 깊이 알고 경모하여 그런 것이리오. 이로부터 역대 제왕이 육경六經을 표장하여 유신儒臣을 중용한 것이 모두 유교의 예절과 명분을 사랑하여, 공자를 존숭함이 곧 그가 가진 지위를 존숭함이라. 만약 공자의 도덕과 진리를 사랑했으면 어찌 수신·제가·치국·평천하의 실지 사업이 없

---

64 원문은 "한태조(漢太祖)"라고 되어 있다.

었으리오. 그 제왕이 유학자를 존대함으로 동양 수천년간 유교파가 항상 존귀한 지위를 점유함이 다른 교파에 비할 바 아니라. 이에 유교파의 정신도 또한 오로지 제왕 측에 있어서 정도를 지키는 군자유君子儒는 연석筵席에 올라 강설함에 임금의 마음을 바로잡음이 제일의 주의이고 곡학아세하는 소인유小人儒는 경전의 뜻을 부회하여 임금의 생각에 영합함이 최상의 묘결이 될 뿐이요, 인민 사회에 보급하여 민지를 개발하고 민권을 신장하게 할 방침은 있지 아니한지라. 이 때문에 임금의 지우를 얻을 때에는 관을 튕기고 인끈을 맺는 영예가 있으나 만약 정부의 시기와 임금의 냉대를 입으면 동한東漢 당고黨錮의 화와 우리나라 사화士禍의 옥사가 있는지라. 만약 유교의 힘이 인민 사회에 보급하여 민지를 개발하고 민권을 신장하게 하는 근기가 있었으면 몇 사람 간신배가 어찌 임금을 움직여 일망타진의 독계를 행했으리오. 더욱이 그 정신이 오로지 제왕 측에 있고 인민 사회에 보급하지 아니한 까닭에 세계에 크게 발전하지 못함이니 이는 공자 문하에 맹자의 학문이 전해지지 않고 순자의 학문이 전해져 사문과 백성에게 극히 불행을 끼친 일대 결점이라. 하물며 지금은 민지가 장차 개발되고 민권이 이를 따라 신장할 시대라. 이 문제에 대하여 개량 구신을 하지 않고는 발달은 말할 것도 없고 보수하지도 못할지니 유림 제군은 평소대로 답습하고 옛것을 익혀서 변통을 생각하지 않음이 옳은가, 옳지 않은가? 만일 공자 문하의 진짜 충신이 되어 사문의 공덕을 발휘하고 백성에게 행복을 주고자 할진대 이를 개량하고 맹자의 학문을 추광하여 인민 사회에 보급을 도모할 것이오.

둘째 문제는 무엇이오. 대개 공자가 천하의 변역을 생각하고 석가가 중생을 널리 구원하고 기독基督(그리스도)이 백성을 위해 자신을 버림이 그 구세의 주의는 매한가지라. 그러나 우리 유교가 석가교와 기독교와 같이 세계에 크게 발전하지 못함은 어째서인가? 대개 석가교는 대승법과 소승법을 겸용하여 철인과 우민에게 균일하게 보시普施하는 범위가 있다. 기독교

교도는 선교 범위가 더욱 광대하고 성력誠力이 더욱 열렬하여 오대양 육대주에 발자취가 두루 미처 복음을 전파한다. 하지만 생명의 희생을 돌아보지 않아 심지어 야만 토번土蕃에게 먹히는 참화를 입는데 앞사람이 실패함에 뒷사람이 이어가서 선교 목적을 달성하고야 만다. 그런데 우리 유교 교도는 공자가 여러 나라를 돌아다니며 천하를 바꾸기를 생각하는 주의를 강행하지 않고 오직 내가 학생을 찾지 않고 학생이 나를 찾는다는 주의를 고집하여 원헌原憲의 옹기 창문을 깊이 닫고만 있고 관녕管寧의 나무 의자에 앉아 있기만 해서 후학이 제자로 청하는 예물을 앉아서 기다리고 백성을 놀라게 하는 목탁을 쓰지 않으니 인민 사회에 대하여 교화가 보급하지 못할뿐더러 즉 자기의 견문도 고루함에 떨어져 세상 물정을 전연 알지 못하니 어찌 사문의 공덕을 발휘하여 백성에게 행복을 줌이 있으리오. 이 또한 일대 결점이라. 지금은 세계 문호가 넓게 열리고 인류가 경쟁하는 시대라. 만일 전일과 같이 암혈을 고수하고 문밖에 나가지 않다가는 광대한 천지가 모두 타인의 점탈을 입으리니 어디에 가서 우리 도를 전수하겠는가? 의당 이러한 죽은 법을 개량하여 진취할 방법을 이행할지라. 옛날 조중봉趙重峯(조헌) 선생이 『격몽요결擊蒙要訣』을 갖고 여관에서 숙박하는데 일반 길손에 대해서도 문득 권독勸讀하고 설명했으니 지금의 유자도 이러한 혈성血誠과 이러한 활법活法이 있어야 사문이 유지될 것이오.

셋째 문제는 무엇이오. 대개 우리 도의 범위로 말하면 천지에 가득하여 만사 만물이 어디인들 구비되어 있으나 그 공부의 입두入頭할 곳은 하나의 문로門路가 있는지라. 『주역』에 말하기를 "쉽고 간단해 천하의 이치를 얻는다"[65]고 하고 공자는 말하기를 "나는 하나로 관통한다"[66]고 하고 맹자는 말하기를 "먼저 큰 것을 세운다"[67]고 하고 정자는 말하기를 "지키는 바

---

65 『주역』 계사상(繫辭上)에 나오는 구절이다.

66 『논어』 「이인(里仁)」에 나오는 구절이다.

67 『맹자』 「고자상(告子上)」에 "먼저 큰 것을 확립하면 작은 것에 의해 빼앗기는 일은 없다(先

가요약되지 않으면 범람하여 공효가 없다"[68]고 하고 범씨范氏는 말하기를 "학자는 반드시 요점을 알기를 힘써야 하니 요점을 알면 박학을 다한다"[69]고 했으니 대개 근본을 아는 것이 요점을 아는 까닭이요, 요점을 아는 것이 박학을 다하는 까닭이라.

배우는 사람이 본령本領 학문에 뜻을 두지 않으면 논할 필요가 없지만 뜻을 두고도 그 문로를 얻지 못하면 곤란이 괴롭고 번잡이 싫어서 끝내 폐기할지라. 하물며 오늘날은 각종 과학이 날로 복잡해지고 인생 사업이 날로 빨라지는 시대라. 본령 학문에도 간단하고 직절直切한 법문을 구하지 않고 지리하고 한만한 공부에 종사하라 하면 후진後進 청년이 모두 곤란이 괴롭고 번잡이 싫어서 기꺼이 착수하지 않을지니 이는 우리 유교계에 실로 중요한 문제라.

대개 우리나라 육백년간 전국 사림이 태두로 받들었다 하는 선배 선생들이 전수한 종지는 모두 주자(주희)의 학문이라. 만약 주자학 이외에 따로 학설을 세우면 사문난적斯文亂賊의 이름이 입혀지고 일반 유자가 모두 이단사설異端邪說로 지적하는 까닭에 주자학 이외에는 다시 학파가 없는지라. 나도 어린 시절부터 글공부하면서 주자 글을 송독하고 주자 학설을 독실히 지켰으니 고래 유자 중에 오직 주자의 은혜를 받음이 가장 많았도다.

대개 주자의 학문이 지부해함地負海涵(지식이 넓고 깊이가 있음)하여 어디인들 포괄하지 않음이 없으니 성문에 공로가 있음이 위대하고 후학에게 은혜를 드리움이 성대하다. 그러하니 어찌 감히 함부로 논하겠는가. 그러나 후세의 유자가 주자의 총명과 노력과 성실이 없고서는 그 한계를 살피지 못하여 홀연 이미 나이가 들도록 실지 깨달음과 실지 성취가 없을지니 어

立乎其大者, 則其小者不能奪也)"라는 구절이 있다.

68 『근사록(近思錄)』「위학(爲學)」에 나오는 구절이다.

69 『논어』「위정」의 집주(集註)에 "학자는 반드시 요점 알기에 힘써야 하니 요점을 알면 능히 약을 지키고 약을 지키면 족히 박을 다한다(范氏曰, 學者, 必務知要, 知要則能守約, 守約則足以盡博矣)"라는 구절이 있다. 본래의 구절에서 '能守約, 守約則'이 생략되었다.

찌할 것인가. 주자는 말하기를 "온갖 사물의 표리정조表裏精粗에 도달하지 않음이 없고 내 마음의 전체全體 대용大用이 밝혀지지 않음이 없다"[70]고 했으니 오늘날 우리가 학문을 하면서 '온갖 사물의 표리정조에 도달하지 않음이 없는' 경우를 기다려 '내 마음의 체용이 밝아지지 않음이 없다'고 할진대 사람이 사는 한세상에 세월이 얼마나 되겠소. 종신토록 용력해도 졸업할 기한이 없을 것이오. 학문의 졸업할 기한이 없으면 어찌 사업을 해나갈 남은 날이 있으리오.

이는 배우는 자가 가능할 바가 아니기 때문에 주자 만년에는 말하기를 "선인의 언행을 많이 아는 것이 본디 군자가 서두를 바이나 근래 돌이켜 구하여 안온한 곳을 얻지 못하니 비로소 이것이 지리함을 면하지 못할 줄 알았다"고 했고 또 말하기를 "아무개가 근일 깨닫기로는 지난날 했던 말이 너무 지리한 곳이 있어서 자신을 돌이켜 구함에 정히 자기 용공이 절실하지 못했기 때문이라"고 했고 또 그가 지은 시에 이르기를 "이전에 힘들여 옮기려고 애썼는데, 오늘은 강 가운데 저절로 떠다니네"[71]라고 했으니 이는 주자가 본원상 공부에 대개 재삼 뜻을 극진히 했던 것이라. 후세의 유자가 단지 호한하고 빽빽한 말과 글에 종사하면 본원을 실제 깨닫기가 어찌 어렵지 않겠는가?

더욱이 현시대 학문은 각종 과학이 곧 격물궁리의 공부이니 지육智育

70　『대학장구(大學章句)』전 5장에 "대학에서 처음 가르칠 때 반드시 학자로 하여금 모든 천하 사물을 접하여 자신이 이미 알고 있는 이치를 근거로 더욱 궁구함으로써 그 지극한 경지에 이르기를 추구하게 했고 오랫동안 노력해서 어느 순간 환하게 이치를 깨치면 온갖 사물의 표리정조에 도달하지 않음이 없고 내 마음의 전체대용이 밝혀지지 않음이 없다(大學始敎, 必使學者, 卽凡天下之物, 莫不因其已知之理, 而益窮之, 以求至乎其極, 至於用力之久, 而一旦 豁然貫通焉, 則衆物之表裏精粗, 無不到, 而吾心之全體大用, 無不明矣, 此謂物格, 此謂知之至 也)"라는 구절이 있다.

71　『주자대전(朱子大全)』권2 「관서유감(觀書有感)」의 제2수는 "어젯밤 강가에 봄물이 생겨, 큰 배 한 올 터럭처럼 가볍게 움직이네. 이전에 힘들여 옮기느라 애썼는데, 오늘은 강 가운데 저절로 떠다니네(昨夜江邊春水生, 蒙衝巨艦一毛輕, 向來枉費推移力, 此日中流自在行)"이다.

152

의 일이요, 심리학에 이르르는 덕육德育의 일이니 한 꿰미 공부로 섞어서는 옳지 않은지라. 지금에 주자의 언론 문자를 갖고 후진 청년에게 전수하고자 하면 그 바다같이 호한한 것을 보고 책을 펼치기도 전에 괴롭고 싫은 생각이 들 것이요 하물며 천하의 사업이 끝없이 날로 나오는 시대를 당하여 허다한 세월을 소비하는 공부에는 착수하기 실로 어렵도다.

그러니 지금의 유학자가 각종 과학 이외에 본령 학문을 구하고자 할진대 양명학에 종사하는 것이 실로 간단하고 절요한 법문이라. 대개 치양지致良知의 학문은 직접 본심을 가리켜 범인을 초월해 성인으로 들어가는 문로이고 지행합일知行合一은 심술의 은미함에서 성찰하는 법이 긴절하고 사물의 응용에서 과감한 힘이 활발하니 이는 양명학파의 기절과 사업이 특히 현저한 공효가 실로 많은 까닭이라. 아아! 후생 천견으로 어찌 감히 주자학과 양명학의 논변을 일으켜 학계에 일대 현안을 야기하리오만 장래 후진 학계를 관찰하건대 간단하고 직절直截한 법문이 없고서는 공맹의 학문에 종사할 자가 드물지니 대저 주자학과 양명학이 공맹의 교도가 되기는 매한가지라. 무엇을 버리고 무엇을 택하리오. 우리 공맹의 도로 하여금 전승을 잃지 않게 하려면 부득불 간단하고 직절한 법문으로 후진을 지시함이 가하도다.

아아! 이상 삼대 문제에 관하여 다소 우견을 감히 진술한 것이 실로 창신의 의견이 아니오 곧 경전 중에 갖추어져 있는 광명한 보배이다. 다른 데서 구하기 전에 단지 말류의 잘못을 구원하여 본래의 면목을 회복하고자 함이니 세상의 군자는 행여 성내지 말고 평심으로 살필지어다. 대개 과거 19세기와 지금 20세기는 서양 문명이 크게 발달한 시기요, 장래 21, 22세기는 동양 문명이 크게 발달할 시기이니 우리 공자의 도가 어찌 끝내 추락하리오. 장차 전세계에 그 광휘를 크게 드러낼 시기가 있을지니, 아아! 우리 한국 유림이여! 밝은 눈으로 관찰하고 분발해서 담당할지어다. 저 서양 종교계로 볼지라도 로마 구교 시대는 곧 유럽의 암흑 천지라. 만일 마르틴 루

터의 대담과 열혈로 개량 구신이 없었으면 유럽의 해와 달이 지금까지 흑암 속에 있어도 가할지라. 종교가 세운에 있어 그 관계가 과연 어떠한가? 우리 한국 유학자의 결습結習은 개량이라 하면 변고로 생각하나 천하의 사물이 대소를 막론하고 오래되면 반드시 폐단이 생기고 폐단이 생기면 마땅히 고쳐야 하니 만약 폐단이 생겼는데 고치지 않으면 끝내 멸망할 따름이니 염려하지 않을 수 있겠으며, 구신이라 하면 별건으로 생각하나 '신新' 한 글자는 우리 도의 고유한 광명이라 공자가 말하기를 "온고이지신溫故而知新"[72]이라 하며 장자는 말하기를 "구견舊見을 씻어내 신의新意를 오게 한다"[73]고 했으니 도덕은 "일신日新"[74]으로 빛나고 국운은 "유신維新"[75]으로 늘어나니 구신의 의리가 외래가 아니라. 아, 우리 유림 여러분이여!

공자 탄신 기념회 강연[76]

오늘은 지성至誠 선사先師 공부자孔夫子의 탄신일이라. 본 대동교大同教에서 개교식開教式을 거행함에 대하여 첨모하고 경앙하는 사상은 언제나 한결같소이다. 우리가 성인을 경모하는 사상이 나왔을진대 마땅히 성인을 배우기를 원하는 사상이 있을지니 이것이 곧 선善의 단서가 싹트는 즈음이라. 서로 절차탁마하는 뜻으로 한번 강연은 그칠 수 없는 바입니다.

본인은 학식이 부족하고 말이 서툴러 이 성대한 행사를 만나 함부로 강연을 진언하지 못하나 본교本教 가운데 한 사람의 직분으로 감히 숨지 못하고 구구한 천견으로 대동교의 연원이 어디서 나오는지 대동교의 종지가 어디에 있는지 소급해 연구하여 고명하신 여러 각하의 가르침을 앙청하옵

---

72 『논어』「위정」에 "溫故而知新, 可以爲師矣"라는 구절이 있다.
73 『근사록』「치지(致知)」에 "義理有疑, 則濯去舊見, 以來新意"라는 구절이 있다.
74 『대학장구』전 2장에 "苟日新, 日日新, 又日新"이라는 구절이 있다.
75 『대학장구』전 2장에 "周雖舊邦, 其命維新"이라는 구절이 있다.
76 『서북학회월보』 1-17, 1909. 11.

니다.

대개 공자 문하의 대동교는 그 말이 『예기』에 실려 있고 그 의리가 『춘추春秋』에 깃들어 있으니 성인의 경세經世하는 의지가 대동大同의 치治에 있는 것이 해와 별처럼 빛납니다. 맹자가 돌아가신 후 전승이 마침내 끊기고 의리가 행해지지 못해 수천년 역사에 대동의 학문을 강한 자 있지 않았으니 어찌 대동의 치를 볼 시기가 있으리오.

세운이 변천하고 인문이 증진함에 배우는 자의 사상이 이로부터 날로 새로워 이에 최근 동양학계에 한두 호걸의 선비가 나와 우리 공교孔敎의 대동학을 표출함이 있으니 지금부터 세계의 진화가 고도로 추향하면 필연적으로 대동교가 세상에 크게 행하여 천하위공天下爲公의 지치至治를 볼 줄로 생각하옵니다.

대동교의 종지는 무엇이오? 성인의 마음은 천지 만물을 한몸으로 여기니 이는 생각을 미루어 헤아려 나온 것이 아니오 곧 인仁의 본체가 원래 이러함이라. 왜냐하면 천지의 기운이 곧 나의 기운이요 만물이 받은 기운이 곧 내가 받은 기운이라. 이미 이렇게 같은 한 기운이니 품부받은 이치가 어찌 같은 곳에 없으리오?

이 때문에 어린아이가 우물에 들어감을 보면 슬프고 측은한 마음이 반드시 있으니 이는 인이 어린아이와 한몸이 되는 것이요, 짐승이 슬퍼 울며 두려워하면 차마 하지 못하는 마음이 반드시 있으니 이는 인이 짐승과 한몸이 되는 것이요, 초목의 꺾임을 보면 긍휼하는 마음이 반드시 있으니 이는 인이 초목과 한몸이 되는 것이요, 심지어 자갈돌의 망가짐을 보아도 안타까운 마음이 반드시 있으니 이는 인이 또한 자갈돌과 한몸이 되는 것이 아니오?

그러니 천지 만물과 한몸이 되는 인은 사람도 모두 있는데 다만 뭇사람은 형체가 사사롭고 물욕에 가려져 간격이 되어 물아의 비교가 반드시 생기니 이에 이해로 서로 치고 분노로 서로 부딪치는 경우에 하늘의 양심을 전부 잃고 사물을 해치고 사람을 해치기로 못하는 일이 없을뿐더러 심한 자는 동족을 원수로 보고 골육에게 서로 잔악하여 하늘의 이성을 멸절하니 천하의 화란이 언제 그치리오?

이 때문에 성인이 근심하여 천지 만물이 한몸이 되는 인을 미루어 천하에 가르침을 세웠는데 사람들마다 고유한 본심의 밝음으로 인해 개도하여 그 형체의 사사로움과 물욕의 가려짐을 다스려 그 마음의 본체에 똑같은 것을 회복하면 천하의 사람이 똑같이 인으로 돌아가 태평의 복락을 함께 누릴지니 이는 대동교의 종지로소이다.

그러니 우리가 성인의 가르침을 배워 성인의 은혜에 보답하고자 할진대 성인의 심법을 구할지니 성인의 심법을 어디를 향해 구하겠습니까? 다른 데 있지 않고 자기 자신의 마음의 바탕에 천부적으로 얻은 한점 신령한 밝음이 곧 성인의 심법이요 정히 자기 광명의 보장寶藏이라. 이를 돌이켜 구하여 세속의 먼지를 씻어내고 본체를 완전하게 하면 맹자가 말한 바 만물이 다 갖추어진 것이 곧 여기에 있습니다.

대개 우리 유자의 학문이 이러한 경계에 도달하지 못하면 천명天命의 본체를 회복하여 천하의 큰 근본을 세우지 못할 것이오. 비록 넓은 견문이 있을지라도 끝내 속학의 지위를 초탈하지 못하나이다. 그러나 배우는 자가 정좌해서 수렴함을 함양 공부로 삼아 고요함을 좋아하고 움직임을 싫어하는 습관을 만들어 인정과 사변에서 마련하지 못하면 곧 무용의 학문이라 어찌 취하겠소?

대개 정심正心 공부는 정좌해서 수렴함에도 있고 사물을 응접함에도 있으니 대개 이 마음의 밝음이 처음부터 고요함과 움직임에 다름이 없어서 움직이는 것도 이 마음이요 고요함도 이 마음이라. 가령 본인이 현재 맡은 보관報官의 직책으로 말할지라도 사건을 기록하고 논평하는 즈음에 혹 뭇 사람의 훼방으로 인해 노하는 마음을 가볍게 내어 공박을 과당하게 하지 않으며 혹 애증의 관계 때문에 사심을 써서 억양을 실정과 맞지 않게 하지 않으며 혹 응대하기 번잡해서 귀찮아서 구차하게 도말塗抹하지 않으며 혹 옆 사람의 종용을 따라 자기 마음의 저울을 왜곡하지 않으면 이것이 곧 정심正心 공부라 일러도 가할지라.

유추해서 인신引伸하면 장부 문서와 소송 옥사, 재정 문제와 군사 문제가 무엇이든 정심 공부가 아님이 없소. 비록 성색화리聲色貨利를 대하여도 저들의 유인을 입지 않고 본심을 보존하면 역시 정심 공부라. 정부자程夫子가 이른바 움직임에서도 정해지고 고요함에서도 정해진다는 것이 이를 이릅니다.

더욱이 무릇 우리가 천하 사물을 대하여 실제 이행하고 실제 학습함이 없고 단지 미루어 생각해 연구하기만 해서는 그 이치를 진짜로 알지 못할지라. 여기에 오이가 하나 있는데 반드시 깨물어 맛보아야 오이의 단맛과 쓴맛을 진짜로 알지니 처음부터 맛보지 않고 단맛 쓴맛을 단정함은 또한 망상이라. 옛날 전국시대에 조괄趙括이 병서를 읽는데 천하가 당해내지 못한다고 한지라. 그도 군사를 안다고 자부했을 것이요, 남도 그가 군사를 안다고 인정했을지나 싸워서 패한 결과로 보면 어찌 군사를 아는 자라 이르리오?

오늘날 우리 한국 사회에 일반 인사가 모두 애국을 말하며 모두 교육을 말하며 모두 식산殖産을 말한다고 하나 애국의 의무를 실행하지 아니한 자면 애국을 진짜 아는 자라 이르지 못할지며 교육과 식산의 사업을 실행하지 아니한 자면 교육과 식산을 진짜 아는 자라 이르지 못할지니 유가에서 한갓 궁리나 말하고 실행을 못 보는 자를 어찌 진짜 학리를 아는 자라 이르리오? 하물며 오늘날은 만반 사업이 모두 실행의 시대라. 한갓 독서를 잘하여 지식이 앞서고 행동이 뒤지는 자 어찌 틀리지 않겠소? 이는 지행합일知行合一의 논의가 배우는 자의 둘도 없는 법문이 되는 줄로 생각하옵니다.

이상은 배우는 자가 스스로 수양하는 공부에 대하여 대략 논술한 바인데 지금 무릇 대동교에 대하여 발전 방법을 개설적으로 말하리이다. 하나는 '국민 개도'이니 종전 우리 유교의 학습이 중등 이상에서 그치고 중등 이하의 사람에 미치지 못한지라. 국민의 수효를 세면 중등 이하가 다수를 차지하는데 예전 교육 방법이 완비하지 못하여 중등 이하에 미치지 못한 것은 최대 결점이라. 지금 경전 중 가언선행嘉言善行과 본교에서 새로 저술한 문자를 국문으로 번역하여 일반 남녀 동포가 이해하고 신앙하도록 해야 가히 대동교가 대동의 감화를 이룰 것이오.

또 하나는 '세계 선포'이니 본인이 일찍이 일본인이 발행하는 어떤 잡지를 열람함에 곧 우리나라 퇴계학을 존숭하는 언론이라. 그 말에 이르기를 서양인이 한국에 퇴계학이 있는 것을 알게 하면 가히 국광國光이 증가하리라 하였소. 또 서양 이학가理學家는 동양의 불교 원류를 수집하고 편찬하는데 중국과 일본의 불교 역사만 채록하고 우리나라 불교는 처음부터 거론하지 않았으나 불교로 말하면 우리나라 불교가 일본보다 선진이지만 우리는 저들 서양 이학가의 소개가 없는 까닭이오. 유교도 역시 그러하니 우리가 이미 대동교를 발기한 이상에는 퇴계·율곡 여러 선생의 학론과 본교에서 새로 저술한 문자를 중국과 일본 학계에는 한문으로 전파하여 의사를 소통하고 서양 학계에는 영문으로 번역하여 파급할 방침을 실행하면 우리 대동교의 광명이 세계에 보급하는 영향이 있을지니 우리 국광國光을 발표하며 우리 도덕을 발휘함이 어떤 효력이 있으오리이까? 오직 원하건대 우리 여러분 각하는 혈심으로 담당하고 힘을 다해 보익하여 본교의 최대 결과를 획득하기로 천만 옹축하옵니다.

왕양명실기王陽明實記 서문[77]

옛사람이 나로부터 멀리 있는가? 만약 그가 가진 정신과 그가 남긴 글이

---

77 『소년』 4-2, 1911. 5.

충분히 나의 사상을 계발하며, 나의 지기志氣를 고동하며, 나의 마음을 단련하며, 나의 지식을 증진하는 것이라면 백년 뒤에라도 아침저녁으로 직접 가르침을 받는 것이다. 내가 고금 위인의 전기를 많이 읽었는데 유독 양명陽明 선생[78]에게는 진실로 뭉게뭉게 마음이 일며 조마조마 경계하며 떨듯이 기뻐하며 맹렬히 반성하여 깊이 생각하며 푹 젖어들며 춤추기를 그치지 않으니 어찌된 까닭이오?

대개 그 일생의 역사가 지극히 변화가 많은데, 세상 밖에 나가 정백精魄을 수련함은 적송자赤松子의 무리인가? 세상에 들어와 경륜을 시행함은 제갈량과 필적하는가? 말 타고 시석矢石과 부딪침은 전쟁의 신선이 하늘에서 내려온 것이요, 말에서 내려 심성心性을 담설함은 다시 주周·정程이 봄바람에서 상대하는 것이라.[79] 그가 국난에 나아감에 멸문의 화란을 근심하지 않으니 누가 그 충심과 같겠으며 그가 학설을 제창함에 온 세상의 비방을 돌아보지 않으니 누가 그 용기와 같을까? 무예도 문예도 모두 출중하니 어찌 이리도 재능이 많은가! 특히 지극한 우환 곤경에 걸려 더욱 수련 탁마의 공부를 가하여 환하게 대오大悟의 결과를 얻은 것은 다시 천고 지사의 모범이다.

숨기다가는 드러내고 풀어놓다가는 거두어들이며, 은미해야 할지 창명해야 할지 알고 온유해야 할지 강직해야 할지 알아, 마치 신령한 용이 밭 위에 있거나 못 속에 있으면[80] 천하의 문명이 이를 따라가는 것과 같았으

---

78   명대 사상가 왕수인(王守仁)을 가리킨다. 중국 유학사에서 양명학의 새로운 유파를 창출했다.

79   원문은 "周程相對於春風"이다. 주·정은 북송의 유학자 주돈이(周敦頤: 濂溪先生)와 정호(程顥: 明道先生)를 가리킨다. 주돈이와 정호가 봄바람에서 상대했다는 말이 무슨 뜻인지 알기 어렵다. 정호의 인품은 봄바람에 비유되는데 주광정(朱光庭)이 정호를 만나고 돌아와 한달을 봄바람 속에 있었다고 말했다는 사실은 잘 알려져 있다. 다만 정호는 주돈이에게 찾아가 학문을 배웠는데, 주돈이가 창문 앞의 풀을 뽑지 않는다고 말하고 정호의 생각을 묻자 정호 역시 주돈이와 같은 생각이라 답했다. 『근사록』에 의하면 이것은 두 사람 모두 인자(仁者)의 마음으로 사물을 보아 천지의 생의(生意)와 만났음을 가리키는 것으로 해석된다. '주·정이 봄바람에서 상대하는 것'이 이를 가리킬 가능성도 있다.

니 세상을 구원할 불세출의 인물이 아니면 가능했을까?[81]

이 때문에 선생의 글을 읽으면 게으른 사람은 근면하며 침울한 사람은 쇄락하며 허황된 사람은 착실하며 위축된 사람은 분발하며 고체한 사람은 활발하며 좌절한 사람은 강립할 것이다. 사악함에 빠진 사람은 정대함으로 돌아가며 공허함에 떨어진 사람은 절실함에 돌아오며 한만함에 휩쓸린 사람은 간단함을 얻으며 허영심으로 치닫는 사람은 고결함을 얻을 것이다. 시기하고 원망하는 일체 사념이 마치 홍로점설紅爐點雪[82]처럼 자연히 사라져버릴 것이다. 그러니 선생이 후인에게 내린 아름다운 은혜를 어찌 한량할 수 있겠는가? 나는 어두운 밤길에 갈팡질팡하던 사람으로 지금 또 늙고 병들었지만 한가지 구구한 생각으로 언제나 스스로 계율하여 오래 놓아버린 이 마음을 다시 구하고자 하는 것은 실로 선생이 은혜를 내려준 덕분이니 그렇지 않으면 거의 이 세상에서 헛되이 살아감을 면치 못했을 것이다.

공자 탄강 41번째 경술년 음력 11월 후학後學 조선朝鮮 박은식은 서문을 짓는다.

---

80 『주역』 '건괘(乾卦)'에 "나타난 용이 땅 위에 있으니 덕이 널리 퍼진다(見龍在田, 德施普也)"라는 구절과 "더러 뛰어올라 못 속에 있으니 나아감에 허물이 없다(或躍在淵, 進无咎也)"라는 구절이 있다.

81 원문은 "非命世其人而能之乎"이다. 『삼국지(三國志)』 「무제기(武帝紀)」에 "천하가 장차 혼란하니 불세출의 재주가 아니면 이를 구제할 수 없다(天下將亂, 非命世之才, 不能濟也)"라는 구절이 있다.

82 원문은 "洪爐點雪"인데 "紅爐點雪"의 오기이다. 벌겋게 달군 화로에 내린 한점 눈처럼 사욕이 사라짐을 뜻하는 말이다. 『주자어류(朱子語類)』에 "안자의 극기는 마치 벌겋게 달군 화로에 내린 한점 눈과 같다(顏子克己, 如紅爐上一點雪)"라는 구절이 있다.

홍콩에서

민국民國의 명실名實[83]

민국이란 민주국이다. 우리나라[84]는 오늘날 민주국인가, 군주국인가? 어떻게 이름을 붙여야 좋은가? 군주국이라 이름하고 싶어도 임금이 없다. 민주국이라 이름하고 싶어도 백성에게 주권이 없어서 그 실에 부합하지 않는다. 아, 우리나라 사람[85]이 허명을 숭모하고 실사에서 멀어지는 습관이 오래되었다. 오늘날에 이르러 유신維新의 국체를 조직하고 장엄한 국호를 세워 세계 만국에 공포하고 억만년 전수해야 하는데 실정보다 지나친 허명을 세우니 더욱 기이하지 않은가?

혹자는 '민국이 성립한 지 이미 두해가 지나 각국이 균히 승인하여 국제 교섭에서 민국의 명의로 하지 않음이 없고 국민 교제에서도 민국의 백성으로 대우하니 실제의 민국이 아니면 무엇인가?'라고 말하리라. 아, 열강의 승인이 과연 민국임을 확신한 것인가? 불과 우리가 이것으로 요구하니 저들도 이것으로 수여했을 따름이다. 우리가 만약 제국으로 요구했으면 저들이 어찌 제국으로 승인하지 않았겠는가? 왕년에 한국이 독립할 때 열강이 독립을 승인했으나 독립의 실력이 없이 독립의 허명을 모칭했기 때문에 얼마 안 가 독립이 떠났다.[86] 우리가 실이 없는데 남의 승인이 믿을 만한가?

혹자는 '우리나라는 동아시아의 중심을 차지해 문명이 가장 빨라 요순

---

83   『향강잡지』 1, 1913. 12.
84   이 글이 실린 『향강잡지』의 독자는 일차적으로 중국인이기 때문에 '우리나라'는 중국을 가리킨다.
85   중국인을 가리킨다.
86   박은식은 『한국통사』에서 대한제국이 자강(自强)할 정신도 없고 자고(自固)할 체력도 없는 "허명허식의 독립제국"이라고 말했다.

의 세상에 이미 공화의 맹아를 시작했다. 여요餘姚의 선철先哲[87]께서도 공화의 의미를 창명했다. 지금 세계의 민지가 날로 증가하고 공화의 조류도 날로 팽창한다. 일체 인류가 균히 평등을 준칙으로 하고 자유를 행복으로 하기 때문에 민주국이 특히 영예를 점유한다. 우리나라 인민도 전제가 괴로워 불평을 호소한 지 오래되었다. 이에 인인지사仁人志士가 수십년을 분주히 무한한 심혈을 다하고 무수한 두로頭顱를 다하여 전제를 뒤집고 공화를 세웠다. 황홀히 빛나는 오색의 깃발[88]과 중화민국中華民國 네 글자가 실로 우리 선열의 혈흔이다. 이미 천지에 맹세하고 일월에 게시하여 천의와 인심이 이 민국의 명위를 유지하고 이 민국의 성예를 발휘하고자 하는즉 누가 감히 이를 지우고 누가 감히 이를 무너뜨릴까?'라고 말하리라.

아, 민국이 민국인 것은 인민에게 주권이 있음을 이른다. 지금 우리나라 주권 문제에서 인민이 이를 갖고 있다고 일러도 좋은가? 일가의 주인도 그 주권을 소유하지 못하면, 그 산업을 사나운 노복에게 빼앗기지 않으면, 반드시 다른 사람이 가로채려고 하는데 이름은 민국의 주인이라 하고서 실권이 없으면 우리 신주神州의 공공 재산이 실로 누구에게 속하는지 알지 못하는 것이로다!

혹자는 '우리나라가 민주정치를 실행하지 못하는 것은 정부가 겉으로 공화를 하면서 전제를 제거했지만 우리 백성을 위해서가 아니었기 때문이다'라고 말하리라. 아, 정부가 감히 전제를 행하는 것이 실로 우리 백성이 자취함이니 가령 우리 백성이 공화를 실행할 능력이 있었으면 누가 감히 전제를 가하겠는가? 이는 그 책임이 내게 있지 타인에게 있지 않다.

지금 우리 민족 4억이 균히 모두 국민이라 이름하지만 국민의 자격으로 국민의 책임을 진 사람은 거의 전체에서 열에 하나둘도 되지 못하니 공화를 실행하여 민국의 명위를 확보함이 어찌 어렵지 않겠는가? 우리나라 백

---

87 명대 사상가 왕수인(王守仁)을 가리킨다.

88 중화민국의 국기. 1912년부터 1928년까지 사용되었다.

성이 민주의 실이 없는데 이름하여 민국의 백성이라 하니 어찌 부끄럽지 아니한가? 만약 민국의 백성을 영예로 여기면서 주권을 갖고 있지 않으면 불가하지만 주권을 갖고 있더라도 사람들마다 전부 국민의 자격을 갖추고 국민의 책임을 지지 않는다면 불가하다.

민덕民德[89]

전제의 세상에 천하의 권력은 한 사람에게 총집한다. 그래서 치세治世를 구하는 자는 군덕君德의 보양을 제일의 의리로 여긴다. 이를테면 이른바 임금이 어질면 모두가 어질고 임금이 의로우면 모두가 의롭다는 것이다. 우리나라는 오늘날 공화시대에 다다라 천하의 권력이 만민에게 맡겨진다. 치세를 구하는 자는 먼저 민덕을 중시하지 않을 수 있겠는가?

민덕이 새로운 연후에야 새로운 정치가 있다. 민덕이 새로운 연후에야 새로운 법제가 있다. 민덕이 새로운 연후에야 새로운 사회가 있다. 민덕이 새로운 연후에야 새로운 군기가 있다. 민덕이 새로운 연후에야 새로운 문물이 있다. 백성을 새롭게 하지 않고서 나라를 새롭게 할 수 있는 자는 있지 않다.

우리나라가 다시 건국하여[90] 정체政體가 새로우니 만반 사업이 모두 민력民力에 의지한다. 법단法團을 조직하고 학교를 건설하고 실업을 일으키고 국세를 바치고 병역을 지는 것이 모두 우리 백성의 책임이다. 그런데 선거의 일은 더욱 공정함을 내서 합당한 사람을 얻기를 힘써야 하며 금전에 움직여 천권天權을 방기하고 나랏일을 그르쳐서는 안 된다. 천하의 많은 개인을 합하여 대공大公의 단체를 이루어 강대한 나라를 세우고 유원한 터전을 굳혀야 국민의 책임을 다하고 우리 민족의 성령聲靈을 빛낼 것이다.

만약 압제 하에서 두렵고 무서워 휴척이든 화복이든 하나같이 타인을

---

89   『향강잡지』 1, 1913. 12.

90   신해혁명으로 청조가 멸망하고 중화민국이 건국된 일을 가리킨다.

청종하고 자치의 권리를 버린다면, 속박되고 내몰리고 노복이나 가축으로 부려져도 모두 안 될 것이 없으니 우리 백성은 장차 이를 견디고 받을 것인가? 영국 수상 피트가 말하기를 "인민이 정부의 가혹한 정치에 반항하지 못하는 자는 연골에 배알도 없는 백성이니 다른 나라 사람의 압제에 대해서도 역시 그러하면 국가가 무엇이 이롭겠는가?"라고 했다.

미덥다, 이 말이여! 무릇 국민된 자라면 여기에서 스스로 분발하여 자치의 권리를 힘껏 붙들지 않을 수 있겠는가? 아아! 우리 민족은 대륙에서 났는데 물이 깊고 땅이 두터우며 풍기가 돈방敦厖하고 성현이 다스리니 문교가 일찍 열려 민덕의 아름다움이 다른 종족보다 컸지만 아직 높은 경지를 점유하지 않았는데 세속이 갈수록 낮아지고 풍화가 날로 투박해져 민덕의 부패가 마침내 극점에 왔다.

왕양명이 말하기를 "면전에서 친애하고 배후에서 증오하며 백색을 교란해 흑칠이나 단칠을 하며 간사함이 깊고 교활함이 지극하며 겉으로 선량하나 속으로 숨어 있는 것을 중국인은 벗어나지 못한다"고 했다.[91] 어떤 나라 사람이 우리나라 사람을 기롱해 말하기를 "모래자갈이라 점합성이 없다"고 했다. 또 "서로 정성을 보이지 않으며 권세를 다투고 이익을 빼앗으며 왕왕 자신을 잊고 부모에게 미친다"고 했다. 우리 스스로 반성하건대 지나친 말이 아니다.

지난날 러일전쟁이 개시하자 우리 동성東省[92]이 싸움터가 되었는데 우리 백성은 일본군 혹은 러시아군을 모칭하고 향리를 약탈하는 자가 있었다. 어느 나라 장관이 미복으로 봉천奉天에 들어가 몰래 우리의 실정을 정찰하는데 길잡이가 된 자는 우리 백성이었다. 외국인의 금전을 받아 우리 실정을 탐지해 저들에게 넘겨준 자들의 발걸음이 줄을 이었다. 세민細民뿐

---

91   왕수인의 「하루헌기(何陋軒記)」에 나오는 구절이다.
92   중국의 요령성(遼寧省), 길림성(吉林省), 흑룡강성(黑龍江省)을 가리킨다. 동삼성(東三省)이라고도 한다.

만 아니라 곧 관인이 된 자도 대부분 이러했다. 아아, 애통하도다! 이와 같은 백성으로 외환을 막고 국방을 튼튼히 할 수 있겠는가?

옛날 송나라 원수 악비岳飛가 금나라 사람을 격파하여 금나라 사람이 퇴각하려 하는데 한 서생이 올출兀朮에게 말하기를 "권신이 안에 있는데 장수가 밖에서 성공하는 일은 없습니다"라고 하니 금나라 사람이 이를 따라 마침내 반간反間을 행하여 진회秦檜로 하여금 악비를 죽이게 했다. 한세충韓世忠이 올출과 장강에서 싸우고 승첩을 얻어 마침내 수군으로 포위하고 두 임금과 옛 강토를 돌려줄 것을 요구하니 올출이 현지인으로부터 함대를 깨뜨리는 기술을 얻어 활용하자 한세충이 불리하여 물러났다. 저들 한두 불량한 백성으로도 충분히 매국했으니 하물며 다수이겠는가? 하물며 우리가 이익을 탐하고 의리를 망각함이 옛날보다 심한 지금은 어떻겠는가? 아아! 지금 나라를 지키려는 자는 근본상으로 다스리지 못하면 단연코 좋은 결과가 없을 것이다. 근본이란 무엇인가? 민덕이 이것이다. 대개 민덕의 부패가 여기에 이른 것은 그 근성이 그래서는 아니다. 일종의 비루한 습관과 나쁜 전염이 사회를 물들여 작은 흐름이 큰 홍수가 되어 우리 백성을 그 속에 빠뜨리는데 이를 자각하지 못했다.

천도는 돌아오고 한인漢人의 피가 다시 솟구친다. 혁명의 소리 한번 들리니 완고의 꿈에서 깨어난다. 오색의 깃발 나부끼자 취한 눈이 열린다. 애국애국의 노래가 신주神州에 두루 퍼진다. 일체 인심이 혁신되어야 마땅하겠으나 종래 습염習染에 중독되어 달라지지 않는다. 관계官界는 운동하는 자의 손에서 뇌물 문서가 교부되고 민간 사회는 선거하는 장소에 금전 기운이 유행하고 경찰의 권한은 아편과 도박에 행해지지 않고 군인의 기율은 약탈하는 수준보다 더욱 문란하고 녹림호객이 소굴에서 용감히 노닌다. 곳곳이 환난이다. 사방을 돌아보아도 신선한 기상이 없으니 국호를 고쳤고 국체가 변했지만 인정과 습속은 새 나라로 인정할 수 없다. 이때에 어떤 도덕가가 우리 백성의 정신계에 나아가 혁명의 개선가를 연주하겠는가?

우리는 생각건대 속히 교육의 보급을 시행할 따름이다. 우리나라가 연래 시세와 풍조에 움직여 교육을 제창하고 학교를 설립하는 일에 많이들 노력했는데 아직도 보급의 효과가 드문 것은 어째서인가? 후꾸자와 유끼찌福澤諭吉 같은 교육가가 있지 않았기 때문이다. 후꾸자와는 정계에 투신해 정사에 간여하지 않고 교육에 전력하여 많은 선비를 양성해 나라에 공헌했고 더욱 보급을 중시해 백성에게 독립자존獨立自尊의 정신과 충군애국忠君愛國의 성질을 주조해 마침내 오늘날 일본의 성대함을 이룩했다. 이것이 그 실효이니 어찌 정계의 사람들이 발돋움해서 미칠 수 있겠는가?

우리나라는 땅이 크고 사람이 많아서 교육의 보급을 시행하고자 한다면 후꾸자와 같은 사람 수십명이 각지에서 교육을 부담해야 효과를 기대할 수 있다. 무릇 교육가는 고상한 이상과 순결한 품행과 박통한 학식과 간독懇篤한 열심과 지구持久한 의력이 있어서 충분히 일국의 사범이 될 만해야 효과를 낼 수 있다. 우리나라에서 이를 구하면 과연 그러한 사람이 있을까? 이른바 교육을 직임으로 하는 자는 모두 정계에 정신을 팔고 벼슬길에 물들어 그저 말로 가르치지 몸으로 가르치지 않는다.

우리나라 전에 명나라 시대에 교육가 한 사람이 있었으니 한정 선생이이 사람이다. 선생은 홍화인이다. 기와 굽는 것이 직업이었다. 주 나무꾼을 사모해 그를 좇아 배웠다. 나중에 왕동애에게 졸업했다. 세속의 감화를 자기 임무로 여겨 기회를 따라 지점指點하니 농부·상인·공인 중에 종유하는 자가 천여명 되었다. 가을에 농한기가 되면 무리를 모아 학문을 담설하는데 한 마을이 이미 끝나면 다시 한 마을에 가서 앞에서 노래하고 뒤에서 문답하니 글 읽는 소리가 양양했다. 매번 회강하는 때에 세사를 말하는 자가 있으면 그때마다 크게 성내서 말하기를 "세월이 얼마나 된다고 이런 한담을 하느냐"고 했다.

아, 이런 사람이 진짜 교육가이다. 어찌하면 다수를 얻어 우리나라 백성을 가르칠까? 지금의 이른바 유지有志가 정치 바다의 파란에 서로 빠져 허다한 심혈을 허비하고 허다한 금전을 투척하여 정권 쟁탈에 종사하고 국가의 근본으로 착수하지 않으니 어째서인가? 아아, 민덕이 새롭지 않으면 나라는 새로울 수 없다. 우리 민덕을 새롭게 하려면 그 책임은 누구에게 있을까? 우리 백성의 자치自治만한 것이 없다. 자치의 능력이 있어야 자유의 복리를 누린다. 입만 열면 자유, 자유라고 말하니 이른바 자유가 어찌 다른 사람이 내려주기를 바랄 수 있겠는가? 지금의 평민 사회를 대표하는 자가 '민권을 발달시켜 전제를 소제하자'고 말하지 않음이 없는데, 천하의 사물이 어찌 대가를 바치지 않고 얻는 것이 있겠는가? 우리 백성의 자치는 곧 민권의 대가이다. 우리나라 백성은 속히 일어나 힘껏 도모하라.

한국 교포의 임 장군 제사를 기록한다[93]

연래 중국 동성東省 각지에 이주하는 한국 유민의 행렬이 끊이지 않는데 관전현寬甸縣·회인현懷仁縣·통화현通化縣에 특히 많다. 농장에서 농사짓거나 황무지를 개간해서 먹고 살아간다. 내가 일찍이 지나가다 들른 적이 있었는데 한인이 사는 데라면 모두 봄가을 중달에 고 임경업林慶業 장군을 위해 제사지낸다. 돌을 모아 제단을 만들고 희생은 돼지를 사용하는 것이 상례이다. 내가 그 연기緣起를 묻자 여러 사람들이 말했다. "우리들은 농민이라 조국 위인의 역사는 아는 사람이 거의 없습니다. 다만 임 장군의 충의와 대절은 오래전부터 익히 들었습니다. 우리들이 여기에 온 뒤 왕왕 장군의 음덕으로 편안히 살고 있습니다. 그래서 제사 지냄에 감히 더러 게으름이 없습니다."

나는 탄식했다. "신리神理는 아득하여 성인도 드물게 말씀했는데[94] 내

---

93 『향강잡지』 1, 1913. 12.

94 신리(神理)는 ~ 말씀하셨는데: 『논어』 「공야장(公冶長)」에 "부자께서 성과 천도를 말씀하신 것은 듣지 못했다(夫子之言性與天道, 不可得而聞也)"라는 구절에 대해 주희의 집주는

어찌 감히 이를 알까? 전傳에 이르기를 신神이 이족異族의 제사는 흠향歆饗하지 않는다고 했다.[95] 지금 한국을 다른 종족이 차지하여 삼천리 산하가 하나도 정결한 땅이 없다. 이 때문에 단기의 후손으로 조금이라도 금수를 부끄럽게 여기는 사람은 정든 고향을 그리며 역외로 옮겨가 산다. 귀신이 필시 이류異類의 제사를 흠향하지 않을 터이니 하물며 임 장군처럼 열렬한 분임에랴! 그런데 귀신이 앎이 있어 그 백성을 따라 여기에서 흠향하니 어찌 기이하지 아니한가? 더구나 장군은 한국의 충신일 뿐만 아니라 천하의 의사이다. 중국의 명나라 말기에 태어나 명나라 황실을 붙들어 대의를 펼치는 데 뜻을 두었다. 공유덕孔有德과 경중명耿仲明을 토벌해 본국을 배반한 죄를 성토했다. 청나라 군대가 한국에 침입해 남한산성을 포위하자 장군은 당시 의주에서 있으면서 마치 손빈孫臏이 위나라를 패주시킨 것처럼 정병 1만으로 심양을 곧장 치기를 청했으나 이루어지지 않았다. 정축년 이후 승려 독보獨步를 보내 중국에 왕래해 사정을 통하게 하자 청나라 사람이 한국을 협박해 장군을 잡아가게 했다. 중도에 몸을 빼내 승려가 되어 무장한 가운데 바다를 건너 명나라 장군 황종예黃宗裔에게 투항하여 군무의 계획을 도왔다. 갑신년(1644) 명나라 종사가 멸망하자 장군은 마홍주馬弘周의 함정에 빠져 연경으로 압송되었는데 의리를 지키고 굴복하지 않자 청나라 사람이 의롭게 여기고 돌려보냈으나 조정에 돌아오자 역모를 저질렀다는 참소를 만나 원통하게 죽었다. 그 평생을 논하건대 중국이 아직도 만주족 청나라 세상이라면 그 신이 반드시 이 땅을 정결하게 여기지 않았겠지만 지금 중국이 광복한 것도 그 지원志願의 결과이니 이 또한 장군이 구

"성과 천도는 부자께서 드물게 말씀했는데 학자가 듣지 못했다(至於性與天道, 則夫子罕言之, 而學者有不得聞者)"라고 풀이했다. 공자는 성과 천도를 드물게 말했다는 뜻이다. 본문에서 성인이 신리를 드물게 말했다고 한 것은 대종교(大倧敎)의 영향이다. 대종교의 기본 교리서에 『신리』가 있는데 이를 의식한 것이다.

95 『좌전』에 "神不歆非類, 民不祀非族"이라는 구절이 있다. '신(神)은 동족(同族)이 아닌 자가 지내는 제사는 흠향하지 않고, 백성은 동족이 아닌 신에게 제사 지내지 않는다'는 뜻이다.

원九原에서 춤출 일이 아니겠는가? 그런즉 중국의 오늘날이 이미 장군과 같은 지원의 사람이 있었기에 가능했다면 한국도 어찌 하루라도 이런 날이 없겠는가?" 이를 묵묵히 기도하며 그 사적을 서술한다.

4장
근대 역사학의 현장
역사서의 세계

세계사와 민족사

한국은 이집트가 되었는가[1]

아아! 이집트는 세계의 문명 고국古國이다. 저 유럽 각국의 미술과 기예가 다 이집트 사람의 여파에서 혜택을 받았다. 이집트는 원래 유럽인의 선진국이었다. 어찌하여 오늘날은 하락하여 유럽인의 노예가 되었는가. 국운의 변천과 인사의 영욕을 생각하면 실로 슬프고 감개하며 애달프고 분하다. 세인이 이집트 역사를 읽으면 누가 이집트인을 위하여 그 불행한 경우를 슬피 조문하지 않으며 저들 유럽인의 험교한 정략을 통렬히 꾸짖지 않겠는가.

대개 이집트는 그 형승을 보면 아프리카와 아시아와 유럽의 세 대륙의 인후咽喉를 눌렀고 그 토리土利를 논하면 농업은 한해에 서너번 수확이 있

1 　박은식 「서문」, 『애급근세사(埃及近世史)』.

고 천연의 생산물이 심히 풍부하며 그 인민은 온유하고 순량하며 부녀는 덕행이 단정하며 승려는 몸가짐의 계율이 청정하고 엄숙하며 학교와 도서관이 모두 완비되니 가히 문명 고국의 유풍이 있다고 이르겠다.

서력 1769년[2]에 중흥 대업을 창립한 일대 영웅이 나오니 무함마드 알리[3]가 이 사람이다. 통치술에 장점이 있고 용병을 잘하여 웅장하고 영특한 자세와 따스하고 자비로운 덕이 실로 프랑스 나뽈레옹과 미국 워싱턴이 하나로 합한 사람이었다. 밖으로 돕는 나라가 없고 안으로 사귄 사람이 없는데 그저 맨손과 맨주먹으로 온갖 어려움 가운데 굴기하여 가시밭 속에서 나라 하나를 창건하니 무위武威가 펼쳐지고 문화가 진보했다.

만일 유럽 열강의 무도하고 패덕한 간섭과 방해가 없었으면 아프리카에 찬란한 문명국이 출현하여 북아메리카 합중국과 같이 세계에 진동했을 터인데 저들 5대 강국이 이집트의 강성이 자기에게 불리하다고 여겨 이 세상에 드문 영웅이 좁은 땅에 쪼그려 지업志業을 이루지 못하게 했으니 이는 천년의 유한遺恨이다. 그러나 그 위대한 공적은 삼각 석탑(pyramid)과 더불어 만고에 우뚝할 것이다. 그 자손이 유훈을 준수하여 내정을 잘 다스리고 재용을 절약하여 국력이 넉넉했으면 유럽인이 오랫동안 유입되었어도 틈을 타지 못했으리니 어찌 쉽게 탈취했겠는가.

아, 사이드[4]가 지나치게 사치를 부리고 이스마일[5]이 공명을 탐모하여 도적을 불러들이는 앞잡이가 되었다. 대저 국정을 개량하여 신문화를 향해

---

2   원문은 "서력 일천팔백육십구년"이다. 무함마드 알리의 출생 연도는 1869년이 아니라 1769년이므로 이를 바로잡아 번역했다.

3   오스만 제국의 이집트 총독이다. 마케도니아 출신으로 이집트의 마지막 왕조를 열었다. 1805년부터 1848년까지 이집트 총독으로 재위했다.

4   사이드 파샤는 무함마드 알리의 넷째 아들이다. 1854년부터 1863년까지 이집트 총독으로 재위했으며, 수에즈 운하를 착공했다.

5   이스마일 파샤는 무함마드 알리의 손자이다. 1863년부터 1879년까지 이집트 총독으로 재위했으며, 수에즈 운하를 완공했다. 에티오피아를 침공했으나 실패로 끝났다. 영국과 프랑스의 압력으로 오스만 제국의 술탄에 의해 총독에서 폐립되었다.

전진하려면 반드시 자국 습속의 알맞음으로 인해 점진적으로 개도해야 실제 효과가 있을 텐데 이스마일은 유럽에 유학한 기량으로 다만 외국의 화려한 물색에 심취하여 자국의 습속은 헤아리지 않고 일체 사업이 다 유럽인을 모방하고자 하는데 재정의 부족을 근심했다.

유럽인이 이를 기화로 간주하여 갖가지 감언이설로 이집트 왕을 유혹하여 말하기를 "국가의 이익을 확장하고자 하면 반드시 다 외채를 모집한다"고 하자 이집트 왕이 그 말을 신용하니, 아아! 이집트 왕이여! 오늘날 외채 증서가 곧 후일 매국 문서가 됨을 깨닫지 못했다. 곧 외채 액수의 이자가 달마다 증가하여 몇 해 되지 않아 이집트 온 나라가 외채에 빠졌다.

저들 유럽인은 채무를 갚지 못함에 책임을 물어 위협도 하고 유혹도 하여 재정을 정리한다고 칭하며 상환 기간을 늦추어준다고 자탁했다. 그리고 무수한 유럽인을 고용하여 고액의 봉급을 주니 고문顧問이 되기도 하며 관독管督이 되기도 하며 내각원內閣員이 되기도 하여 전국의 세액과 정부의 대권을 점탈하여 병액을 줄이고 관리를 도태했다. 이집트 관리는 이들의 지시를 따라 공손히 서명할 뿐이요, 심지어 이집트 왕의 폐립을 또한 유럽인의 손으로 했다.

이에 공분公憤이 격발하고 중노衆怒가 비등하여 국민당의 운동이 일어나니 우라비[6]는 천하의 의사義士이다. 분연히 자신을 돌아보지 않고 국권을 회복하며 백성을 구제하고자 하여 동지를 규합하고 민당을 격기激起하여 자주의 대의를 창론하고 개혁의 의론을 주장해서 전국의 여론이 국가의 명운과 인민의 생활을 우라비 한몸에 맡겼더니 저들의 철갑 전함이 홀연 알렉산드리아 항구에 모였다. 이른바 '도덕원리'와 '문명본지'와 '만국공법'과 '자유주의'를 어찌 야차夜叉의 무리에게 제론할 수 있겠는가.

---

6   우라비 파샤는 이집트 군의 비밀결사 국민당을 지도했다. 1882년 알렉산드리아에서 반영(反英) 봉기가 일어나자 영국군이 이집트에 침입했다. 우라비 파샤는 엘 케비르 전투에서 영국군에 패배하고 체포되어 실론으로 유배되었다.

아아! 슬프다! 대저 이집트는 지형이 매우 빼어나고 물산이 풍부한 나라이고 뒤를 이은 임금은 심히 무도한 학정이 없었고 보필하는 신하는 용렬하고 무능한 자가 아니었고 그 사기는 충의 강개한 자가 부족하지 않았고 그 인민이 또한 전연 우매한 자가 아니었는데 오늘날에 이르러 타인의 노예로 하락한 것은 어째서인가? 다만 그 외채 모집으로 말미암아 호랑이를 끌어들이고 국권을 상실하여 이에 이르렀으니 천하 후세에 이를 읽는 자는 또한 두려워할 일이다.

광무 9년(1905) 8월 상순 밀양 박은식은 서문을 쓴다.

한국은 스위스가 될 것인가[7]

무릇 소설은 사람에게 아주 쉽게 감동을 주고 사람 마음에 매우 깊이 들어가서 풍속의 등급과 교화의 정도에 관계됨이 심히 크다. 그래서 태서 철학가가 말하기를 그 나라에 들어가 어떤 종류의 소설이 성행하는지 물으면 그 나라의 인심풍속과 정치사상이 어떠한지를 볼 것이라고 했으니 좋은 말이다. 그래서 영국, 프랑스, 독일, 미국의 각 나라에 학숙學塾이 수풀처럼 세워지고 서루書樓가 구름처럼 둘러싸서 일체 교육 진화의 방법이 지극한데 더욱이 좋은 소설책으로 필부필부의 경종警鐘과 독립자유의 대표를 만들었고 동양의 일본도 유신의 시기에 일반 학사가 다 소설에 급급히 용력하여 국성을 배양하고 민지를 개도했으니 그 공효가 위대하지 않은가.

우리 한국은 종래 좋은 소설책이 없어서 국인이 지은 것은 『구운몽九雲夢』[8]과 『사씨남정기謝氏南征記』[9] 몇 종류에 불과하고 중국에서 온 것은 『서

7   박은식 「서문」, 『서사건국지(瑞士建國誌)』.
8   조선 김만중(金萬重)이 지은 고전소설이다. 한문본과 국문본이 전한다. 중국 당나라를 배경
     으로 하며, 주인공 성진과 8선녀의 만남을 기본 구성으로 취한다. 몽유소설과 영웅소설의 성

상기『西廂記』[10]와 『옥린몽玉麟夢』[11]과 『전등신화剪燈新話』[12]와 『수호지水滸誌』[13] 등이고 국문소설은 이른바『소대성전』[14]이니『소학사전』[15]이니『장풍운전』[16]이니『숙영낭자전』[17]이니 하는 종류가 여항간에 성행하여 필부필부가 다반사로 보고 있으니 이는 다 황탄무계하고 음탕 불경하여 인심을 휩쓸고 풍속을 망가뜨려 정교와 세도에 관하여 해로움이 얕지 않다. 만약 세상에서 나라를 점탐하는 자가 우리나라의 현행하는 소설 종류를 물으면 그 풍속과 정교가 어떻다 이르겠는가.

학사 대부가 이렇게 긴요한 일은 대수롭지 않게 생각하고 학문가가 떠받드는 바는 호락湖洛 경쟁[18]의 성리性理 토론과 자질구레한 의례儀禮 문답

격을 지닌다.

9   김만중이 지은 고전소설이다. 국문본과 한역본이 전한다. 중국 명나라를 배경으로 하며, 한림학사 유연수(劉延壽)와 정처 사씨(謝氏), 첩실 교씨(喬氏)가 주요 인물이다. 소설 내용은 조선 숙종과 인현왕후 민씨, 희빈 장씨를 연상케 한다.

10   원나라 왕실보(王實甫)가 지은 장편 잡극이다. 당나라 전기(傳奇)소설『앵앵전』에 보이는 재상의 딸 최앵앵(崔鶯鶯)과 서생 장생(張生)의 사랑 이야기를 발전시켰다. 정약용은『서상기』와『수호전』같은 잡서에 빠진 조선 근세 유학자의 폐해를 비판했다.

11   조선 이정작(李庭綽)이 지은 것으로 추정되는 고전소설이다. 범경문과 유부인, 여부인이 주요 인물이다. 소설 구도에서『사씨남정기』의 영향이 보인다.

12   명나라 구우(瞿佑)가 지은 전기소설집이다. 동아시아에 널리 퍼져 그 속찬과 의작이 유행했다. 조선의 경우 김시습의『금오신화』에 영향을 미쳤다.

13   명나라 초기 시내암(施耐庵)이 지은 무협소설이다. 북송대 송강을 중심으로 하는 양산박 유협의 활약을 기본 내용으로 한다. 명말청초 김성탄(金聖嘆)의 70회본『수호지』가 널리 읽히고 있다.

14   작자 미상의 국문 고전소설이다. 명나라 병부상서 소양의 외아들 소대성이 온갖 고난을 이겨내고 호국과의 전쟁에서 무공을 세워 성공한다는 이야기이다.『홍길동전』의 영향을 받은 영웅소설로 평가된다.

15   작자 미상의 국문 고전소설이다. 소태가 출생의 비밀을 알아내고 아버지 소운과 어머니 정씨를 찾은 다음 부모의 원수를 갚는 내용이다. 명나라 소설『소지현나삼재합(蘇知縣羅衫再合)』을 번안한 국문 고전소설『소운전』을 다시 개작하여 군담소설의 성격을 강화했다.

16   작자 미상의 국문 고전소설이다. 중국 송나라를 배경으로 장풍운이 고난을 이겨내고 출세하여 부모를 찾고 무공을 세워 부귀영화를 누린다는 내용이다. 영웅소설 해체기의 작품으로 평가된다.

17   작자 미상의 국문 고전소설이다. 조선시대 세종 대를 배경으로 안동 선비의 아들 선군과 선녀 숙영낭자 사이의 사랑과 가정 비극을 내용으로 한다.

뿐이요, 공령가가 외우는 글은 소자첨蘇子瞻의 「적벽부赤壁賦」[19]와 신광수申光洙의 「관산융마關山戎馬」[20]뿐이니 시험삼아 묻건대 이런 공부가 국성과 민지에 결국 무슨 이익이 있는가? 도리어 이를 갖고 예속이라고 자기를 높이며 문치라고 자기를 과시하여 세계 각국의 실지 학문과 실지 사업은 깔보고 배척하니 어리석지 않은가? 오늘날 경쟁하는 시국을 만나 국력이 시들고 국권이 추락하여 결국 타인의 노예가 된 원인은 곧 우리 국민의 애국사상이 천박한 까닭이다. 똑같이 둥근 머리와 모난 발을 갖고 관대를 한 족속으로 유독 애국사상이 천박한 것은 첫째도 학사 대부의 죄이고 둘째도 학사 대부의 죄이다.

내가 중간에 동지를 대하여 소설을 짓기를 의논했으나 현재 보관報館에서 일하므로 여력이 없을뿐더러 또 이런 것을 짓는 데에 재주가 미치지 못했다. 품은 뜻을 이루지 못하고 한갓 깊이 개탄만 하더니 마침 미세한 질병으로 병석에 누운 지 열흘 남짓 되었다. 정신이 그다지 혼몽하지 않을 때에는 망가진 상자에서 남은 책을 꺼내 눈길을 주는데 마침 중국 학문가의 정치소설 『서사건국지』를 얻으니 며칠 열람하고는 거의 병을 잊었다.

무릇 스위스는 유럽 중앙에 있어서 강역은 1만 5976km²이고 인구는 311만 9635명에 불과한 작은 나라이다. 서력 12세기 즉 중국 원조元朝의 원정元貞 연간(1295~1297)에 강한 이웃 게르만의 점탈을 입어 무한한 압력을 받아 백성은 도탄에 빠져 우마가 되고 노예가 되어 거의 사람의 도리가 없었는데 하늘이 스위스 백성을 버리지 않아 독립 자유를 회복할 일대 영웅을 출생시켰으니 빌헬름 텔이 그 사람이었다.

---

18 조선후기 율곡학파의 호락 논변의 부정적인 표현이다. 호론과 낙론 사이의 철학적 쟁점으로 인성(人性)과 물성(物性)의 동이, 성심(聖心)과 범심(凡心)의 동이, 미발(未發) 심체(心體)의 순선 여부, 명덕(明德)에서 기수(氣數)의 유무 등이 있었다.

19 소식(蘇軾)이 지은 「전적벽부(前赤壁賦)」와 「후적벽부(後赤壁賦)」를 가리킨다.

20 강백(姜柏)의 「행시격(行詩格)」과 함께 조선후기 과시체(科詩體)의 모범으로 유명했다. 이로 인해 과시체에 뛰어난 인물이라는 뜻에서 '강신(姜申)'이 병칭되었다.

논밭에서 굴기하여 분연히 한번 외치자 국민이 떨쳐 일어나 마침내 외국의 멍에에서 벗어나 공화 정치를 세워 천만년 불멸하니 저들 서양에서 우주에 빛나던 나뽈레옹과 워싱턴의 공적이 실로 빌헬름 텔의 전철을 이어받은 것이었다. 지금 태서의 문명 제도가 다 스위스에서 시작하여 적십자회赤十字會와 만국공회萬國公會와 교통우정회交通郵政會 등에서 구구한 스위스가 우이牛耳를 잡으니 그 유택遺澤이 어찌 멀리 후세에 전해지지 않겠는가. 천하 후세에 이 『서사건국지』를 읽는 자는 누구인들 애국 사상과 구민救民 혈심으로 분발하지 않겠는가.

내가 병든 몸을 억지로 움직여 바쁜 시간을 덜어 국한문을 섞어 역술譯述을 마치고 간행하여 우리 동포의 일상 독서에 제공하니 우리 국민은 구래 소설은 모조리 치워두고 이런 전기가 세상에 대신 유행하면 지식 교육의 진화에 확실히 보탬이 있을 것이다. 후일 우리 한국도 저 스위스와 같이 열강 사이에 우뚝 표치標置하여 독립 자주를 공고히 하면 우리 동포 생활이 곧 지옥에서 떨어져나와 천국에 오를 것이니 어찌 즐겁지 않겠는가. 이 목적을 달성하고자 하면 애국 열심으로 단결해야 한다고 할 것이다.

대한 광무 11년(1907) 7월 ○일 겸곡산인謙谷散人[21]은 서문을 쓴다.

역사는 민족의 정신이다[22]

민족이 있은 뒤에 역사가 있다. 그러나 역사가 없으면 민족도 없다. 왜냐하면 역사는 민족의 정신이다. 조국의 역사가 있은 뒤에야 애국의 정신이 있고, 동족의 역사가 있은 뒤에야 애족의 정신이 있다. 독립의 역사가 있은 뒤에야 독립의 정신이 있고, 자존의 정신이 있는 뒤에야 자존의 정신이 있

---

21   박은식의 필명이다. 박은식의 호는 본래는 백암(白巖)이 아니라 겸곡(謙谷)이었다.
22   박은식 「첫머리」, 『대동고대사론(大東古代史論)』.

다. 그래서 신성의 민족은 반드시 신성의 역사가 있는 것이다. 만약 그 민족이 역사의 정신이 없으면 애국애족의 정신이 없고 독립자존의 정신이 없어서 각족 경쟁에서 자존하지 못할 것이고 행여 생존을 얻어도 노예와 천종賤種이 되지 않으면 반드시 다른 민족에게 동화되어 있을 것이다. 그래서 '역사가 없으면 민족이 없다'고 하니 그 관계가 과연 어떠한가?

그러나 고대에는 사람들(人羣)의 사상 정도가 가족주의를 넘어서지 못했다. 그래서 그 역사 정도도 제왕의 가보家譜에서 그쳤고 개인의 행장行狀에서 그쳤다. 그래서 당시 사람들(人羣)은 단지 가조家祖가 있음은 알아도 나라가 있음은 알지 못했고 단지 가족이 있음은 알아도 민족이 있음은 알지 못했다. 하물며 고대의 국가 경쟁은 비록 형제 친속의 나라끼리도 작은 일에 원한을 다투고 선대의 우호도 배신하여 서로 원수로 여기고 서로 깨물어 삼키면서 괴이하게 생각하지 않았다. 이 당시 어찌 이른바 동족의 정의情誼라는 것이 있었겠는가? 이는 세계 각국의 지난 자취가 똑같이 그러하다.

천지의 진화는 날로 새롭고 인지人智의 진보는 날로 늘어나 가족주의가 나아가서 민족주의가 된 것은 민족 경쟁의 시대가 되었기 때문이다. 이미 다른 민족과 상대하는 경쟁이 있으니 불가불 우리 동족이 서로 돕기를 구하지 않을 수 없다. 우리 동족이 서로 돕기를 구한다면 불가불 우리의 출자出自 본원을 소급하여 그 혈통의 관련을 밝혀 친애하는 감정의 뿌리를 드러내지 않을 수 없다. 이것이 현세에 각 민족이 모두 그 선조의 역사를 발달시켜 자강자주自强自主의 정신으로 삼고 다른 민족과 맞서 경쟁하는 동력으로 삼는 것이다. 지금 중토中土의 한족漢族은 일찍이 춘추시대에는 이른바 '후에 소원해져 서로 원수처럼 공격'한 자가 아닌가? 지금에 와서는 함께 크게 외쳐 '우리는 황제의 신성한 후예, 4억의 형제이다'라고 하는 것은 다만 오늘날 다른 민족과 맞서는 관념이 발생했기 때문에 이러한 주의主義를 성명하는 것이다. 그러니 우리 대동大東 민족이 이런 주의를 제창하지 않는다면 옳겠는가?

아아! 우리 대동 민족은 4천여년 역사를 가진 자이다. 4천여년 역사의 조상은 누구인가? 태백산 박달나무 아래로 하늘에서 내려온 신인神人이 우리의 시조가 아닌가? 대개 고대사로 증거한다면 만주와 한국은 원래 한 나라이고 그 백성도 원래는 같은 종족으로 균히 모두 단군 시조의 신성한 후예이다. 다만 파별이 이미 멀어지고 분리가 심히 오래되어 압록강 일대가 막연히 연燕과 월越처럼 멀어진 지 마침내 1천여년이 넘었다. 오늘은 곧 민족주의 시대이다. 우리도 동족의 정의를 강명하고 그 신성한 역사를 발휘하여 천하에 자립하기를 구해야 하니 이것이 진실로 정신 교육의 근본 문제이다.

그러나 우리 민족의 유래에는 두 파의 구별이 있는데 단군檀君이 백두산에서 내려와 비로소 대동 백성의 시작이 되었고 기자箕子가 중토에서 와서 화인華人 이식의 시작이 되었다. 그러면 우리 민족 전체의 의리에서 보면 단군을 시조로 하는 것이 옳은가, 기자를 시조로 하는 것이 옳은가? 대개 세계 각지는 어떤 민족을 막론하고 그 인종이 본토에서 발생한 것도 있고 다른 데서 이식한 것도 있어서 그 계파가 본디 단일하지 않은데 그중에서 하나의 주체가 되는 종족이 객족客族을 동화시키면 의례히 동족으로 인식한다. 단군과 기자의 후예로서 말하면 수천년간 이미 피가 섞여 동화되어 기자의 후예가 단군의 후예가 되지 않음이 없다. 단군은 먼저이고 기자는 나중이다. 우리의 출자의 본원을 구한다면 단군을 시조로 해야 옳다. 우리 대동 민족의 역사 역시 단군이 세상에 내려온 해를 기년으로 삼아야 옳다. 이것이 우리의 신성한 역사를 발휘할 수 있는 소이所以이다.

또 우리 민족의 현상에 의거하면 대성질호大聲疾呼를 그치지 못할 것이 있다. 대개 민족 경쟁은 세력으로서 승리를 취하는 것이 있고 정신으로 승리를 취하는 것이 있다. 무적의 부국강병으로 다른 종족을 굴복시키는 것은 세력으로 승리를 취하는 것이다. 종교 및 역사의 신성함으로 다른 종족을 감복시키는 것은 정신으로 승리를 취하는 것이다. 모용씨, 탁발씨, 완안씨, 칭기즈 칸은 웅강한 무력의 힘으로 다른 종족을 유린하고 한때 무적을 자랑했지만 인심의 근기가 되는 종교와 역사가 없었기 때문에 세력이 한번 추락하자 백성이 도리어 다른 종족에게 동화되었다. 중토의 한족은 중간에 문약文弱 때문에 더러 다른 종족에게 굴복하기도 했지만 종교와 역사의 정신은 단단하여 뽑히지 않았기 때문에 능히 떨쳐 일어나 다른 종족을 굴복시킬 수 있었다. 유태 민족이 조국을 상실하고 사방으로 떠돌면서도 다른 종족에 동화되지 않고 능히 유태 민족의 명칭을 지킬 수 있었던 것은 종교의 정신을 잃지 않았기 때문이다.

현재 우리 대동 민족은 이미 세력으로 승리를 취하는 것을 상실했다. 다시 인심의 근기가 되는 종교 및 역사의 정신이 결핍된다면 점점 시일이 오래되면 반드시 다른 종족에게 동화되어 장차 세계 역사에서 우리 민족의 명칭이 없어질 것이니 어찌 더욱 십분 두려워할 일이 아닌가? 이것이 내가 본원을 소급해서 『대동고대사론』을 짓는 까닭이다. 우리 동족 형제는 이를 생각하고 이를 힘쓰라.

역사서를 쓰는 이유

나라는 형체이고 역사는 정신이다[23]

대륙의 원기가 동쪽으로 바다를 향해 달려 백두산에서 다하니 북쪽은 요동 들판이 열리고 남쪽은 한반도이다. 한국은 요堯의 시대에 건국하여 인문이 일찍 깨어 그 백성이 윤리가 돈독하니 천하에서 군자의 나라라 일

---

23   박은식 「서언(緒言)」, 『한국통사』.

컬었고 역사가 면면히 4천3백여년이 이어졌다. 아아! 옛날의 한국 문화가 극동의 세 섬에 파급되니 저들의 음식, 의복, 가옥이 우리한테서 나왔고 종교와 학술도 우리한테서 나왔다. 그래서 일찍이 저들은 우리를 스승으로 받들었는데 지금에 와서는 도리어 노예로 부린단 말인가?

나는 난세에 태어나 국망의 아픔을 겪고 죽지 못해 결국 달아났다. 경술년(1910) 어느 달[24] 어느 날 아침에 서울을 떠나 저녁에 압록강을 건너 다시 강의 북안을 거슬러 올라가 위례성慰禮城[25]을 바라보고 머물렀다. 옛날을 돌아보고 오늘날을 굽어보니 격세지감이 평상시와 달라 배회하며 그리워하다 오래도록 떠나지 못했다. 이역으로 달아난 몸이라 사람들을 보면 더욱 부끄러워 길거리 아이들도 장터의 심부름꾼도 모두 나를 망국노라 꾸짖는 것 같았다. 천지가 크지만 이를 짊어지고 어디에 돌아가리오? 때에 혼하渾河의 가을 저녁은 쑥과 풀이 시들어 날리고 원숭이와 부엉이가 슬피 울어댔다. 선영과 향리에서 곡하고 떠난 나의 눈물이 아직 마르지 않았건만 눈에 보일수록 슬픔이 더해가니 어찌 견디겠는가?

고국을 돌아보니 구름과 연기가 아득하다. 아름답다, 저 산천에는 나의 조상이 살았다. 울창하다, 저 수풀은 나의 조상이 심었다. 기름진 저 논밭은 나의 조상이 갈았고 금은과 쇠붙이는 나의 조상이 캐냈고 가축과 물고기는 나의 조상이 길렀다. 궁실로는 비바람을 피하고 의관으로 짐승과 구별하고 도구로 이용利用을 돕고 예악과 형정으로 문명을 만들었다. 모두가 나의 조상의 은택이었다. 무릇 나의 조상은 한없이 뇌와 피와 땀을 다하여 우리 자손에게 생산과 교육의 도구를 갖추어주셨으니 대대로 이를 전수하여 나의 후생厚生과 나의 정덕正德으로 화평한 세상이 영원토록 유전되게 해야 하건만 어찌하여 하루아침에 다른 종족에게 강탈당해 사방으로 떠돌며 입에

---

24 박은식이 실제로 망명 길을 떠난 때는 1911년 5월이었다.
25 박은식이 실제로 보았을 성은 고구려의 첫번째 수도 졸본성(지금의 오녀산성)이었을 것으로 보인다. 위례성은 백제의 수도인데 박은식의 착오로 보인다.

풀칠하고 그 고통을 견디지 못해 장차 멸절의 환난을 밟으려 하는가?

더구나 세상의 강포한 자가 날로 잔약한 나라와 종족을 병탄해 도태시켜 그 참독을 받은 자가 즐비하지만 우리 한국보다 심한 자도 없도다. 고금의 망국에서 예를 든다면 스웨덴은 노르웨이를, 오스트리아는 헝가리를 균히 합방했다고 하지만 그 민족의 대우에 현격한 차등은 없었다. 한국인이 이러한가? 튀르크가 이집트를 병합해도 국왕은 남겨서 중단 없이 왕실의 제사를 받들게 했지만 우리 한국 황제는 강등되어 왕이 되었다. 영국은 캐나다 각 지역이 헌법을 두니 이를 보장하고, 의회를 세우니 이를 유지하고, 다른 나라와 조약을 맺으니 하나하나 모두 보존하게 했다. 한국인이 능히 이를 얻었는가? 저들이 한국에서 시행하는 정치는 하나같이 대만에서 시행했던 것으로 조금도 차이가 없다. 대만은 나라도 아닌데 이와 똑같은 대우를 받으니 이는 망국 중에서도 더욱 하등이다.

또 무릇 사람이란 옷 입고 밥 먹지만 흙 먹고 이슬 마시는 벌레와 같지는 않으니 살아갈 방법은 오직 산업일 뿐이다. 영국이 인도에게, 프랑스가 안남에게, 미국이 필리핀에게 강한 무력으로 국권을 빼앗았지만 민산民産은 스스로 보존하게 놓아두었다. 일본은 가난한 나라이다. 곤궁한 백성이 많아 재정이 날로 줄어들고 외채가 날로 상승한다. 그래서 가혹한 세금을 사납게 거두는데 한국인에게는 조목도 번잡했다. 그리고 곤궁한 백성이 맨손으로 한국에 건너와 벌떼처럼 몰려드는데 우리 백성의 산업을 빼앗지 않으면 살아갈 길이 없었다. 그 정부도 식민을 서두르다 보니 지급해줄 자산이 없어서 한인에게 관대한 정치를 시행해서 살아갈 방법을 보존해주고 싶어도 그럴 수 없는 형세였다. 이로써 보건대 고금의 참혹한 망국 중에서 한국보다 심한 것이 있는가? 천지는 아득하고 생명은 꺼져가는데 원통함의 호소가 절로 그치지 않는다.

옛사람이 이르기를 "나라는 멸할 수 있어도 역사는 멸할 수 없다"고 했다. 대개 나라는 형체이고 역사는 정신이다. 지금 한국의 형체는 훼철되었지만 정신은 홀로 보존될 수 없는가? 이것이 통사痛史를 짓는 까닭이다. 정신이 보존되어 멸망하지 않는다면 형체는 때가 되면 다시 살아날 것이다. 그러나 이 책은 불과 갑자년(1864) 이후 50년의 역사일 따름이다. 우리 4천년 역사 전부의 정신을 어찌 전하겠는가? 이는 나의 종족이 나의 조상을 생각해 잊지 않음에 달려 있을 뿐이다.

무릇 예루살렘이 멸망하고 유태인이 다른 나라에 떠돌지만 다른 종족에 동화되지 않고 지금까지 2천년을 능히 유태족의 칭호를 잃지 않은 것은 조상의 종교를 보존했기 때문이다. 인도는 망했지만 바라문이 능히 조상의 종교를 굳게 지켜 부흥을 기다리고 있다. 멕시코는 스페인에 의해 망했을 때 교화와 문자가 죄다 멸망하여 지금 인종은 남았지만 읽는 것이 모두 스페인의 글이고 행하는 것이 모두 스페인의 교화이고 사모하는 것이 모두 스페인의 호걸이니 멕시코 인종은 형체는 남았지만 정신은 이미 전부 멸망했다. 지금 우리 민족이 전부 우리 조상의 피를 골육으로 삼고 우리 조상의 혼을 영각靈覺으로 삼으면 우리 조상에게 신성의 교화가 있고 신성의 정법이 있고 신성의 문사와 무공이 있으니 우리 민족이 이를 다른 데서 구함이 옳겠는가?

무릇 우리 형제는 생각하고 생각하며 잊지 말지어다. 형체와 정신이 전부 멸망하지 않는 것이 구구한 바람이다. 이것은 이 책 말고 우리 민족이 융성했던 시대의 역사에서 구하면 좋겠다.

우리 국혼이 이 책에 있다[26]

옛날 발해 대씨는 5천리 땅에 3백년 나라를 누렸다. 무공이 혁혁하고 문물도 창성해서 천하에서 해동성국이라 일컬었다. 멸망한 후에 이른바 발

---

26   박은식 「결론(結論)」, 『한국통사』.

해사가 후세에 보이지 않으니 어째서인가? 나는 일찍이 동쪽으로 용천龍泉[27]에 이르러 고적을 찾고자 했는데 누런 풀이 소슬하고 강물이 오열함을 보기만 했을 뿐 고왕·무왕·문왕·선왕의 굉장한 공훈과 위대한 업적은 모두 적막한 저세상으로 표표히 사라졌다.

문왕과 선왕의 즈음에 당에 들어가 과거에 합격한 발해의 문인 학사가 앞뒤로 계속 이어졌는데 어찌 그리 조금이라도 남은 문헌이 없는가? 또 그 왕자와 왕족 및 유민이 요나라에 노복이 되기를 수치로 여겨 제기를 안고 고려에 들어온 자가 1만명이 넘는데 어찌 한 사람도 전적을 짊어지고 온 사람이 없었는가? 더욱이 그 백성은 마한의 동족이고 그 땅은 고구려 옛 강역이니 고려 인사가 마땅히 한집안으로 보아야 하거늘 어찌 찾아가서 기록하지 않았는가? 그래서 후세 사람[28]이 "발해사를 편수하지 않았으니 고려가 부진했음을 알 만하다"[29]고 말한 것이 어찌 미덥지 아니한가?

모든 인류가 이 지구상에 살면서 야만과 생번生蕃의 비루함에서 벗어나 국가 제도를 이루어 도덕·윤리와 정교·법제가 갖추어져 있으면 역사가 있지 않음이 없다. 역사가 있는 곳에 국혼國魂이 있다. 아시아에서 가장 크고 오랜 나라를 시론하건대 중국의 혼은 학문에 의탁해 있고 튀르크의 혼은 종교에 의탁해 있다. 중국은 중간에 흉노匈奴, 선비鮮卑, 저氐, 강羌, 금원金源[30], 몽골의 침략을 받았으나 5천년 학문의 연원이 끊어지지 않았다. 그래서 다른 민족에게 동화되지 않고 마침내 다른 민족을 동화시켜 하나로 만들었다. 튀르크는 국세가 점차 약해지고 국토가 날로 삭감되어 열강의 통제를 받은 지 오래이지만 1억만 교도의 힘이 아직 강해서 다시 떨쳐 일어

---

27 발해의 5경(京)의 하나인 상경(上京) 용천부(龍泉府)를 가리킨다. 발해 문왕이 처음 이곳으로 천도했고 발해 멸망 당시 도읍도 이곳이었다.

28 『발해고(渤海考)』를 지은 유득공을 가리킨다.

29 원문은 "渤海史不修, 知高麗之不振也"이다. 유득공의 「발해고서(渤海考序)」에 "高麗不修渤海史, 知高麗之不振也"라는 구절이 있다.

30 금(金)나라의 별칭이다.

나기를 기대할 수 있다. 이들은 혼魂이 강한 나라이다.

선비, 거란, 몽고는 바야흐로 전성기에는 대지를 정복하고 천하에 위세를 떨쳤는데 무력이 한번 무너지자 나라의 명운도 홀연 다했다. 이들은 백魄이 강한 나라이다.

국교, 국학, 국어, 국문, 국사는 혼의 부류이다. 전곡, 군대, 성곽, 함선, 기계는 백의 부류이다. 그런데 혼이라는 것은 백을 따라 죽고 살지 않는다. 그래서 국교와 국사가 망하지 않으면 그 나라는 망하지 않았다고 한다.

아아! 한국은 백은 이미 죽었다. 이른바 혼은 살았는가, 죽었는가? 나는 단군 개국 기원 4190년에 황해黃海의 바닷가에 태어났다. 처음 울음소리 내며 땅에 떨어진 날 이미 국민의 책무를 졌는데 지금 늙어 백수가 되어 이 직책이 황폐해져 우리 조상을 제사 지내지 못하니 이 큰 죄를 짊어지고 어디로 돌아가겠는가?

하루는 애양靉陽[31]에 사는 우리 동포를 찾아가 유숙했는데 이튿날 아침 주인이 내게 고했다.

"꿈에 어떤 사람이 그대가 여기 있느냐고 묻고는 '이 사람이 이어가겠구나, 이는 동방 문헌의 책임이 있는 사람이로다'라고 말했소."

내가 이를 듣고 눈물을 흘리며 말했다.

"우리 조상이 묵묵히 소자에게 명하신 것이오? 하지만 본조 우문右文 정치 5백년에 사림을 배양하여 은택이 심후하니 마땅히 문헌을 이어갈 적임자가 있을 것이오. 나는 그 재목이 아니니 어찌 감히 대신하겠소?"

마침내 머뭇거리고 한참을 기다려 몇 해가 지났지만 누군가 책을 짓고 있다는 소식을 듣지 못했다. 세월은 흐르는 물과 같아 조금도 나 때문에 미루지 않는다. 내가 다시 이 직책을 폐한다면 4천년 문명의 옛 나라에 장차 발해처럼 나라도 망하고 역사도 망했던 일이 있지 않겠는가? 천하의 사람

---

31   오늘날 중국 요령성 단동시(丹東市) 봉성만족자치현(鳳城滿族自治縣) 애양진(靉陽鎭)을 가리킨다.

이 나를 만용이라 꾸짖어도 어찌 이를 사양하겠는가?

그러나 4천년 역사 전부를 짓는 것은 고루하고 쇠둔한 사람이 능히 할 수 있는 일도 아니고 또 단기간에 완성할 수 있는 일도 아니라서 이것은 가능한 사람에게 희망을 두고 다만 내가 세상에 태어난 뒤에 목격한 근래의 역사는 힘쓸 수 있겠다. 이에 갑자년(1864)부터 신해년(1911)까지 3편 114장을 지었다. '통사痛史'라고 이름했는데 감히 정사正史를 자처하지 못하기 때문이다. 우리 동포는 국혼이 여기에 있다고 여기고 버려두지 않으면 다행이겠다.

이 책이 우리 광복사이다[32]

왕년에 내가 『한국통사』를 편찬하자 어떤 동지[33]가 술잔을 들고 축원했다. "선생님은 연세 들어 더욱 건장하시니 찬란한 먹과 장엄한 붓이 통사痛史에서만 그치지 말고 저희들이 광복사光復史를 볼 수 있게 다시 선생님을 번거롭게 해드리고 싶습니다."[34]

나는 본디 우리나라가 반드시 광복하는 날이 있으리라 자신했고 일본이 장래에 필패할 줄로 예상했다. 그래서 비록 떠돌고 넘어지며 기한과 병고 속에 있어도 언제나 낙관적으로 생각했고 다만 그 시기가 이른지 더딘지를 알지 못했다. 그런데 세월이 훌쩍 지나 내가 더욱 심히 노쇠한데 오늘 통사痛史에 이어 독립운동사獨立運動史를 지을 줄이야 어찌 생각이나 했겠는가?

그런데 나 자신으로 말하자면 우리나라가 반드시 광복할 날이 있으리라 어떻게 믿었는가? 대개 나라끼리 경쟁하는 시대에는 약국이 강국에 병탄되는 것이 자주 보여 드물지 않은 일이지만, 만약 그 인종의 자격이 서로

---

32   박은식 「서언(緖言)」, 『한국독립운동지혈사(韓國獨立運動之血史)』.

33   신규식(申圭植)을 가리킨다.

34   신규식의 「한국통사후서(韓國痛史後序)」에 동일한 내용이 있다.

대등하고 종교, 역사, 언문, 풍속에서 불멸의 국혼이 있다면 설령 일시적으로 병합되었어도 끝내 분리되어 독립하는 것이 세계 각국 역사에서 많이 보이는 일이다.

무릇 우리 민족은 단군 시조의 신성한 후예로서 해동의 명승 구역에 터를 잡아 인재의 산출과 문물의 제작이 실로 우수한 자격을 갖추어 다른 종족을 능가하는 자이다. 우리나라는 4천3백년 역사의 전통에 충의와 도덕의 근기가 심후하고 종교와 문학이 일찍부터 창명하여 그 여파가 일본을 적시니 우리는 선진의 지위에 있었다.

말은 우리 대한의 말이고 풍속은 우리 대한의 풍속이고 노래는 우리의 노래이고 예법은 우리의 예법이고 의복과 음식은 우리의 의복과 음식이었다. 균히 우리 국성이 다른 종족과 자별한 것이었다. 이 여러 가지를 종합하여 우리 국혼이 생성되고 우리 국혼이 강고해지니 결코 다른 종족에게 동화될 바가 아니었다.

저 일본인은 대대로 우리의 원수가 되어 천년 백년 서로 사이가 좋지 않아 하나는 향초이고 하나는 악초이니 조화로울 이치가 만무했다. 또 저들이 전혀 사기와 무력으로 우리나라를 빼앗고 신의와 맹세를 저버렸으니 요행히 한때 제맘대로 해도 비바람 불면 결코 오래가지 못할 것이었다. 천도는 귀환을 좋아함에 박괘剝卦가 가면 복괘復卦가 온다.[35] 저 풀을 보니 들불에 다 타지 않고 봄바람 불어 다시 생긴다. 우리 이천만의 국혼만 유독 이런 일이 없겠는가? 이것이 우리나라가 반드시 광복하는 날이 있으리라 내가 자신하는 까닭이다.

일본이 장래에 필패할 줄로 어떻게 예상하는가? 저 구미 열강의 부성富盛한 문명을 보면 수백년간 수많은 사람들의 지혜와 힘이 쌓여 이루어진 것이다. 일본은 극동의 섬 안에 외진 곳에 있어서 견문이 평소 비루하고 혹

---

35 박괘는 남은 일양(一陽)마저 사라진 순음(純陰)의 형상으로 음력 10월의 절망을 나타낸다. 복괘는 순음에서 새롭게 일양이 돋아난 형상으로 음력 11월의 희망을 나타낸다.

치黑齒와 문신을 하며 바다에서 살면서 의복, 음식, 가옥, 기물은 모두 우리 나라에서 얻은 자이다. 하루아침에 서세동점西勢東漸을 갑자기 보고는 서둘러 자강을 도모하지 않으면 자존할 수 없고 열심히 진취하지 않으면 발전할 수 없는지라 이에 국민을 한길로 돌진시켜 군사 훈련과 기계 수축에 힘껏 집중하여 마치 화약이 폭발하듯 국세가 피어오르니 군국주의 대륙 정책이 착착 손을 얻어 마침내 중국과 러시아 두 대국과 싸워 이겨 국위가 크게 진동하고 패업霸業이 날로 융성하여 패연히 막지 못할 기세였다고 이를지라.

그러나 군인이 독재하여 여론이 불평하고 너무 갑자기 바깥으로 치달아 민력이 이미 피폐했다. 저들이 우리나라를 도모함에 우리 백성의 뜻을 무시하고 오직 소수 간사한 무리를 이용해 한없는 욕심을 제맘대로 부렸다. 중국과 러시아에 대해 시행했던 것도 이러한 술수였다. 그래서 그 이권은 비록 많이 얻었지만 민심을 계속 잃었고 게다가 군민軍民이 난폭하게 사람을 학대하여 무상無狀함이 많았다. 그래서 저들이 한번 전진하니 우리 이천만과 원수가 되고 다시 전진하니 중국 4억과 원수가 되고 다시 전진하니 러시아 2억과 원수가 되었다. 저들이 무강하다 하지만 세계 민심의 공공의 원수가 되었으니 패배하지 않음을 보장할 수 있겠는가? 또 구미 열강이 저들의 침략 행위에 대해 문득 분노와 질투의 감정을 품어 기회를 타서 제압하려는 나라가 다시 적지 않으니 저들이 국제적으로 고립된 것이 또 이러하다. 이것이 내가 장래에 일본이 필패할 줄로 예상하는 까닭이다.

나는 이 두가지 관념에 의거하여 스스로 가만히 생각하기를 우공이산愚公移山을 경영한 늙은이에 빗대어 우리의 광복 사업을 자손 만대에 전하기를 기대하되 천제天帝의 도우심이 나 자신에게 미쳐 친히 그 성공을 보는 일도 헛된 바람은 아닐 것이라고 여겼다.

마침내 기미년 3월 1일 우리의 태극 국기가 돌연 공중에 날려 일월日月과 빛을 다투며 독립 만세 소리가 천지에 진동함에 우리 남녀노소는 유혈이 길에 가득한데 용맹 더욱 떨치고 기운 더욱 튼튼하여 국내와 해외의 외진 골목과 먼 시골에 이르도록 한목소리로 부르짖고 앞다투어 목숨을 바쳤으니 모두 충신忠信을 갑옷과 투구로 삼고 손에 한치 무기가 없는 사람들이었다.

저들은 오히려 군인과 경찰을 크게 발동해 살육을 자행하여 풀을 베듯 총칼을 휘두르고 촌락과 교당을 불사르니 쌓인 해골에 잔불이 남고 가옥은 잿더미가 되었다. 전후 사상자가 수만명이고 투옥되어 형을 받은 자가 6만명이 넘었다. 하늘의 태양도 암담하고 초목도 슬피 우는데 우리 민족의 의혈은 조금도 꺾이지 않고 각국의 여론은 일제히 격앙되어 저들의 야만과 폭력이 세계에 크게 드러났다. 이에 하세가와長谷川好道는 깃발을 거두고 달아났고 사이또오齋藤實는 다시 폭탄 공격을 만나³⁶ 낭패하여 의지할 데를 잃어 허둥지둥 몸을 놀리지 못하니 그 기세를 이미 탈환했다. 더욱이 저들 사회 언론이 제법 전날의 논조를 고쳐서 동화가 불가능함을 밝히고 정부의 실책을 공격하여 자치를 말하는 자도 있고 독립 허락을 제창하는 자도 있다. 정부도 무단 통치를 고쳐서 완화하고 있지만 우리의 절대적인 주장은 오직 하나 독립일 뿐이다. 달리 무엇을 묻겠는가. 이렇게 불굴 견인의 태도를 지니고 이렇게 계속 용맹스럽게 전진하여 다방면으로 그르치게 하고 전력으로 밀쳐내어 저들이 대처하기 궁해서 전날의 잘못을 크게 뉘우친다면 완전 독립도 조만간 올 것이니 곧 이 운동사를 우리 광복사로 인식해도 된다.

---

36 하세가와(長谷川好道)는 ~ 폭탄 공격을 만나: 하세가와 요시미치는 1916년 조선 총독이 되어 무단 통치를 계속했고 3·1운동을 탄압했다. 그 후임으로 조선 총독에 임명된 사이또오 마꼬또는 부임하러 서울에 도착하자 강우규(姜宇奎) 의사로부터 폭탄 투척을 받았다.

자력으로 독립한다[37]

우리 민족이 맨손으로 떨쳐 일어나 붉은 피로 독립을 구하니 세계혁명사에서 신기원을 열었다. 두해 이래 분투가 더욱 격렬하고 그침 없이 진행되어 반드시 저 건너편에 도달함을 목적으로 하니 우리 역사도 독립 완성하는 날을 마지막 시기로 해서 이어서 써야 하겠고 광복사의 경우는 마땅히 나의 벗님 중에서 이에 능한 사람에게 맡겨야 하겠다.

우리 민족이 기원 4252년 3월 1일 독립을 선포하여 피가 창해滄海로 날고 소리가 우주를 진동하여 세계 각 민족이 균히 우리에게 독립 자격이 있음을 인정하게 한 것이 이날인데 우리 민족의 독립운동은 사실 이날부터 시작한 것은 아니었다. 갑진년(1904) 한일의정서 6조와 을사년(1905) 보호조약 이래 독립운동은 하루도 중단된 적이 없었다. 우리 의병이 독립을 위해 순국한 자도 수만명이고 우리 열사가 독립을 위해 순국한 사람도 천명, 백명이 된다. 우리 지사단志士團 중에 죽지 않은 사람들이 안팎으로 분주히 독립을 외치고 국혼을 고동시킨 일이 헤아릴 수 없이 많은데 급진急進이든 완진緩進이든 수십년 서로 계속했으나 세계의 주목을 끌지는 못했다.

그런데 3·1 선언 이후 우리 민족은 남녀노소 할 것 없이 내외원근 할 것 없이 전체로 활동하고 일치로 약진하여 끓는 물에 뛰어들고 불길을 밟으며 만번 죽음도 불사했다. 지난날 이또오伊藤博文를 쏜 자는 안중근安重根 한 사람이었지만 지금은 수백명 안중근이 나왔고, 지난날 이완용李完用을 찌른 자는 이재명李在明 한 사람이었지만 지금은 수천명 이재명이 나왔다. 이에 세계 각 민족이 비로소 우리 민족에게 독립 자격이 있음을 인정하고는 서로 이구동성으로 말했다. "한국은 4천여년 오랜 역사가 있고 2천만 총명한 민족이 있고 고대 문화는 일본인을 선도했으니 일본인이 한때의 폭력으

---

37   박은식 「결론(結論)」, 『한국독립운동지혈사』.

로 합병을 강행했지만 결코 오래도록 차지하고 동화시킬 수는 없다."

반도 강산의 새로운 기운이 이미 나타나 능히 독립에 도달하는 것은 시간 문제라 하겠다. 그러니 우리 민족의 앞길의 결과는 의심할 바 없이 확실한데 시간 문제에 대해서는 어떻게 진행하면 좋을까? 누군가는 "미국과 일본의 교섭이 날로 험악해져 전쟁이 서로 일어나는 일도 면하지 못하리니 이때가 기회이다"라고 말하기도 하고, 누군가는 "러시아에서 신당이 누차 궐기하여 적화赤化를 선포하고 일본인과 복수의 전쟁이 있을 터이니 이때가 또 기회이다"라고 말하기도 하고, 누군가는 "일본 내부에서 사회파社會派가 날로 발전하여 조만간 혁명 거사가 있으리니 이때가 또 기회이다"라고 말하기도 한다. 이러한 종류가 참으로 모두 당연한 사실이다. 그러나 우리 민족의 독립은 자력으로 해야지 결코 이러한 외래의 세력을 믿고 사업할 투기로 삼는 것은 옳지 않다.

누군가는 "우리 민족의 활동은 맨손일 뿐이고 붉은 피일 뿐이고 물질의 실력이 결핍되어 있는데 어찌 능히 자력으로 독립에 도달하겠는가?"라고 한다.

나는 말한다.

"아, 이것이 무슨 말인가? 지금 우리 민족이 이미 독립의 기치를 들었는데 외래의 기회가 없다고 해서 끝내 이 운동을 그만둘 것인가? 진행하는 방법이 합당함을 얻는다면 어찌 자력이 부족하겠는가? 진행하는 방법으로 말할진대 정신상으로 사실상으로 두 종류의 분투력이 자신할 만한 것이 된다.

정신상 분투는 오직 굳게 참고 오래 견디는 일이다. 대개 인류는 경쟁 무대에 서서 모험과 용진으로 힘껏 괴롭게 싸워 만번 죽음에서 한번 살아나고 백번 패배한 나머지 한번 성공하는 것은 모두 인내력의 효과이다. 지금 우리 민족이 이미 모두 눈길을 총칼에서 돌리지 않고 발길을 철망에서 구애받지 않아 용감하고 장렬하게 분투한 지 이미 두해이다. 만약 한밤중에 기운이 다하고 한번 넘어지자 일어나지 못해 계속해서 장구히 진행할 수 없다면 천운도 돕지 않고 기회도 돕지 않을 것이다. 과연 능히 굳게 참고 오래 견뎌 백번 꺾여도 굽히지 않고 열번 넘어져도 반드시 일어나 현상을 비관하지 말고 험로에서 후퇴하지 않는다면 최후의 결과는 반드시 승리의 공효가 있으리니 이것이 정신상 진행하는 방법이다.

사실상으로 논한다면 만약 정식으로 전쟁한다면 우리가 참으로 승리를 결정하기 어렵겠지만 우리가 다방면으로 오도시켜서 저들이 그 통치력을 상실하게 하는 것은 제법 할 만하다. 어떻게 이를 말하는가? 옛날 우리나라 정계에 어느 혹리酷吏가 기이한 형구를 창조하여 죄인을 혹독하게 치면 살갗이 터지고 피가 흘러 결국 죽었다. 누차 고을 수령을 지내니 위세와 악명이 자자했다. 그가 홍천 수령이 되자 이교吏校와 예졸隷卒이 듣고 협의하기를 '우리가 만약 이 사람의 손에서 형을 받으면 위태로울 것이다. 어찌 동맹하여 저지할 계책을 내지 않겠는가?' 하고는 수령이 시사視事하는 날 일부러 순종하지 않아서 노여움을 도발했다. 수령은 불같이 화를 내고 뜻대로 곤장을 치지 않음을 꾸짖었다. 곤장을 잡은 군졸은 그것을 들어 범인에게 가하지만 조금도 치지 않았다. 수령이 더욱 노하여 다시 꾸짖자 다른 군졸이 곤장을 치는데 역시 이러했다. 재삼 바꾸어도 똑같이 앞의 방식을 따랐다. 수령이 비록 날뛰며 발광했지만 끝내 어찌할 수 없었다. 이속吏屬이 동맹하여 저지하는 것임을 알아내고 즉일로 관끈을 풀고 돌아갔다.

지금 우리 민족 이천만 인민이 저들의 행정에 대해 일치로 동맹하고 협력해서 저지한다면 저들이 기세를 잃고 물러가지 않으려 해도 그것이 되겠는가? 지금 이집트의 독립운동으로 본다면 공인은 파업하고 상인은 철시하고 학생은 수업을 거부하고 관리는 관직에서 물러나 갖가지 험한 모양이 층층이 일어나서 끝이 없자 영국인은 마침내 그 통치력을 상실하고 독립을 허락했다. 에이레Eire는 인구가 불과 3백만이지만 능히 한마음으로 협력해 경찰서를 격파하고 납세를 거부하는데 체포하지 못하니 영국인이 마침내 대처하기가 궁해졌다.

지금 우리 민족이 아직 이런 정도에 미치지 못하는 것은 저들의 관리가 있고 저들의 끄나풀이 있기 때문이다. 그래서 저들이 폭정을 시행하고 우리 독립 단체의 기관을 능히 탐지해서 획득한다. 만약 우리나라 사람들이 저들의 관리가 되더라도 모두 퇴직을 행한다면 저들의 행정은 착수할 바 없을 것이다. 우리나라 사람이 저들의 끄나풀이 되었지만 다방으로 엄호한다면 저들이 탐지해서 획득하는 방법을 시행할 수 없을 것이다. 이러하다면 적극적으로 저들의 경찰과 서로 대항해도 저들이 무슨 방법으로 우리를 협제하겠는가?

납세 거부로 말한다면 적은 수의 사람이 하면 저들에게 체포되어 형을 받겠지만 만약 이천만 사람이 일치로 동맹하여 모두 납세 거부를 행하면 저들이 어찌 하나하나 수색해서 징치하겠는가? 이에 저들의 통치는 전혀 그 힘을 잃어 철수하고 싶지 않아도 그리 되지 못하고 우리에게 독립을 허락하고 싶지 않아도 그리 되지 못할 것이다. 참으로 이 방법을 준행한다면 우리 민족의 독립은 자력으로 얻을 터이니 하필 외래의 기회만 구하겠는가? 전쟁하는 방법의 경우 우리 의군義軍의 여러 장수가 이미 수십년 경험에서 마음으로 터득한 것이 있으니 내가 꼬치꼬치 볼 필요가 없다."

한국 근대사를 읽는다

아픈 역사가 여기에서 시작한다[38]

대원군은 거의 나라를 잘 다스릴 수도 있었지만 아쉽게도 배운 것이 없

---

38 박은식 「대원군 섭정(大院君攝政)」, 『한국통사』 제2편 1장.

어서 나라를 제대로 다스리지 못했다. 나라를 다스리려고 뜻한 사람이 제아무리 임금을 성군으로 만들고 백성에게 은택을 끼칠 만한 어진 마음을 갖고 있고, 제아무리 커다란 책임을 맡아 귀신같이 일 처리할 만한 재주를 갖고 있고, 제아무리 남들의 원성을 참고 난국을 물리칠 만한 용기를 갖고 있다 하더라도 합당한 자리를 얻지 못하면 큰일을 할 수 없는 법이다.

지금 대원군은 그 자리가 임금과 같아 대권이 자기에게 모여 모든 관리가 지휘를 따르고 모든 백성이 명성을 우러렀다. 부드럽게 말하면 봄날의 햇살이 따스하게 비추는 듯 사납게 말하면 천둥 치고 강풍이 몰아치는 듯, 곁에서는 방해하는 사람이 없고 아래에서는 거역하는 사람이 없어 명령하면 바로 실행되고 금지하면 바로 멈추었으니 후세의 이윤이나 주공 같은 사람이 되지 말라는 법도 없었다. 자리를 차지했어도 재주가 미치지 못하는 사람은 일을 잘할 수가 없는 것이다.

대원군은 강단 있고 과감하여 강풍 불고 번개 치듯 하니 국제를 변통해야 한다면 옛 관례를 남겨두지 않았고 국사를 단행해야 한다면 남의 말을 근심하지 않았다. 권신과 외척을 밀쳐내고 문벌을 깨부수고 군포를 개혁하고 서원을 철폐했던 것들이 모두 탁월한 의력毅力에서 나왔고, 오랜 세월 습관이 되어 구리기둥과 쇠벽처럼 변한 것들도 그의 손만 닿으면 가루가 되었다. 진정 정치상 대혁명가였다.

더구나 그 당시로 말하면 전 지구의 시국이 일변하여 구미의 풍조가 동아시아에 침투해 중국은 영국·프랑스와 전쟁을 겪고 일본은 혁신의 함성을 외치고 한반도도 이를 따라 동요하던 때이니, 정계의 걸출한 인물이 옛 것을 없애고 새것을 펼쳐 나라의 기틀을 다시 닦아 국명國命을 이어나갈 기회였다. 하물며 외척이 나라를 병들게 한 후 백성이 바야흐로 초췌해져 간절히 올바른 정치를 바라던 때라 마치 목마르고 굶주리면 무엇이든 음식이 되는 상황이었음에랴!

그 자리도 큰일을 할 만했고 재주도 큰일을 할 만했고 시절도 큰일을 할 만했으니 필요한 것은 학문이었을 뿐이다. 그가 고금을 회통하고 중외中外를 관찰할 학식이 있는 사람이었다면 강철 같은 완력으로 신조선新朝鮮을 건설하여 여러 문명국과 더불어 바다로 육지로 여유 있게 뻗어나갔을 것이다. 애석하게도 그는 학문이 없어서 내정을 다스림에 제 꾀만 쓰다가 걸핏하면 지나친 조처를 많이 냈고 외국과 상대함에 배척을 주로 해서 문을 닫아걸고 절로 장님이 되었다. 마침내 변란이 가까이에서 일어나 나라에 극심한 재앙을 끼쳐 결국 한반도 중흥의 운세는 돌아오지 못했다. 아, 안타깝도다. 통사痛史(아픈 역사)는 여기에서 시작한다.

세계 혁명사의 교훈[39]

갑신년(1884) 혁명당의 실패를 우리나라 사람들이 더러 안타까워한다. 김옥균金玉均 같은 사람은 우리나라 사람들이 특히 그 재주를 칭찬하는데, 일본인 중에도 숭배자가 많아서 전기를 지은 사람도 있고 필적을 귀하게 여긴 사람도 있고 무덤을 참배하여 평생을 추모한 사람도 있고 머리칼을 수습해 '영웅의 피'라고 간직한 사람도 있다는 것이다. 그가 이런 말을 듣는 것은 생각하면 공연한 일이 아닌 듯하니 갑신년의 일도 그가 주모해서 나온 것이다.

내게는 친구 아무개가 있는데 갑신년 혁명당에 관계해서 그 속사정을 잘 안다. 내가 한번은 이 일을 언급한 적이 있었다.

"갑신년 일이 실패하지 않았다면 그 결과는 어떻게 되었겠습니까?"

아무개가 말했다.

"안타깝습니다. 이 일류 재사들이 일본인에게 팔려 이런 큰 잘못을 저질렀습니다."

---

39 박은식 「갑신년 혁명당의 난(甲申革黨之亂)」, 『한국통사』 제2편 19장.

내가 말했다.

"무슨 말입니까?"

아무개가 말했다.

"저들 일본인이 어찌 기꺼이 남을 위해 충심으로 꾀하고 남의 미덕을 이루어주는 일을 하겠습니까? 더구나 저들은 우리나라를 도모하려는 의지를 키워 날마다 이를 기도하며 추구하고 있으니, 우리가 진보하면 저들에게 불리한지라 우리가 만약 진보할 형세가 있으면 저들이 반드시 백방으로 방해할 터인데 도리어 우리를 돕겠습니까? 대개 저들은 누차 청국인의 우세함에 굴복했던 터라 한번 뛰어올라 능가하고자 온갖 계책을 꾸며내 안 들어간 구멍이 없었는데 우리 연소하고 영민한 선비들이 한창 일본의 새로운 풍조에 취하여 독립의 영광을 사모했던 것입니다. 저들은 이것을 이용할 만하다 생각하고 '배청排淸 독립'으로 유인해 원조할 것을 허락했으니 기실 한국과 중국 사이에 나쁜 감정을 도발시켜 이익을 챙기고 싶어 했던 것입니다. 우리 연소하고 영민한 선비들이 이를 살피지 못하고 저들의 도움으로 성사할 수 있겠다고 생각하다 그 술수에 떨어져 패착에 빠졌으니 안타깝지 않습니까? 그런 게 아니라면 저들이 군함을 보내겠다 약속하고 어찌 대번에 이를 어겼습니까? 이것은 곧 누각에 오르게 한 뒤 사다리를 치워버린 것입니다.

옥균이 토오꾜오에 망명하여 두번째 거사를 도모하자 저들은 도리어 오가사와라小笠原 섬으로 내쫓아 가두었으니 그를 아껴서 돕겠다는 것이 어디에 있습니까? 이에 옥균은 저들을 믿을 수 없음을 알았습니다. 갑오년 (1894) 봄 일본을 떠나 상해로 가서 방침을 바꿔 중국의 선비와 더불어 천하의 일을 함께 도모하려 했는데 불행히도 자객에게 살해되었습니다. 박영효朴泳孝도 저들 나라에 다년간 있어서 저들을 믿을 수 없음을 알았습니다. 갑오년 이후 은미하게 일본에 대항하는 상태가 생기자 저들은 다시 그를 내쫓고 가두어 손발을 놀릴 수 없게 만들었습니다. 옥균이 있었어도 필시 이렇게 했을 것입니다. 그래서 '이 일류 재사들이 일본인에게 팔려 이런 큰 잘못을 저질렀다'는 것입니다."

내가 이어서 생각해보니 이들 여러 사람들은 우리나라 혁명가이다. 그러나 연소한 신진들이 경험이 미숙하고 연구가 깊지 않아 곧장 급격하게 착수해서 실패에 이른 것이다. 혁명이란 애국지사가 극도로 정치가 부패한 때를 만나 기둥이 꺾이고 서까래가 무너져 반드시 눌러 내려앉은 뒤에야 어쩔 수 없이 파괴해서 재건하는 한가지 방법으로 나오는 것이다. 그러나 이 행동이 비록 폭발적으로 매섭게 일어난 일이지만 실제로는 천시와 인사에 순응하여 그 변화가 점진적이고 그 진행이 단계적이다. 각종 기관이 순서대로 설립되어 종교로 깨우치기도 하고 학설로 부르짖기도 하여 언론으로 인심을 고취하고 문자로 정리政理를 발휘하여 공중의 사상이 점차 이를 향해 기울어지게 한 뒤 정치 방면으로 맹렬히 날벼락 같은 수단을 쓰면 찬성하는 사람이 많고 반대하는 사람이 적어 새 정치를 실시함에 세차게 쏟아져 거침없이 흐르리니, 비록 일은 하루아침에 이루어졌지만 실제로는 수십년이나 예비된 것이다. 이것이 세계 혁명사의 경험이다.

지금 이들은 이런 종류의 기관으로 사람들의 사상을 인도하여 사람들의 찬동을 얻지는 못하고, 급박하게 일하고 잔악하게 행동해 위로 군부君父를 얻지 못하고 가운데로 관료를 얻지 못하고 아래로 백성을 얻지 못하여 사방에서 적을 만났으니 어찌 성공하겠는가? 더욱이 혁명이란 천하의 지극한 어려움을 무릅쓰고 천하의 지극히 험한 곳을 밟는 것이다. 전적으로 자기 힘에서 나왔어도 바깥 사람이 나를 이용해 집안싸움을 일으켜 간섭할 수 있는 법인데, 하물며 나 스스로 주관하지 못하고 남의 힘을 빌어 남에게 칼자루를 주어 이루게 하려 하다가, 저들이 기꺼이 손을 거두어 물러서지 않고 즉시 의젓하게 비둘기가 까치 둥지에 깃들듯이 살면서 백배 천배 보답을 요구한다면 무슨 법으로 제지하겠는가? 또 독립은 자기 힘으로 얻어야 굳게 유지할 수 있지 다른 사람의 힘에 의지해 얻으면 독립이라고 하는 것이 그저 허명이고 그 허명도 오래가지 못하니 어찌 귀하게 여길 만한 것이 있겠는가? 이로써 천하의 일을 익히 경험하고 깊이 연구하지 않은 채 한갓 거칠고 날카로운 용기로 급격하게 일하는 것이 반드시 실패하는 길임을 알겠다.

고종이 실패한 까닭은 무엇인가?[40]

관자管子는 "연안宴安(몸이 한가하고 마음이 편안함)은 독이니 품지 말아야 한다"고 말했다. 고금을 차례로 헤아려보니 연안에 중독되어 패망을 밟지 않은 이가 없다. 우리나라도 여기에 중독된 것이다. 연안이라는 독은 사람의 지기志氣를 무너뜨리고 사람의 근골을 녹이고 잘 잊어버려 경계심을 풀게 만든다. 비록 비상한 환난을 겪고 망극한 치욕을 받았어도 지나면 금세 잊어버려, 답답해하지도 않고 괴로워하지도 않고 움직이려고도 하지 않고 변하려고도 하지 않다가, 결국에는 패망을 밟고야 만다.

우리 광무제光武帝는 재위 40년간 변고가 누차 일어났다. 이를테면 임오년(1882), 갑신년(1884), 갑오년(1894), 을미년(1895)의 일은 모두 옛날에 없던 데서 나왔으니, 즉 우리 임금과 신하가 쭈뼛쭈뼛 놀란 마음으로 피눈물을 흘리며 하루에도 잊어서는 안 될 일이요 영원토록 잊어서는 안 될 일이었다. 옛날 초나라 오자서伍子胥는 강가에서 고생하며 길에서 음식을 구걸해도 잠시라도 초나라 서울을 마음에서 잊지 않았기 때문에 끝내 그곳에 들어갈 수 있었다. 그러니 잊지 않음의 힘이란 매섭다. 그것을 지극한 데까지 채워나가면 바다와 산도 옮길 수 있고 하늘과 땅도 여닫을 수 있으니 진정 담대하여 두려움이 없어 위대한 건원乾元이 정해진다. 한 사람의 잊지 않음으로도 큰일이 있었는데 하물며 온 나라에서 이렇게 한다면야!

---

40   박은식 「일인의 한국 황제 감제(日人之監制韓皇)」, 『한국통사』 제3편 42장.

우리 임금과 신하가 임오년(1882)의 변란[41]으로 인해 그 환난을 잊지 않아 삼가고 두려워하며 정성을 다해 올바른 정치를 도모하여, 마치 위衛나라 문공文公이 인재 교육에 힘쓰고 농사를 가르치며 상업을 통하고 공인에게 혜택을 주며 교육을 공경히 하고 학문을 권장했던 것처럼 했더라면, 갑오년(1894)의 변란[42]은 발생할 이유가 없었고 자강의 실력으로 중흥의 터전을 세워 문명이 진보함에 열강과 병행할 수 있었을 것이다. 갑오년과 을미년(1895)의 사변[43]을 겪고 그 치욕을 잊지 않아 거적자리에서 창을 베고 섶 자리에 누워 쓸개를 맛보아 마치 월越나라 구천句踐이 가난한 사람을 진휼하고 죽은 사람을 조문하며 인구를 늘리고 재물을 비축하고 백성을 가르치고 훈련시킨 것처럼 했더라면, 10년간 우리나라는 진보하여 독립을 유지했을 것이고 교활하게 문을 열려고 생각한 자들도 틈을 타서 마음 먹지는 못했을 것이다.

아, 하느님이 우리나라를 버리지 않아 변고를 내려 경계하게 하여 근심이 많을수록 성군을 만들고 환난이 많을수록 나라를 일으킬 기회를 준 것이 한두번이 아니었으니, 두려운 마음으로 몸을 닦고 허물을 반성해 전화위복으로 삼을 때가 바로 이때였다. 이때여, 이때여, 나를 기다리지 않는구나. 두번 다시 오지 않는구나. 한번 때를 놓쳐도 백년을 회복하기 어려운데 하물며 누차 놓쳤음에랴!

바야흐로 그 변고를 만났을 때 위아래 인심이 제법 근심하고 두려워하는 기색으로 회개하여 옛것을 버리고 새것을 도모할 일이었다. 바람이 멎고 풍랑이 그쳐 조금 시일이 한가해지면 문득 다시 이를 잊어버리고는 벼

---

41   1882년 서울의 하급 군관과 도시 빈민이 폭동을 일으킨 임오군란을 가리킨다.
42   1894년 1월 고부 민란이 발단이 되어 일어난 동학농민운동을 가리킨다.
43   갑오년의 사변은 1894년 7월 23일 새벽 일본군이 조선 경복궁을 기습 점령해 조선군을 무장
      해제시키고 국왕을 수색하고 궁중 보화를 약탈한 사건이다. 을미년의 사변은 1895년 10월
      8일 여명에 일본군과 일본군이 양성한 조선 훈련대가 조선 경복궁에 난입해 일본군 소위 미
      야모토 다케타로(宮本竹太郞)가 명성황후를 살해하고 시신을 불태운 사건이다.

슬 팔고 재물 탐내고 굿판 벌이고 잔치에 빠지는 갖가지 나쁜 증상이 예전 그대로 발작해서 태평만세에 즐겁게 놀며 자족했다. 이웃의 강국이 날마다 호시탐탐 엿보며 칼을 갈고 때를 기다리는데 아무도 보는 사람이 없는 것처럼 지내다 필경 일본과 러시아의 선전포고가 날아올라 바다와 육지에서 포화가 진동하였건만 우리가 하는 일이라고는 여전히 옛날 습관이었을 뿐이다. 아무리 잘 잊어버린들 어찌 이 지경까지 왔는가? 즉 연안의 독이 이미 고질병이 되어 한때의 경고로는 침을 줄 수 없고 팔다리가 여러번 꺾여도 끝내 고칠 줄 몰랐기 때문이다. 연안이여, 연안이여! 옛날부터 지금까지 네게 중독되어 자신도 잊고 나라도 잊었던 사람이 어찌 그리 많았느냐!

아, 40여년 군림했던 지존이 대번에 오늘 궁궐에 유폐된 것은 곧 연안의 독 때문이니 이른바 연안이야말로 내가 가장 미워하는 원수이다. 더구나 우리나라가 3백년이나 태평세월을 보내며 연안에 익숙해져 잘 잊어버리는 게 타고난 본성이 되어버린 사람이 우리 임금 한 사람에서 그치는 것이 아니었다. 일체 공경대부도 모두 교만하고 편안히 놀면서 게을러 일을 하지 않는 부류였다. 일체 백성들도 모두 고식적으로 눈앞의 편안함만 찾고 하던 대로만 하며 태만하게 살아 근면, 인내, 모험, 분투의 성질이 부족한 사람들이었다. 이러고도 이 세상에서 생존할 수 있겠는가? 하와이의 토족土族은 다른 죄악이 없고 오직 일하는 게 게을러서 자연스럽게 멸종했고, 남양의 화교華僑는 다른 재능이 없고 오직 힘들어도 참으며 부지런히 일해서 서양인을 압도하는 부력富力을 가졌으니, 근면한가 나태한가로 존망이 결판나는 것이다. 내가 이에 동포를 위해 크게 부르짖노라. "너희들은 우리 임금이 연안 때문에 나라도 망하고 자신도 유폐되었음을 잊었는가?"

국망의 원인은 무엇인가[44]

일본이 한국을 빼앗은 것은 참으로 힘으로 했지만 실은 속임수로 이룬 것도 많았다. 저들이 한국을 경영하려는 것은 멀리는 토요또미 히데요시豊臣秀吉에서 기인하고 가까이는 사이고오 타까모리西鄕隆盛[45]에서 일어났는데 류우꾸우琉球 합병이 곧 한국 합병의 효시였다. 병자년(1876) 통상 이후 교제가 빈번해지자 편의의 획득을 엿보아 몰래 진취할 방법을 꾀했지만 중국이 한국의 배후에서 감시하는데 당시 세력으로 저들은 필적할 바가 아니었다. 그리고 역사상, 지리상, 종족상, 인민 감정상 균히 굳게 묶여 풀리지 않는 근저가 있어서 일본이 백개라 해도 이를 이간하지 못할 듯했다. 그러나 일본은 이 때문에 회심하지 않고 한가지 생각을 진전시켜 온갖 계책으로 방법을 내서 기어이 한중 관계를 단절하고 그 목적 소재를 관철하기를 원했다.

이에 한국은 각국과 수교하여 자주권을 얻어 외교 문서를 왕복하며 독립국과 똑같았는데, 일본인은 곧 '독립' 두 글자를 한국인의 중국 배척의 기회라고 생각했다. 우리나라 명가 재사로 신진기예의 연소한 무리가 해외를 유람해 세계 안목을 새로 열어 국체 자존의 사상이 싹텄고 다시 일본에서 교제가 가장 은근하니, 저들은 교활한 수단으로 특히 이들을 꾀어내서 독립의 영광을 먹이로 주고 원조를 허락해 마침내 갑신년(1884)의 변란을 빚어내 친화파親華派를 크게 살육하고 일본당 정부를 조성하여 그 세력을 신장했다가 도리어 청군에게 격퇴되어 타께조에 신이찌로오竹添進一郎[46] 등은 제 나라에 달아났다.

표면으로 보면 저들이 패했다고 하지만 실제로는 이득을 얻은 것이 많

---

44 박은식 「일본인의 최종적인 한국 병합(日人倂合之最終)」, 『한국통사』 제3편 58장.

45 사쯔마번 출신으로 명치유신의 주역이다. 1873년 조선 침략을 주장했고 1877년 메이지정부에 반란을 일으켰다.

46 일본의 외교관으로 1883년과 1884년 두차례 조선 공사에 부임했다. 1883년 김옥균의 일본 차관 도입에 반대했고 1884년 갑신정변이 일어나자 김옥균의 일본 탈출을 도왔다.

고 피해를 받은 것은 한국이었을 뿐이다. 어째서인가? 저들에게 이용된 한국 국사범, 몰래 관통한 기타 친일파가 이때에 그대로 남았는데 이 무리는 친일 말고는 달리 살아갈 길이 없었으니 저들이 뒷날의 효용 가치를 얻은 것이 의심 없이 확실하다. 게다가 천진 조약 중에 중국으로부터 다소 양보를 얻어내고 동등의 권리를 점유해 장래의 결전을 준비하니 이것이 저들이 사기를 쳐서 이득을 얻은 첫번째이다.

갑오년(1894) 한국에서 동학란이 일어나자 함께 간섭을 행하여 드디어 전선戰線을 열었다. 저들은 선언하기를 "우리는 한국의 독립을 완성하기 위해 이렇게 출전했다"고 하니, 외국인은 이르기를 "일본인의 이번 거병은 의협에서 나왔다"고 했다. 한국 친일당이 모두 구사일생으로 빠져나와 갑자기 정권을 점탈하니 일본에 대한 감정이 얼마나 훈훈했겠는가. 그래서 그 요구를 허락하고 그 편리를 주되 오히려 못 미칠까 염려했다. 이때 대원군은 조금 생각이 달라서 비밀히 청나라와 내통하다가 일본당에게 적발되어 정계에서 축출되었다. 재야의 수구守舊하는 선비는 일본당에 동의하지 않았지만 지위도 권세도 없으니 무슨 일을 할 수 있었겠는가. 이것이 일본인이 크게 편리를 얻어 해전과 육전이 무난히 진행된 까닭이다. 만약 한국인 전체가 한마음으로 일본인을 원수로 보고 이를 방해했다면 저들이 그처럼 쉽게 전승하지는 못했을 것이다. 이것이 저들이 사기를 쳐서 이득을 얻은 두번째이다.

을미년(1895)에 명성황후가 러시아와 연합해 일본을 배척하는 기미를 보이자 저들은 곧 시해를 행해서 제거하기로 계책을 결정했는데 궁중에서 감찰하여 예방할까 염려했다. 그래서 이노우에 가오루井上馨[47]는 귀국하는 날 입궁하여 아뢰기를 "일본인이 궁중 대권을 유지하여 안녕을 보장하니

---

47 일본의 외교관으로 갑신정변, 청일전쟁 직후 조선 공사에 부임했다. 삼국간섭과 박영효의 망명으로 조선에서 일본 세력이 감퇴하자 일본 정부와 교감하여 명성황후 시해를 실행할 후임 공사로 미우라 고로를 추천했다.

결코 다른 근심이 없습니다"라고 했고 또 민씨 척족을 불러 정계에 참여하게 하기를 청했다. 이에 궁중이 이를 믿고 염려를 풀고 그 방비에 해이했다가 필경 미우라 고로三浦梧樓[48]의 무리가 시해를 행하는 흉악한 일을 저질러 배일의 중심을 제거하게 했다. 이것이 저들이 사기를 쳐서 이득을 얻은 세번째이다.

갑진년 러시아와 전쟁을 개시함에 선언하기를 "한국 독립을 보존한다"고 해서 한국인의 환영을 샀고, "만주를 개방한다"고 해서 각국의 동정을 얻었다. 일본군이 북진함에 한국 백성이 군수품을 운반하고 철로 건설의 사역을 부담하여 막대한 편리를 주고 일본의 승리를 축원했다. 각국인도 대부분 일본을 편들었다. 전쟁에서 승리하여 강화 조약을 맺자 한국 병탄의 야심을 부리고 만주 이익을 독점했다. 이것이 저들이 사기를 쳐서 이득을 얻은 네번째이다.

일본군이 한국 경내境內에 들어가자 하야시 곤스께林權助[49]는 한국 조정에 한일의정서 6조를 협박해 막대한 권리를 점탈했고 기타 각종 행동이 침략의 실행이 아님이 없었다. 이에 한국 신민이 모두 위구危懼의 마음을 품고 의원議院 설립을 건의해 입헌 제도를 모방해 민의 기관을 조직하여 위아래 한마음으로 망국의 구원을 도모했다. 그런데 이또오 히로부미伊藤博文가 대사로 한국에 와서 황제를 알현하고 성언하기를 "일본의 이번 거의는 한국 독립을 부식하고 만주를 중국 영토로 확실히 보장하기 위해서입니다"라고 했고, 또 "원컨대 폐하는 뭇 신하의 말을 가볍게 들어주어 군권을 잃지 마소서"라고 했다. 한국 황제는 평소 이또오를 중시해서 "이또오가 이미 군권을 보장하는데 조정 신하가 의원 개설을 청하는 것은 군권

---

48 일본의 외교관으로 이노우에 카오루의 추천을 받아 그 후임으로 조선 공사에 부임했다. 명성황후 시해 사건을 저질렀다.

49 일본의 외교관으로 러일전쟁 전후 한국 공사로 부임하여 한일의정서(1904.2)와 한일협약(1904. 8)과 을사늑약(1905. 11)의 체결을 주도했다. 한국 병함이 달성되자 공적을 평가받아 남작의 작위를 받았다.

의 감소를 원하는 것이니 충심이 아니다"라고 생각했다. 의논이 마침내 실행되지 않고 민의 기관은 설립되지 못했다. 훗날의 늑약에서 마침내 정부의 소수 사람을 협박했고 중의衆議의 저항을 받음을 모면했다. 이것이 저들이 사기를 쳐서 이득을 얻은 다섯번째이다.

갑오년(1894) 동학당이 패산한 뒤 그 괴수 이용구李容九와 송병준宋秉畯 등이 망명하여 도쿄에 있었고 국내 각지에 있던 남은 무리가 아직 많았다. 일본인은 이를 기화로 삼아 그 괴수에게 이르기를 "우리 일본인이 한국에서 뜻을 얻으면 너희를 써서 정부를 조직해 정치를 개혁하겠다"고 했다. 그 괴수가 크게 기뻐서 그 무리를 시켜 큰 단체를 하나 조직하게 했는데 '일진회一進會'라고 했다. 이어서 우민을 널리 유인하여 입당시키고는 "우리가 정치를 개혁하면 안으로 대신, 협판과 밖으로 관찰사, 군수는 우리가 아니면 얻지 못한다. 또 부자의 전토는 모두 우리의 공공 재산이다. 너희는 그 가옥과 전토를 팔아 회금을 납부하면 대소 관직을 원하는 대로 할 수 있고 부자의 전토가 반드시 너희들에게 돌아갈 것이다"라고 말했다. 어리석은 하류의 백성이 이를 듣고 뛸듯이 기뻐하며 다투어 당원이 되어 그 재산을 죄다 기울여 바쳤다. 일본인이 다시 금전으로 돕고 세력으로 비호해서 쫓아가 붙을 생각을 굳혀주어 다수의 앞잡이를 얻었다. 보호, 폐립, 합병 등의 큰일에서 모두 그 이용을 얻어내고는 "이 일은 곧 한국 인민이 찬성한 것"이라고 공포하여 이를 각국에 구실 삼았다. 필경 합병을 실행한 뒤에는 각 단체와 함께 나란히 해산해버리니 어리석은 백성이 집과 땅을 팔아서 얻은 것은 단지 매국적이라는 악명이었고 거지로 변했을 뿐이다. 이것이 저들이 사기를 쳐서 이득을 얻은 여섯번째이다.

"황실 존엄을 유지한다" 말하고 졸지에 폐위를 행하고, "화폐 정책을 개량한다" 말하고 먼저 재산권을 빼앗고, "군사 제도를 쇄신한다" 말하고 군대를 해산하고, "교육을 지도한다" 말하고 학교를 폐철하며 서적을 불태우고, "한국의 부강을 기도한다" 말하고 부원을 다 빼앗아 촌철도 남기지 않고, "인민의 행복을 증진한다" 말하고 산업을 유린해 피와 살을 없앴다. 이것이 저들이 사기를 쳐서 이득을 얻은 우뚝하니 큰 것이다. 기타 천가지 만가지 모두 사기를 쳐서 한국을 빼앗아버렸다. 아아! 세상에 나라 있는 사람은 외국인에게 속아서 한국의 전철을 답습하지 말라.

다시 나로부터 반성할지니 누가 우리나라를 망하게 했는가. 정부를 책하는 자는 "정치가 부패한 때문"이라고 말하고, 인민을 책하는 자는 "민지가 유치한 때문"이라고 말한다. 이는 모두 말에 근거가 있으니 책망함이 당연하다. 그러나 나는 유독 "우리 조상의 교화가 쇠퇴해서 이렇게 되었다"고 말한다. 무엇으로 그렇게 말하는가. 무릇 세계 여러 나라 중에서 어느 나라는 패자霸者가 되고 어느 나라는 노예가 되고 어느 나라는 흥하고 어느 나라는 망하는가? 그 백성이 무강武强하고 용감해서 삶을 가볍게 여기는 자는 패자가 되고 흥할 것이다. 그 백성이 문약文弱하고 비겁해서 죽음을 두려워하는 자는 노예가 되고 망할 것이다. 우리의 건국 역사와 고대 문화는 일본보다 선진이었다. 유교와 불교의 도덕과 온갖 공인의 기예와 시서와 예악의 교화는 모두 저들이 흠모해서 배운 것이었다. 옛날 임진년(1592)의 전쟁에서 일본 장수 사야가沙也可[50]는 병사를 끌고 우리 경내에 들어와 우리 문물을 흠모하여 마침내 부하 3천을 거느리고 우리나라에 귀부했다. 힘을 쏟고 수고해서 우리의 중흥을 도왔으니 어찌 전쟁 중에 한번 보고 이를 결행했는가? 평소 오래전부터 우리를 흠모했기 때문이다.

지금에 이르러 일본인이 우리나라를 군현으로 만들고 우리 민족을 노예로 만들어 저승에 두니 어째서인가? 설령 서양 신문화의 수입이 우리보다 비교적 이르고 정치와 학술도 먼저 시작했지만 승패의 운수가 전적으로 여기에 있는 것은 아니다. 저들의 무강이 우리의 문약을 틈탔기 때문이

---

50 임진왜란 당시 기토 기요마사(加藤清正) 휘하 장수로 출전했다가 조선에 투항한 항왜(降倭)이다. 일본군과의 전투에서 군공을 세워 김충선(金忠善)이라는 성명을 받았다. 『모하당문집(慕夏堂文集)』을 남겼다.

다. 더욱이 우리나라는 수천년 이래 충의로운 선비가 순국을 결의해 맨주먹을 휘두르고 칼날을 무릅써서 죽음을 보기를 집에 돌아가듯 하여 의혈을 뿌린 자가 매우 많지 아니한가. 장자방張子房의 철추,[51] 신포서申包胥의 통곡,[52] 예양豫讓의 비수[53]처럼 굉렬하고 굉렬하여 세계를 진동한 일이 계속해서 일어나지 않았는가. 그러나 모두 국망을 구원하지 못한 것은 우리 민족 전체가 문약해서 저들과 맞설 힘이 없었기 때문이다.

그러면 우리나라는 무력이 언제부터 무너졌는가? 본조本朝 5백년 문치를 숭상한다 이름하고 무공을 내침이 너무 심해서 적약積弱에 빠진 것은 사람들이 모두 이를 알아서 말한다. 하지만 나는 유독 우리 조상의 교화가 쇠퇴해서 무력이 무너졌다고 말한다. 대개 총포와 창칼은 기계의 무력이고 충신과 용감은 정신의 무력인데 기계의 사용은 반드시 정신의 힘에 의지한다. 우리 조상의 상무 정신은 교화 속에서 머무른다. 옛날 삼국 시대에 다섯 가르침이 있었는데, '사군이충事君以忠' '사친이효事親以孝' '교우이신交友以信' '임전무퇴臨戰無退' '살생유택殺生有擇'의 다섯 항목이 이것이다. 무릇 이 다섯 가르침이 백성에게 보급되어 그 신경을 관통했기 때문에 당시 우리 민족이 나라를 위해 목숨을 바치고 전쟁에서 후퇴하지 않았다. 수나라 백만 병사가 살수에 빠졌고 당나라 십만 군사가 안시성에서 곤경에 처했으니 어찌 우리의 무력 때문이 아니었겠는가. 아아! 우리의 교화가 쇠퇴해 상무 정신이 남지 않아 이 지경이 되었으니 이는 누구의 잘못인가? 통탄스럽다. 통탄스럽다.

---

51 한(韓)나라의 장량(張良)은 국가를 멸망시킨 진(秦)나라에 복수하기 위해 창해(滄海) 역사(力士)를 시켜 시황제의 수레에 철추를 던지게 했다.

52 초(楚)나라의 신포서는 오(吳)나라의 침입으로 국가가 무너지자 진(秦)나라에 사신을 가서 궁궐에서 통곡하며 구원을 요청했다. 진나라의 구원병으로 오나라는 물러나고 초나라는 나라를 회복했다.

53 진(晉)나라 지백(智伯)에게 국사로 예우받은 예양은 지백이 조양자(趙襄子)에게 멸망하자 비수를 품고 자객이 되어 복수를 시도했으나 실패했다.

5장
대한민국임시정부의 지도자
『독립신문』의 세계

임시정부의 어른

나의 사랑하는 청년 여러분께[1]

나는 우리 사회 가운데 한 노인이라. 정신과 근력이 세상 사무를 담임하지 못하기 때문에 우리 국가를 광복하며 우리 민족을 구제하며 우리 조상의 역사를 부활하게 하며 우리 자손에게 행복을 물려주는 대책임과 대사업은 오직 청년 여러분에게 위탁하고자 하므로 매양 우리 청년 가운데 아름다운 품행과 좋은 사업이 있다 하면 지극히 환영하고 감사하여 자기가 한 것보다 더욱 기뻐하며 만일 잘못이 있다 하면 문득 걱정하고 불안하여 곧 나의 잘못으로 인책하노라.

작년(1919) 삼월 독립운동으로 말할지라도 우리 청년 남녀의 피 흘린 힘이 많으니 내가 더욱 청년 제군을 위하여 무한한 감사와 무궁한 희망을 두

---

1   『독립신문』 1920. 6. 17.

없노라. 그러나 군자는 덕으로써 사람을 사랑하고 고식적으로 사람을 사랑하지 않으니 내가 청년 제군의 잘못을 보고 잠자코 간과하여 한마디 경고가 없으면 결코 사랑하는 본의가 아니기로 분망한 가운에 다른 겨를 없이 충고의 말을 주고자 하는 것은 우리 청년 가운데 혹시 한때 잘못 생각하여 그릇된 길에 유입된 사실이 드러난 자가 있음이라.

대저 사람 마음은 사나운 말과 같아 출입의 방향이 없기 때문에 속담에 이르되 사찰에 가면 승려 될 생각이 나고 청루靑樓에 들어가면 기둥서방 될 생각이 난다고 함과 같이 정치계 명리장名利場에 접촉이 되면 사환열仕宦熱이 생기는 것은 보통 인심이 면하지 못하는 바인데 하물며 혈기가 왕성하고 지취가 미정한 소년시대에 이목의 접촉으로 인하여 허영심이 발생하기가 용이한 것이라. 만일 이에 대하여 누구든지 한줄기 광명의 길을 지시하여 여러분을 인도하는 자가 없으면 여러분의 앞길뿐 아니라 우리 국가와 민족의 앞길이 실로 망측한 위험이 있으니 어찌 십분 두렵고 십분 떨리지 않겠는가.

내가 감히 선진의 지도자로 자처함이 아니라 늙은 농부가 농사를 알고 늙은 말이 길을 아는 것과 같이 인격의 수양과 세상의 경험은 여러분보다 하루가 길다 해도 참람이 아닐 듯하도다. 오늘 우리가 노소를 막론하고 다 광복 사업을 자임하는 중에 더욱 청년 여러분은 모험 사상과 용진 기개로 분투하는 경우에 혹 궤도를 넘는 행동이 있을지라도 용서하는 분수分數가 없지 않거니와 만일 선진 장자를 대하여 모멸을 가하거나 정부 당국을 대하여 불평을 안아 국민 사회에 악영향을 주게 되면 이는 국가에 대하여 공인이 되지 못하고 죄인이 되며 사회에 처하여 선사善士가 되지 못하고 악마가 되는 것이니 이를 어찌 십분 맹성하고 즉각 회개할 자가 아니리오.

대저 사람 마음이 남이 하는 일에 대하여 비평하기는 쉬우나 자기가 그 지위에 들어가 실지로 이행하기는 어려운 것이라. 그런 까닭에 옛사람이 말하되 "불파무관주不怕無官做"요 "지파위관불회주只怕爲官不會做"라 하니 벼슬을 얻지 못하는 것이 근심이 아니요 벼슬을 얻고 일을 하지 못하는 것이 근심이라 함이라. 내가 일찍 중국 전임 육군총장 왕사진王士珍 씨 말한 바를 들으니 그가 말하기를 "내가 소시부터 이문충李文忠(이홍장) 막하에 있을 때 이문충의 하는 일에 대하여 가지가지 불만족한 생각이 들어 '내가 만일 저 지위에 처하면 저보다 나은 사업을 하리라' 했는데 내가 당국자가 되어보니까 아무 일도 할 수 없었다"고 하니 이것이 실로 진정어린 말이라. 오늘날 여러분의 생각도 내가 저 지위에 처하면 나은 일을 하리라 하나 만일 그 지위에 들어가면 나은 일은 고사하고 못 미치기 쉬울지라.

현시 당국자로 말하면 비록 세계적 인물이 아닐망정 우리 국민이 다 인지하는 바이오. 또한 나이가 노성하여 경력과 경험이 있거니와 여러분으로 말하면 우리 국민이 그 성명도 알지 못하는 자가 많으니 무슨 신용으로 나랏일을 하겠는가. 또 제왕시대의 정부는 군주의 명령으로 조직하거니와 공화시대의 정부는 국민의 신임으로 성립되는 것이라 오늘날 여러분이 당국자가 되고자 하면 과연 의정원議政院의 승낙과 국민의 동의를 얻겠는가. 이것으로 그 잘못된 견해와 망령된 생각을 깨뜨릴 수 있을 것이오.

또 정치계와 사환장仕宦場은 결코 고상한 인물이 나아갈 장소가 아니라. 이왕 전제시대에 관권 만능이 있는 날에도 고상한 지취를 가진 자는 헌신짝같이 간주했거든 하물며 오늘날의 시대는 대통령 이하 대소 관료가 인민의 노복이라 기거동작과 발언 처사가 조금도 자유함이 없거든 오늘날 청년이 자유를 애호한다면서 관장官場의 속박 생활을 스스로 구함은 무슨 까닭인가. 또 관장의 벼슬길은 크게 위험한 땅이라 만일 자기의 재분과 역량을 생각하지 않고 허영을 사모한 바 되어 비틀비틀 나아갔다가 대내對內 대외對外의 중대한 임무에 관하여 혹 그르치게 되면 망국의 책임을 짊어지고 자기의 신분도 천길 구덩이에 떨어질지며 또 사람의 욕망이 무한하여 금전과 이록에 끌리게 되면 이완용, 송병준도 되기가 쉬우니 이를 어찌 좋은 물건이라 하리오.

그런 까닭에 세계 역사에 고상 청결하고 독립 탁행의 인물은 다 공명 부귀에 대하여 썩은 쥐와 같이 여기는 것이라. 여러분은 듣지 않았는가? 우리나라 선배의 이퇴계 선생 같은 이는 벼슬 생각이 담담하고 덕행이 고상하므로 생전과 사후에 우리 국민에게 어떠한 숭배를 받았으며 러시아의 톨스토이 선생 같은 이는 관장을 벗어나 수고로운 일을 친히 하므로 세계 만국과 천추만대에 어떤 영광을 누리며 기타 철인 위인의 존귀한 가치가 다 부귀와 명리의 누가 없는 까닭이라.

오늘 청년 여러분이 다 앞길이 만리에 책임이 중대한 자로서 어찌 비루한 관장에 생각이 움직여 고상한 인물이 되기를 노력하지 않는가. 지금에 우리가 다만 한미한 선비와 평민의 지위로서 광복의 대사업을 해나가면 구구한 총장總長이나 차장次長[2]의 명의를 가지고 하는 것보다 백배 천배나 탁월하지 않은가. 하물며 오늘은 노동 신성의 시대인 까닭에 대학을 졸업한 고등 학자들도 공장에 투입하여 노동을 친히 하는 자가 많은지라. 여러분도 시대의 영향으로 노동주의를 항상 말하면서 관계의 탁류에 생각을 두는가.

나는 본래 정치계에 자신력이 없으므로 어떤 시대를 막론하고 벼슬하지 않는 주의를 갖고 있기로 매양 친애하는 이를 대하여 이 주의로써 권면할 뿐더러 장래 우리의 구국 방침은 일반 국민으로 하여금 사환열을 소멸시키고 사업열事業熱을 발달케 함이 제일 필요라. 만일 사환열과 권리열權利熱이 여전히 치성하게 되면 완전한 국가가 되고 정식 정부가 된 후에 사람들마다 대통령과 국무총리를 다투어 국가가 재차 멸망할 뿐이라. 그래서 나는 사유하기를 우리의 독립이 완성되는 날에 사람들마다 대통령과 국무총리를 사양하여야 진정한 공화의 행복과 독립의 지위를 향유할지라. 나는 여러분과 더불어 벼슬하지 않는 주의主義의 동맹을 닦고자 하니 여러분

---

2   대한민국임시정부는 대통령과 국무총리 아래에 내무총장, 재무총장, 군무총장, 학무총장, 법무총장, 교통총장 등이 있었고 다시 그 아래에 각각의 차장이 있었다.

은 기꺼이 따르겠는가?

우리 국민이 기대하는 정부 여러분께[3]

오늘에 우리 독립운동은 이천만 형제자매의 순연 일치한 붉은 피가 합하여 된 것이므로 과거 십년간 소리없이 적막한 한국 문제가 드디어 세계적으로 크게 주목을 받게 되었도다. 만일 이번 운동이 다만 수십 수백 수천인의 의혈로만 되었으면 이와 같이 위대한 가치를 얻지 못하였을지로다.

우리 정부도 또한 우리 민족의 정신적 정부라. 그런즉 각원閣員 여러분은 마땅히 우리 민족의 정신으로서 의견도 되고 행동도 될 것이요 결코 아我라는 정신은 뇌리에 둘 수 없도다. 만일 이와 같이 초창기의 어렵고 위험한 시대를 당하여 대내와 대외에 관찰과 비평이 있어서 혹 우리 정부가 화목하지 못하다 하든지 혹 기관이 든든하지 못하다 하든지 혹 어떠한 충돌이 있다 하든지 혹 사업의 능력이 없다 하는 풍설이 노출되면 각원 여러분의 신분 관계뿐 아니라 곧 우리 민족의 신성 장렬한 피의 정채精彩를 멸손케 하며 심한즉 말살케 하는 지경까지 이를지니 아아, 이보다 더 큰 관계는 없다고 할지로다.

여러분이 십수년간 나랏일을 위하여 노심초사하고 국궁진췌鞠躬盡瘁한 역사가 있으므로 우리 국민의 위임을 받고 기대를 받았으니 여러분의 성충誠忠과 명달明達로서 다른 사람의 충고와 책난을 기다릴 바 없을지나 그러나 제갈공명諸葛孔明(제갈량)의 재지로도 중선衆善을 모으고 충익忠益을 넓힘으로써 평생의 요결을 삼아 그 부하 요속을 대하여 항상 말하기를 여러분은 다만 나의 잘못을 힘써 치면 공을 이루고 적을 깨뜨리고 나라를 일으킬 수 있다고 했으니 하물며 재지가 제갈공명에 미치지 못하면서 남의

---

3   『독립신문』 1920. 6. 24.

잠언을 즐겨 듣지 아니함이 옳은가. 더구나 나는 여러분의 늙은 벗이라 여러분을 위하여 한번 양약良藥을 바치지 않을 수 없도다.

여러 말 할 것 없이 다만 두가지 약료를 대접하니 하나는 포용력이요 하나는 인내력이다. 대저 큰 그릇이 되고야 큰 물건을 용납함과 같이 사람이 큰 역량이 있은 뒤에야 큰 사업을 세우는 것이라. 옛날부터 명인 위인의 역사를 보면 다 포용하는 역량이 커서 자기를 공격하고 자기를 배반하는 자를 대하여 다 용서하고 후대할뿐더러 심지어 자기를 살해코자 하는 자도 그 원한을 풀고 그 재주를 쓴 자가 있는지라. 오늘 각원 여러분이 어떠한 시기와 어떠한 국면에 처했는가. 또 우리 사회가 본래 무익한 시비에 떠들기를 좋아하는 습관이 있나니 이를 진정하고 수습하자면 사람을 포용하는 큰 역량을 가지고서야 될지라.

옛날 제나라 관중管仲은 포숙鮑叔의 천거로 재상 자리를 얻어 패업을 이룬 자라. 관중이 병이 심하니 제환공이 손을 잡고 묻기를 "그대가 백세 후에는 국정을 포숙에게 위임함이 어떠한가?" 하니, 관중이 대답하기를 "불가합니다. 포숙이 선악에 너무 밝아 한번 남의 잘못을 보면 종신토록 잊지 않는지라. 그러고서는 그 지위를 보전하지 못하여 공업功業을 이루지 못합니다" 한지라. 이로써 보면 국가의 최고 기관수 된 자는 포용력을 가지고야 될 것이오.

우리의 목적한 독립사업은 우리 이천만이 다 인내력을 가지고야 될 터인데 하물며 최고 기관에 처한 각원 여러분이리오. 우리 전진하는 길에 어떠한 곤란과 어떠한 장애와 어떠한 위험과 어떠한 공격과 어떠한 군급窘急이 있을 것은 우리가 다 미리 알고 나아가는 바가 아닌가. 만일 인내력이 십분 충족하지 못하고는 우리 국민의 기망하는 사업은 이루어지지 못할 것임이 또한 명확히 아는 바라. 내가 일찍이 불경을 읽으매 참는 힘 대왕이 있으니 악마의 괴수가 그 참는 힘을 파괴하고자 하여 세계상 싸우기 좋아하고 욕하기 좋아하는 수천 악마를 모집하여 참는 힘 대왕을 포위하고 무수한 욕설을 가하는데 앉아도 욕이요 일어서도 욕이요 식사할 때도 욕이요 잠잘 때도 욕이요 출입할 때도 욕이요 휴식할 때도 욕이라. 이같이 욕설하기를 1만 8천년을 지나도 참는 힘 대왕이 조금도 불평하는 생각이 없는 까닭에 필경 악마의 무리가 자복하여 제자 되기를 원했다고 한지라. 이는 참는 힘의 지대한 효력을 말함이니 오늘 우리가 다 참는 힘 대왕이 된 후에야 우리의 목적을 달성하겠기로 이로써 여러분을 위하여 바치노라.

이천만 동포께 통렬히 고한다[4]

본보本報는 항상 화평 온건한 논조로 각 개인과 각 단체를 대하여 선을 드날리고 악을 숨기며 하자가 있으면 포용해야 한다는[5] 의미로 일찍이 혹독한 논평을 취하지 않고 온유한 언론을 발표한 것이 지금까지의 사실이다.

그러나 오늘날에 이르러 우리 사회가 광명 융합하는 좋은 상황이 발전하지 않고 편집偏執 결렬의 우려가 없지 않은즉 이는 우리 전체 민족의 존멸이 걸린 관계라 부득불 통곡하는 소리로 이천만의 공공의 판단을 요구할지며 또 인류 사회에 공리公理가 밝지 않고 정론이 행해지지 않으면 광풍 불고 흙비 내려 해와 달의 광명을 보지 못함과 같아 온갖 사물이 착란하지 않음이 없어서 흑암의 앞길이 아득히 한량이 없음은 필연지세라.

본보本報는 우리 사회의 공리를 부식하고 정론을 주장하는 책임이 있은즉 부득불 춘추春秋 필법의 엄숙한 정론으로 현상의 추향이 복잡하고 시비가 전도한 것을 또한 통곡하는 소리로 이천만의 양심에 호소하여 정당한 해결을 요구하지 않을 수 없도다.

---

4   『독립신문』 1923. 3. 1.
5   원문은 "汚를 納하고 疾을 藏하는"이다. 『좌전』에 "내와 못은 오물을 받아들이고 산과 숲은 독충을 끌어안으며 훌륭한 옥도 하자를 품고 있다. 나라의 임금이 더러움을 포용하는 것이 하늘의 도이다(川澤納汚, 山藪藏疾, 瑾瑜匿瑕, 君國含垢, 天之道也)"라는 구절이 있다.

아아! 우리의 반만년 장구한 역사가 무엇 때문에 다른 민족의 독수에 훼멸되며 이천만 선량한 민족이 무엇 때문에 다른 나라의 노예 장부에 편입되었는가? 물론 정치 불량, 교육 불흥, 실업 부진, 무력 불비 등의 허다한 원인이 있거니와 최대 원인은 정계의 당쟁과 지방의 차별로 단결적 정신과 합작적 사업이 결핍하여 인심이 부패하고 국력이 허약한 소치가 아닌가. 지금에 우리가 다시 조국을 광복하며 동족을 구제하자면 오직 대동단결로 일치합작하는 외에 다시 무슨 방법이 있는가.

우리의 3·1운동으로 말하면 전민족의 대동단결과 일치행동으로 세계 역사에 미증유한 맨손 혁명을 연출한 까닭에 세계 인사들의 찬동하는 의사로 독립 자격이 있다는 호평을 준지라. 만약 3·1운동이 몇 개인이나 한 지방이나 한 단체로 발생하였으면 아무 가치도 없었을 것이라. 우리가 독립을 선언하는 날에 우리 조선은 독립국이라 하는 대의를 게시하였은즉 고국 강토를 수복하기 전에 임시정부란 명의로 대내 대외에 우리 최고 기관이 있는 것을 발표하였으며 또 우리의 독립운동이 혹 급진을 주장하고 혹 완진緩進을 주장하는 이점이 있으나 그 정신은 일치하지 않으면 불가한 까닭에 중앙기관을 설치하여 곧 각 방면의 정신 일치의 표준을 건립하지 않을 수 없으니 이는 임시정부가 산출한 바이오. 또 우리가 정부 없는 민족으로 어떠한 능력과 어떤 방식으로든지 정부가 산출되었다 하니 자연히 환영하고 축하함은 인정의 본디 그러함이라.

그러나 임시정부가 발표된 이래로 대통령 이하 각 각원의 행정은 볼만한 성적이 없어서 인심에 불만인 점도 있고 또 각 방면의 정의가 소통되고 권한이 한결같지 못하여 정부의 실력이 극히 박약한 비경悲境에 빠졌으니 이를 그대로 인순하게 되면 발전은 물론 유지도 불가능할지라. 이에 국민대표회의國民代表會議 문제가 발생한 것은 곧 다수의 성력誠力을 집합하여 우리 독립운동의 통일 기초를 수립하고 정국에 대하여 완선完善하지 않은 결점이 있는 것은 다시 토론하여 원만한 해결로 개량 진보를 취하고자 함이요 결코 어느 당파를 옹호하고 어느 당파를 배척한다는 비열한 생각에서 나온 것은 아니라.

그러나 우리 사회가 항상 시기하고 불신하는 억측이 있는 까닭에 동시 반대가 심히 격렬하여 '이는 대통령을 배척하는 계책'이라 하며 '정부를 파괴하는 행동'이라 하여 괴상한 충돌과 허다한 곤란을 경과한 나머지 오늘날에 이르러 비로소 대표회가 성립됨은 우리 일반이 다 간절히 환영하고 찬성한 바이라. 대표 여러분은 평일의 성망을 일찍이 지고 국민의 위임을 친히 받아 전에 없는 회동을 이루었은즉 우리가 이번에 정부 제도 문제이든지 인물 문제이든지 원만히 해결될 것이요 광복 사업에 관하여 대동단결로 일치 행동을 취하여 민족을 부활하게 하는 대희망이 이에 있다 함은 실로 우리의 진정이요 가식이 아니라.

그러나 개회 전후에 제반 상황이 우리의 소망과는 대단히 위반되는 점이 있으니 우리가 만일 이에 대하여 침묵하고 말하지 않기로만 주로 하면 사회의 정리와 공론이란 것은 영원히 매장되어 우리 민족으로 하여금 무한한 암흑 세상에 떨어지게 할지니 부득불 여러분을 위하여 입에 쓴 약을 제공할지로다.

대저 개회 종지가 전체 국민을 통일하여 유력한 독립운동을 하자면서 대표단으로부터 모 지방의 단체이니 모 기관의 단체이니 남파이니 북파이니 갑파이니 을파이니 하는 형형색색의 암합암투하는 것이 삼분오열의 적국이 대치한 모양과 같으니 이것이 일찍이 통일을 주장하는 실행인가? 만일 이를 조속히 회개하지 아니하여 일치단결의 기초를 수립하지 못하면 곧 제2의 망국 종족이 되기로 추향하는 것이요 결코 광복사상이 있는 독립운동자라 할 수 없도다.

그중에 가장 일반적인 다툼은 이른바 '승인'이니 '불승인'이니 하는 문제라. 대저 임시정부가 발표된 동시에 내지 동포가 적의 총검포화 중에서 애국금을 모집하여 수납한 것이 비록 적의 방해 때문에 전수 도래하지는 못하였으나 백분의 일은 도달함이 있었으며 부녀 자매가 머리장식과 반지를 빼서 정부에 바쳤으니 만일 정부를 부인하였으면 어찌 이것이 있었으리오? 지금에 어느 종류의 당파가 묵은 감정과 당파 의견을 갖고 정부를 부인한다 하면 즉 동포의 애국심을 소멸함이니 결코 애국자의 양심 주장으로 낼 바가 아니오.

또 신문은 여론의 대표라 우리『독립신문』은 물론이요 내지에서 발행하는『동아일보』와『조선일보』가 다 임시정부라는 네 글자를 대서특필하였은즉 언론기관에서도 부인한 바 없고 또 외국인으로 말하면 비록 정식 승인은 없었으나 우리 임시정부가 상해에 존재한 것은 다 아는 바이요 또 적인敵人의 신문지도 '상해 가정부假政府'란 지칭이 있거늘 지금에 우리 독립당 중에서 '승인'이라 '불승인'이라 하는 것이 어찌 기괴한 문제가 아닌가.

설사 오늘날에 현 정부를 불승인한다 하고 '창조創造'이니 '신건新建'이니 했다가 후일 다른 방면에서 하등 운동으로 또 불승인한다 하면 어떻게 대처하겠는가? 우리가 타국 조계 안에 있어서 숨쉴 자유도 없으면서 서로 융합과 단결의 행동이 없고 다만 묵은 감정과 당파 의견으로 '승인'이니 '불승인'이니 하여 각기 고집으로 결국 결렬하고 쟁투하면 다른 나라 사람들 눈에 우리 민족을 어떻게 비평하며 왜인은 어떠한 조소의 재료를 얻겠는가?

또 국호를 고친다 연호를 고친다 하는 것이 설사 이유가 있을지라도 오늘날에 급무는 아니니 이러한 허문허식의 쟁론도 일절 물리치고 오직 독립운동에 관한 실지 사업을 연구하여 결행하는 외에 다른 문제가 없다 하노라. 오늘날에 '승인'이니 '불승인'이니 하는 문제와 국호 연호 등 문제로 풍파를 야기하고 세월을 허비하는 것을 우리 이천만 심리心理로써 공판하면 '가'라고 하겠는가 '부'라고 하겠는가?

여러분이 국민의 위임을 받아 대표로 모였은즉 대표 된 책임을 이행하는 것이 당연한 천직이라 만일 그렇지 않으면 우리 국민이 감시도 하고 그 자격을 취소하는 권한도 있는 것이니 여러분이 나랏일을 위하든지 자기 몸을 위하든지 십분 경성하지 않을 수 없다 하노라.

우리도 중국 각계의 운동과 일치로 하자[6]

내가 일찍 국민대표 환영석에서 왜로倭虜의 경제 압박이 열화와 같아서 5년 안에 우리 민족을 다 떠돌고 사망케 하려는 악독한 정책을 사용하려는 정황을 약술하고 인하여 우리가 중국과 러시아 두 국민을 연합하여 왜로의 경제 침략을 저지하면 3년 안에 적의 사생을 결판할 수 있다 함이 결코 공상의 큰소리가 아니요 필연의 사실이 될 것을 지언指言함이더니 지금에 과연 중국 각계가 여순旅順과 대련大連을 회수할 문제로 왜를 대하여 물화 배척과 교통 단절을 결행하여 외교의 후원이 되기로 선언을 발포發布했으니 이것이 능히 확대하게 되면 실로 왜의 정치 생명에 부상을 주는 것이라 할지로다.

현금은 세계 열강이 무력 전쟁을 변화시켜 경제 전쟁에 노력하는 시기인데 이에 승리를 얻는 자는 흥왕할 것이요 이에 실패하는 자는 쇠망의 운에 떨어질지라. 왜국의 현상으로 말하면 유럽의 전쟁 5년간에 서양 물화가 동방에 수출치 못하니 왜가 이 틈을 타서 항해 무역의 독점권을 장악하여 은행과 공장의 각종 사업이 일시 격증하여 벼락부자가 되어 채무국이 일약하여 채권국이 된지라. 이에 저들이 동방 대륙의 주권자가 되어 세계 통일을 장담하고 독일에 선전포고하여 청도靑島를 점령하고 중국을 위협하여 21조의 늑약을 체결하고 만주와 몽골 각지의 침략을 자행하며 또 시베리아에 7만 대군을 파병하고 6억원의 거액을 소비하여 우랄산맥 이동의 광대한 토지를 점취하고자 했으니 저들 군벌가의 제국주의가 장애 없이

---

6 『독립신문』1923. 3. 14.

진행하게 되었다.

그러나 이것이 일시 투기적 침략에 불과한즉 어찌 오래갈 수 있으리오. 이로써 세계 열강의 시기와 증오가 총집하여 국제상 고립이 되고 유럽의 전쟁이 종료됨에 서양 물화가 다시 동방으로 수출되고 중국이 산동 문제로 왜화倭貨를 배척하니 저들의 판매가 퇴축되어 은행과 공장이 쓰러진 것이 많은즉 노공계勞工界의 실업자가 급증하고 또 물가가 앙등하여 빈민 생활은 곤란케 되고 그 사이 이익을 획득해 치부한 자는 자본가뿐이라.

이즈음 세계 노공주의勞工主義가 비상히 발전되어 자본가와 전쟁을 선포하는 풍조가 저 나라에 수입되므로 저 나라 인민의 사상도 변천되어 전일에 만세일계 천황을 미신하고 군벌가의 제국주의를 맹종하던 취몽醉夢에서 조금씩 깨어나 농민계와 노동계에 혁명사상이 거의 보급되어 갖가지 불평하는 행동을 표시한즉 서리 밟아 얼음 굳어지는 형세가 반드시 이를지라. 저들이 만일 이즈음 어떤 나라와 전단戰端이 열려 병역兵役이 연장하든지 외교가 실패하여 무역과 교통을 상실하여 국민의 생활이 더욱 곤란하게 되면 혁명의 일이 즉시 발생할 것은 요연한 형세라. 그러므로 저들이 열강의 공론을 거역하지 못하고 국민의 책망을 강압하지 못하여 산동을 중국에 돌려주고 시베리아의 철병도 실행하게 되었다.

그런데 여순·대련의 조차 연기는 더욱이 중국 인민의 억울하고 분개한 문제라. 저들이 청도를 점취하는 날에 대륙을 병합할 야심이 일층 발발하여 곧 동원령을 내려 21조의 강박 체약을 행하므로 중국 인민의 5.7 국치 기념[7]이 있었다. 그 후 중국 대표가 파리 회의와 워싱턴 회의에서 그 늑약의 당연 무효함을 성언하여 국제상 현안이 되었고 지금 3월 26일은 그 땅 조차가 만기 되는지라. 중국의 참의원과 중의원 두 의원에서 그 늑약이 국회의 승인이 없는 것을 근거하여 무효를 선포하고 외교부에서 이미 조회

---

7   일본의 21개조 요구로 인한 중국의 국치 기념은 5월 9일이므로 오기로 보인다.

를 내서 왜정부에 송교했는데 저들의 정치계와 언론계가 이를 거절한다 발언하였은즉 이는 양국간에 극히 중대하고 위험한 문제라. 이로써 전단이 열릴지는 확언하지 못하겠으나 이제 중국 각계가 물화 배척과 교통 단절을 발표하였은즉 그 영향이 어떠하겠는가? 만일 이 거사가 중국 인민 중에 간상배가 몰래 무역하여 이익을 노리는 폐단 없이 일치단결로 굳게 참고 오래 버티는 분투를 실행하여 내지 성들의 각 도회와 각 항구며 남으로 남양 여러 섬이며 북으로 시베리아며 해외 각국에 있는 중국 인민이 다 저들의 열등한 물화를 배척하게 되면 저들의 판매는 전연 두절되고 서양 물화가 때를 타서 크게 전진하고 중국의 토산 물화가 동시에 진흥하니 저들의 항해 무역이 절지絶地에 빠져 은행업과 공장업이 자연 감소하여 실업자가 더욱 늘어난즉 저들 국민이 생활 곤란으로써 어떤 변동이 발생하기도 용이하고 또 저 나라가 인구는 많고 땅은 좁아 비록 농작이 풍작일지라도 국내의 곡물 생산으로는 신구新舊를 잇지 못하는지라 만일 중국 인민이 저 나라를 대하여 곡물 수출을 엄히 막으면 저들의 식량 길이 군핍해져 굶주리는 경우를 면하기 어려울지니 이 어찌 두 나라 경제상 명맥의 소관이 아니라 하리오?

그런즉 우리는 이에 대하여 어떻게 동일한 행동을 취할까? 현재 우리 내지의 상황으로 말하면 저들의 물화를 갑자기 배척하기 어려우나 오직 우리의 토산 수용을 장려하여 우리의 의복과 음식과 기물을 다 우리 손으로 만들어 쓰고 점차 외화를 억제하여 즉시 생활상 독립을 얻는 것이 실로 국가 독립의 기초라. 유래 우리나라 사람이 본국의 소산을 천시하고 외국에서 오는 물화를 애중하는 악습이 있어서 조금 재산이 있는 자는 의복과 음식과 문방구가 다 외제를 수입해 쓰기로 숭상하니 이로 말미암아 본국 제조는 침체되고 외국인 물품은 창성하여 생활 명맥을 오로지 외국인을 의뢰하니 이것이 곧 망국의 잉태이다.

금일 이르러 우리가 비로소 이를 각오하고 금연 단주의 동맹과 국산장

려회가 발생함에 부인계에서 더욱 열심히 한다 하니 이것이 실로 우리의 자구하는 유일 방법이니 아무쪼록 도저하게 굳게 지켜 일치로 힘써 행하여 가급적 적의 물화를 억제할 것이오.

혹 독립당 측에서는 격렬한 수단으로 적의 건설물을 파괴하는 것이 독립운동의 일종 방법이요 해외에 있는 우리 동포는 더구나 적의 물화를 구입해서 쓸 바 없은즉 중국 각지에 있는 자는 중국 각계와 같이하며 미령美領에 있는 자는 미령의 화교와 같이하며 아령俄領에 있는 자는 아령의 화교와 같이하면 적에게 손해를 줌이 어떠하든지 우리의 사상을 발표함이 필요하도다. 우리는 중국과 특수한 밀접한 관계가 있으므로 정치상 경제상 문화상에 반드시 서로 도울 의무가 있겠거늘 하물며 적의 물화를 배척함에 대하여 어찌 동일한 행동을 취하지 않으리오?

지난날 중국 유지가 본사本社 한자보漢字報에 대하여 기서寄書 하기를 우리 중국인은 한국 독립을 위하여 왜화를 배척하자는 논조도 있었고 지금 여순과 대련 문제로 각 공단工團 선언 중에 여순과 대련을 회수하고 삼한三韓을 세운에 따라 흥하게 하자는 어구가 있으니 그 장래 결과는 어떠하든지 우리를 원조하고자 하는 성의는 자연에서 나온 것이니 우리가 이를 함께 양찰함이 가하고 만일 여순과 대련 문제로 인하여 중국의 국교가 파열되어 전단이 발생하게 되면 더구나 우리 독립군의 상당한 준비가 있어야 될 것이오. 전 민족 이천만이 결사 혈전하는 것이 적의 경제 압박하에 굶어 죽는 것보다 쾌하지 아니한가?

임시대통령에 올라

정부와 우리 민족의 관계[8]

이번에 새 내각이 출현한 사실로 말하면 그때 대통령은 수만리 밖에 유고有故 중에 있고 대통령 대리는 직무를 버리며 일반 내각은 사퇴하므로 무정부 상태가 된지라. 만일 이때에 내각의 자리를 이어받는 자가 없게 되면 우리 독립운동의 중심 기관인 정부가 중단이 되는 것이니 정부가 중단되면 3·1운동의 정신을 근거하여 5, 6년 역사를 보존해오던 대한민국의 명의가 어디에 붙어 살리오. 따라서 우리 민족은 독립운동이 그만 중지되었다는 악성이 선전되어 적의 비웃음이 어떠하며 세계의 냉정한 평론이 어떠하며 우리 민족의 낙망이 어떠하리오.

이와 같은 갖가지 관계를 생각하면 무릇 대한 인민 된 자는 정부의 계속 문제에 대하여 결코 냉담할 자가 없을 것인데 하물며 독립운동자의 신분을 갖고 정부의 현상을 직접 목도하는 경우에 처한 자리오. 이는 새로운 각원이 그 부담의 책임을 피하지 못할 것이라. 우리 정부의 지위와 능력으로서 말하면 아직은 조국 강산의 편토를 수복하지 못하고 다른 나라 조계 안에 붙어살아 어떤 정책 시행과 국법 집행의 실권이 없고 다만 이상적 기관이라 하는 것이 없지 않다.

그러나 우리 대한 민족이 수년간 정부가 없던 백성으로서 이제 정부가 있는 백성이 되었으니 천지에 기뻐해서 뜀뛰며 춤추는 것은 자연스런 감정이고 따라서 의리상, 인심상, 외교상, 군사상, 단체상 모두 극대한 관계가 있는 것을 생각하면 정부를 애경하고 옹호함에 더욱 간절하지 않을 수 없도다.[9]

---

8   『독립신문』 1925. 3. 23.
9   정부를 애경하고 옹호함에 더욱 간절하지 않을 수 없도다: 원문에는 이 구절 앞에 '뉘가'가

의리상으로 말하면 우리가 펼치지 못한 잔약한 백성으로 망국의 비운을 만나 반만년 조종의 역사는 원수 오랑캐의 연료가 되며 삼천리 금수 산하는 원수 오랑캐의 판도가 되며 이천만 예의 민족은 원수 오랑캐의 노예가 되었으며 태양이 광명하되 우리는 죄 없는 죄수요 대지가 광막하되 우리는 땅을 잃은 유민이라. 중국 고사에 송조宋朝 유민이 자기가 사는 당실에 이름을 붙여 본혈세계本穴世界라 했으니 본혈은 송宋이라는 글자라. 자고로 충신 의사가 조국을 기념하는 고충이 이와 같이 처량하고 참담하도다.

이제 우리는 독립만세 소리가 세계를 진동한 결과 대한민국임시정부가 때맞추어 탄생하여 해외 동포가 만세 삼호三呼를 거행하며 의무 부담을 지원했고 세계와 국제를 대하여 대표를 파견하여 승인을 요구했으니 비록 즉각 우리의 원망이 바로 성사되지 못했으나 우리의 의지는 세계에 발표했고 대한 정부의 명의로서 이미 5, 6년 역사를 지키어 과거 4천여년 계통을 이어받아 장래 억만년 독립을 기초하기로 하니 우리 대한 민족이 되고서 만일 이를 미약하다 경시하며 무능하다 냉소하여 충성을 기울이지 않으면 어찌 양심상 의리가 있는 자라 하리오.

공자가 말하기를 나는 그 예禮를 아낀다고 했으니[10] 우리가 대한 정부의 명의만 존중히 여길지라도 애경하고 옹호하지 않을 수 없는데 하물며 우리 정부가 독립운동의 중심 기관으로 막대한 중추를 장악한 것이리오. 이는 우리가 의리를 지키기 위함에도 아무쪼록 정부를 유지하고 발전함에 성력을 바칠 것이다.

인심상으로 말하면 오늘날 우리 독립운동의 제일 요소는 각방의 인심을 통일하여 내부의 결속을 견고하게 함이라. 만일 인심이 통일하지 못하여 내부의 결속이 박약하고 산만하게 되면 그 결과가 각자의 의견과 각자의

있는데 문장으로 성립할 수 없기 때문에 '뉘가'를 삭제했다.
10   『논어』「팔일(八佾)」에 "너는 그 양을 아끼느냐? 나는 그 예를 아낀다(爾愛其羊, 我愛其禮)"는 구절이 있다.

행동으로 서로 알력하며 서로 충돌하여 심지어 서로 원수로 여겨 죽이는 참극까지 연출하게 되니 이는 우리 독립당의 본지와 전체를 파괴하고 적의 이용에 공헌하는 자가 될뿐더러 자살과 자멸을 자취하는 화근과 악과가 아닌가. 그러므로 제반 시설보다 인심 통일이 가장 시급하고 가장 중요하다 할 터인데 인심 통일의 근본 방침은 오직 중심 기관을 표준 삼아 그 위신을 붙들어주며 그 권력을 옹호해주어 여러 덩어리가 합하여 한 덩어리가 되어야 할 것이라. 만일 중심의 기관수 된 이가 처사가 실당失當하여 중인衆人의 마음과 역행하거나 혹은 편사偏私의 주장으로 통일의 방해 되는 자이면 급속히 여론을 일으켜 개정을 단행하는 것이 기관의 신성을 손상하게 함이 아니요 완전하게 함이라. 그러니 중심 기관을 견고하게 하고 존중하는 것이 인심 통일의 요소라 할지로다.

외교상으로 말하면 우리가 세계 국제의 민족자결주의를 의거해 거국일치로 독립만세를 열창하고 적의 총검과 철봉하에 피 흘림을 아끼지 않으므로 우리 한민족이 용감하고 장렬하다는 영예가 전체 지구를 움직이니 이때 각국 인사가 우리를 대하여 동의를 주는 자가 많아 혹 언론으로 혹 실력으로 원조를 주기로 했는데 이때 유일한 정부 기관으로 말미암아 교제가 되었으면 다대한 효과를 얻었을지어늘 불행히 우리 중에 각자의 욕망과 각자의 수단으로 그의 조력을 내가 취득하리라 하여 정부를 훼방하여 교제를 방해했는데 자기의 반복무상이 외국인의 경멸을 받는 것은 생각하지 못했다. 개인의 행동이 잘못된 것은 물론이어니와 정부의 외교 실패가 애통하지 아니한가. 우리가 오늘부터 외교의 신용을 회복하자면 유일한 중심 기관으로 말미암아 교제를 집행하게 하고 개인이나 일개 단체의 자격으로는 외교를 함부로 행하는 폐단을 없애야 될지라. 또 우리가 경험한바 어느 나라 사람을 교제하든지 정부의 명의를 쓰면 우리 민족의 대표자로 인정해주고 개인으로는 어떤 인물이라도 그러한 가치를 얻을 수 없었느니라.

군사상으로 말하면 우리 독립운동에 관하여 선전과 파괴 등 각종 방법이 모두 필요하지만 최종의 결과는 무력 해결을 요구할 터인데 군대의 강함은 기율이 엄숙함에 있고 장수의 성공은 호령이 전일함에 있는지라. 만일 군대가 오합지졸이라 기율이 문란하고 장수가 각자 대장으로 호령이 분기하게 되면 패멸을 자취함은 고금의 밝은 거울이라. 우리가 독립전쟁을 시작한 이후에 혹 모모 등지에서 불행한 충돌이 발생한 원인을 생각하건대 무릇 우리 독립군 기치하에 헌신한 자는 모두 국가의 광복을 위하여 동포의 자유를 위하여 생명을 희생하기로 결심한 자인데 어찌 그러한 일이 생겼는가. 이는 다른 까닭이 아니라 각방의 독립군이 중심 기관에 부속된 명위가 없고 명령을 준행하는 책임이 없어 각자의 대장으로 각 부대 간에 서로 추향하는 바가 없고 다만 자기 세력을 증가하기 위하여 동지의 세력을 합병하려는 생각으로 그와 같은 충돌이 생겨난 것을 면하지 못한 것이니 만일 그 전철을 고치지 않으면 변고가 또한 그치지 않을지라. 이를 구제함도 또한 다른 방법이 없고 오직 각 부대 장졸이 정부를 표준으로 하여 그 임명과 지휘를 받아 질서를 정숙하게 하고 약속을 엄명하게 하여 각 부대가 한마음이 되고 호령이 한결같아야 성공을 기대할 것이 아닌가?

단체상으로 말하면 수십년 전부터 광복에 뜻을 둔 여러분이 각지에서 동지를 불러 단체를 조직함이 많이 있었는데 특별히 위대한 단체로 혁명운동의 준비 기관이 될 만한 자는 없었고 다만 각 지사派志士派의 서로 대치할 재료는 조성했도다. 3·1운동 이후에는 각지의 단체가 우후죽순과 같이 발생했는데 경제의 곤란으로 운명이 오래가지 못한 것이 많았고 그중에 조금 유력한 단체라는 것은 혹 정부에 대항하고자 하는 것도 있고 혹 기설한 정부를 파괴하고 자당의 신정부를 창조하고자 하는 자도 있었으나 '창조'는 인심이 허용하지 않으므로 실패로 돌아갔고 '대항'도 또한 명분이 바르고 말이 순하지 못하므로 위기를 자초할 염려가 없지 않도다. 그러나 어떤 종류의 단체를 막론하고 약간 운동력이 있을지라도 대내 대외의 신용이 정부보다 초과할 수 없으니 정부와 각립하여 지장을 주는 것보다 정부와 협조하여 진행을 순리케 하는 것이 유일한 양법良法이라 할지로다.

이상 여러 가지로 보건대 우리 정부가 미약하고 무능하다 하나 그 실상을 종합해서 보면 우리 민족 흥망에 절대 관계가 있는 기관이라 할지로다. 그러나 오늘날 우리 각인이 정부를 대한 심리를 구별하여 말하건대 혹은 자신이 정부에 있든지 정부를 떠나든지 단순한 인민의 자격으로든지 정부에 시종 충성하는 이가 있으며 혹은 자신이 정부에 있을 적에는 신성하다 하다가 정부를 떠나게 되면 정부를 훼방하는 이가 있으며 혹은 정부가 탄생한 이래로 시종 불간섭주의를 가진 이가 있으니 우리 각인이 정부를 대하는 심리가 이와 같은 것은 그 정성의 후하고 박함과 이해의 깊고 얕음이 각기 다른 까닭이라 할지나 그 각종 심리를 비교하면 어느 것이 광복사업에 유익하고 그렇지 않은가를 가히 선택하여 실천할 것이 아닌가.

총괄하여 말하면 우리 앞길의 성패는 인심이 통일되며 못 되는 데 있고 인심이 통일되며 못 되는 것은 중심 기관을 표준으로 하며 아니하는 데 있다 하니 우리 부로父老 형제는 위에서 열거한 각항 관계를 더욱 중시하여 일반 동포로 하여금 동일한 사상과 동일한 보조로써 중심 기관의 기초를 견고케 하며 앞길 진행의 목적을 관철케 하기로 할지어다.

임시대통령 고별사[11]

내가 여러분과 함께 정계에 주선한 지 이미 6, 7개월이라. 오늘은 내가 법에 따라 해직하기 때문에 고별하는 날이 되어 한마디 피력하지 않을 수 없도다. 나의 본성이 우활하고 고졸하여 정계에 자신이 없을뿐더러 노쇠한 말년에 천식으로 기진맥진하여 어찌 어려운 중임을 부담할 몽상이 있

---

11   『독립신문』 1925. 10. 21.

었으리오. 우원로愚園路 유존려遊存廬에서 『화엄경』을 읽다가 졸지에 정부 수석을 향해 노추를 드러내게 됨은 더욱 기이한 병상이라 할지나 나의 만 부득이한 고충이 발생한 것은 실로 하늘과 사람이 함께 알고 있는 바라.

당일 현상으로 말하면 대통령 대리 이하 일반 각원閣員이 일제히 사퇴한 것이 혹은 의원議院의 공박 때문이었다고 하지만 그 실상은 각원 여러분이 다년 고생한 나머지 아무리 정부 유지에 충성이 지극하나 구미위원부歐米 委員部가 이대통령李大統領(이승만)의 특별 기관이 되어 정부의 살림살이가 문득 끊어짐에 노말駑末의 형세로는 미봉하지 못하니 그들을 만류할 수 없 어 드디어 무정부 상태에 빠진지라. 만일 이때 정부가 중단된다 하면 우리 민족의 낙망과 적의 비웃음과 세인의 냉평이 어떠하겠는가. 국민 의무의 사상이 조금 있는 자는 이를 차마 월시할 수 없는 것이오. 또 작년(1924) 남 만주 지방에 불행히도 형제간의 싸움으로 사변이 일어나 우리 동포의 사 망과 유리의 참화가 차마 형언할 수 없고 후환의 만연이 더욱 한량이 없으 니 동포의 정의로도 이를 보고 듣는 자는 뼈가 부서지고 간담이 찢어지지 않을 자가 없거늘 하물며 최고기관의 정부라는 명의가 있고서 이에 대해 책임 있는 사람이 없는가.

그때 의정원 대표가 내 취임을 간청하는 날에 혹은 나를 위하여 말리는 자도 있고 혹은 나의 망동을 공박하는 자도 있고 혹은 나의 출산出山을 권 하는 자도 있는데 내가 좌우로 헤아리고 경중을 저울질하매 정국의 위험 함과 지방의 비참함을 대하여 불인不忍의 마음을 금하지 못하겠고 한때의 공기가 비록 험악하다 하나 다수 동지의 도움이 있으면 대실패가 없을 듯 하기로 사양을 고집하지 않고 당돌히 출석하여 시사視事한지 6, 7개월간에 다행히 정부와 의정원 여러분의 일치 협조로 기존의 법제 개정과 내정 정 리와 외교 쇄신과 적극 대적의 각항 방침이 별로 장애 없이 순행되고 지방 의 분쟁도 동시에 휴지되어 원상을 회복하고 과거 몇 년간에 정부에 대항 한다 부인한다 하던 남만주 북만주 각 단체가 의견을 취소하고 정부의 통일주의를 일치 옹호하기로 결정되었으니 이는 실로 여러분 동지가 마음을 합해 힘쓴 효과이니 어찌 나의 무능으로 이르게 할 바이리오.

이제 새 헌법 실시의 날은 나의 물러감을 고할 때라. 무심히 와서 무심히 감은 나의 본래 소원일뿐더러 겸하여 현능한 이를 추대해 양보했다는 미명을 취득하게 됨은 더욱 공사간에 큰 다행이라. 신新 국무령 후보인 이상룡李相龍 씨는 노숙한 유학자로 문망이 평소 현저하고 만주에서 다년간 광복사업을 위해 수고한 공적이 많으니 우리 정국을 유지할 능력이 있는 것을 가히 확신할지며 우리 사회에 이른바 지방별이니 당파별이니 하는 고질병도 오늘의 이 거행으로 인해 사그라들지니 우리 앞길에 이익이 될 점이 많은즉 여러분은 아무쪼록 나를 협조하던 충성으로써 신 국무령을 협조하여 매사 원만히 진행하게 하면 우리 민족 앞날에 막대한 행복이 있다 하노라.

대한민국 7년 7월 7일 임시 대통령 박은식

독립운동의 대방침을 덧붙여 말함[12]

내가 오늘 퇴위한 뒤부터는 여러분과 회담할 기회가 빈번하지 못하겠기로 내가 마음에 품은 독립운동의 대방침으로서 여러분을 위하여 대강 설명하고자 하노라. 무릇 세계 민족이 모두 독립과 자유를 위하여 혈전 분투하는 것은 인류의 생존권을 향유하고자 함이라. 인류는 시대 진화의 동물이므로 그 행동이 진화적 기운에 적당하여 생존을 능히 얻는 것이라. 인류의 역사를 보면 상고시대에는 개인주의와 부락 관념뿐이었다가 중고 이후는 가족주의와 국가주의가 아울러 발달된 시대이고 지금은 세계주의 방면으로 향상 전진하는 시대이다. 인류의 지식이 날로 더욱 진보하므로 주의

---

12   『독립신문』 1925. 10. 21.

主義의 범위가 이를 따라 진보하는 것은 진보의 자연스러움이다. 그런 까닭에 근대에는 사회와 국제의 전쟁과 평화를 막론하고 그 행동이 다만 하나의 국가와 하나의 민족에 그치지 않고 반드시 세계를 연기緣起하게 되는 결과가 있도다. 지난날에는 오스트리아 태자 일개인의 죽음 때문에 전 지구를 움직인 유럽 대전大戰이 있었고 오늘날에는 중국 노공勞工 일개인의 죽음 대문에 거국일치로 격앙하고 세계국제의 대문제가 되었으니 이것이 실로 세계대동世界大同의 기운이 점점 가까운 소식이라.

그런 까닭에 우리의 독립운동도 단독으로 우리 민족에 한정하지 말고 세계 민족과 연합주의로 행동을 취해야 시대 진화에 적응한 방침이라. 나의 독립운동사 서문 중에 일찍이 말하기를 "우리 운동은 중국의 4억과 러시아의 1억 5천만과 기타 피압박 민족이 다 우리의 후원이라"[13] 한 것이 다만 이상적 언론이 아니오 과연 사실로 될 것이다. 중국 인민은 일본에 대한 악감이 우리와 같고 러시아는 비록 일본과 협약이 있으나 내용으로는 일본 제국을 파괴할 계책을 밀행하고 있고 인도는 강자에게 압박을 받음이 우리와 동병상련同病相憐인즉 우리가 이것으로 대민족을 연합함이 과연 동성상응同聲相應으로 인위적인 도모 없이 합치하는 것이 아닌가? 그런 까닭에 우리의 독립운동은 속마음의 믿음이든 입으로 하는 성언이든 반드시 중국의 4억과 러시아의 1억 5천만과 인도의 3억과의 연합적 행동이라 해야 우리의 민지도 널리 열리고 세계의 동정도 많이 얻고 적인敵人에게 겁을 주어 몇 년을 넘지 않아 성공을 반드시 얻을 것이요 만일 전일과 같이 고루하고 협애한 안목과 지식으로 동족 간에 지방과 당파의 구별이 있어 서로 쟁투하게 되면 강적의 압박이 없더래도 시대 진화에 낙오가 되어 자

13　박은식의 『한국독립운동지혈사』 서문에는 "저들이 한번 전진하니 우리 이천만과 원수가 되고 다시 전진하니 중국 4억과 원수가 되고 다시 전진하니 러시아 2억과 원수가 되었다. 저들이 무강(武强)하다 하지만 세계 민심의 공공의 원수가 되었으니 패배하지 않음을 보장할 수 있겠는가?"라는 구절이 있다.

연 도태로 멸망할 뿐이니 우리가 이에 대해 어찌 명석한 취사를 결정하지 않으리오.

혹은 말하기를 우리는 아직 국가주의 시대이고 세계주의 시대가 아니라 하나 오늘날 국가주의는 세계주의를 포함해야 활동의 능력이 위대하게 되는 것이다. 현하 중국 인민의 애국운동을 보라. 국권 회복의 열기로써 세계 평등의 주의를 실현하고자 하므로 각국 사람의 동정이 많도다. 이는 내가 학리상으로도 공자의 대동과 석가의 평등과 묵자의 겸애와 예수의 박애를 좇아 그 진리를 연구한 근거로써 세계 시대 조류의 관찰을 참고하여 진술하는 것이니 오직 여러분은 이 방침에 의하여 노력 전진하기를 심절히 기축祈祝하노라.

백암선생의 유촉[14]

나의 병세가 오늘에 이르러서는 심상치 않게 감각되오. 만일 내가 살아난다면이어니와 그렇지 못하다면 우리 동포에게 나의 몇 마디 말을 전하여 주오.

첫째, 독립운동을 하려면 전체 민족적으로 통일이 되어야 하고,

둘째, 독립운동을 최고 운동으로 하여 독립운동을 위하여는 어떠한 수단 방략이라도 쓸 수 있는 것이고,

셋째, 독립운동은 우리 민족 전체에 관한 공공사업이니 운동 동지간에는 애증 친소의 구별이 없어야 된다.

우리가 이 귀중한 독립운동을 달성시키려면 무엇보다도 첫째, 전체 민족의 통일을 요구하여야 되겠소.

전체 민족의 통일이라 함은 말로 주장하기는 쉬우나 실행하기는 물론

---

14   『독립신문』 1925. 11. 11.

극히 어려운 일이오. 그러나 제일 먼저 주의할 것은 적어도 우리 광복사업에 헌신하려고 자처한 건전 분자들은 지극히 중요한 독립운동을 목표로 세운 이상에는 환경의 어떠함을 묻지 말고 다 한데 뭉쳐야 되겠소. 물론 어떤 나라에나 각 당파의 분별이 없을 수는 없으나 적어도 일을 보는 민족들은 도당 혹은 붕당을 짓지 않음이 사실이니 하여튼 우리도 이 점에 크게 주의하여 장래 국가 대업에 악영향을 끼치지 말아야 되겠소.

독립운동은 우리의 제일 중대한 사업인즉 이를 달성하고자 함에는 하등의 수단이나 방법을 가리지 못하게 됨이 사실이오. 바로 말하자면 즉 우리 민족의 체면이나 장래의 행복을 방해할 만한 위험성을 가진 일이 아니면 무엇이나 광복사업에 대하여 털끝이라도 이익 있게 보이는 일은 다 실행하도록 주의하여야만 되겠소. 이같이 말함은 다른 뜻이 아니라 즉 우리가 장래 우리 민족을 위하여 무슨 일을 하든지 제일 먼저 기초 되는 독립 국가라는 것이 있어야 되겠소.

독립운동의 성패는 우리민족 전체의 사활 문제이니 이미 말한 바와 같이 이 일에 성공하고자 하면 우리가 통일적 행동을 하여야 되겠으며 단결되어 일하려면 독립운동이라 하는 전민족을 살리려는 대사업에 목표를 두고 이 일을 진행함에 사사로운 개인 사이에 교분 혹은 감정 관계의 어떠함을 일체 돌아보지 말아야 되겠소.

나의 말한 것 몇 가지 일이 실행하기에 어렵지 않음은 아니나 하려면 아니될 것은 없고 잘 될 터이오. 이는 다른 말 아니라 우리가 오늘까지 무엇이 아니되니 무엇이 어찌하여 아니되니 함은 통히 우리가 일을 할 때에 성의를 다하지 못한 까닭이오. 아니될 수야 어찌 있소.

대한민국 7년 11월 1일 필기 안공근安恭根

신규식

신규식(1880~1922) 초상

1장
한국 국민에게 고함
『한국혼』의 세계

경술년(1910) 나라의 변란이 일어난 뒤 나는 망명길을 떠나 중국에 왔다. 고궁이 폐허가 되니 내 마음이 아프고 슬펐다.『이소離騷』를 지으며 흘린 굴원의 눈물, 진秦나라 조정에서 터뜨린 신포서의 울음, 비바람 몰아치는 새벽에 닭 울음 들리는 듯 마음속에 남은 애통함이 있었다.

『한국혼韓國魂』을 지은 것은 애통함을 기록하여 국인에게 민족주의와 복수의 대의를 깨우치기 위해서였다. 하지만 시세가 급박해 미처 완성하지는 못했다. 임자년(1912) 어떤 단체[1]가 창립할 때 이러한 의리를 강연했다. 갑인년(1914) 처음으로 탈고했고 중간에 동인同人에게 보였지만 감히 간행하지는 못했다.

지난해(1919) 독립을 선포한 이래 국인이 용왕매진하여 바람과 구름처럼 일어나니 비로소 내 말이 틀리지 않음을 다행으로 여겼다. 동인이 이 글을 간행하자고 청했는데 나는 세상에 변고가 많아 이미 제철이 지났다는 생각으로 완곡히 사양했다.

---

1 신규식이 조직한 동제사(同濟社)를 가리키는 것으로 보인다.

여러 해 지나 『진단震壇』의 동인[2]이 다시 이를 구하니[3] 마지못해 삼가 원문을 교정했지만 증감하지는 않았다. 중간에 시의와 맞지 않는 곳이 있더라도 독자께서는 말 때문에 뜻을 해치지 않으면 좋겠다.

대한민국 2년 10월 ○일 산려일민汕廬一民 씨는 쓴다.[4]

백두산은 쓸쓸하고 천지는 시름에 젖어 있다. 푸른 물결은 요동치고 거북과 용은 일어나 춤을 춘다. 긴 밤은 아직 아침이 오지 않고 어두움 속에 비바람이 몰아친다. 5천년 고국은 남의 나라 땅이 되고 3천만 백성은 천민으로 떨어졌다. 아아, 슬프다! 우리나라는 망했도다. 우리는 영영 망국의 백성이 될 것인가?

슬픔은 마음의 죽음보다 더한 것이 없나니 우리나라가 망한 것은 인심이 죽었기 때문이다. 지금 망국의 백성이 되어 참혹한 고통을 겪고도 멍하니 깨닫지 못하니 이는 죽고 다시 죽은 것이다. 아아! 우리나라는 끝내 망했도다.

우리들 마음이 아직 죽지 않았다면, 우리나라 지도가 색깔이 달라지고 우리나라 역사가 이름이 바뀌어 우리 대한이 비록 망했더라도 우리들 마음에는 그대로 대한이 있다. 우리들 마음이 곧 대한의 혼이다. 인심이 죽지 않았다면 혼이여 돌아올 날이 있을지어다. 힘쓸지어다, 우리 동포여! 대한

---

2   신규식이 1920년 10월 10일 창간한 주간지 『진단』의 동인이다. 『진단』 창간호 제2면에 '본사동인(本社同人)' 필명의 첫번째 창간사가 있다.

3   『진단』의 동인이 신규식에게 『한국혼』의 연재를 구했다는 뜻이다. 『진단』의 동인이 만약 신규식이라면 이는 그가 『진단』에 『한국혼』의 내용을 스스로 연재한 사실을 돌려 말하기 위한 수사법일 수 있다.

4   산려일민은 신규식의 별호이다. 신규식은 자신이 사는 집을 '애오산려(愛吾汕廬)'라 부르고 제시(題詩)를 지었다. '산려도(汕廬圖)'라는 그림을 그리고 역시 그 제시를 지었다. 『예관신규식전집』 제1권 246~47면. 대한민국 2년은 임시정부 수립 2년째가 되는 해이니 서기로 환산하면 1920년이다.

의 혼을 다함께 보배로 삼으라! 꺼지지 말게 하라! 개인의 마음을 먼저 구원하라! 죽지 말게 하라!

아아, 우리 동포여! 지금 이제 망국의 백성이 되니 다함께 노예와 우마의 치욕을 받는구나. 형세는 밖에서 압박해 오고 기한飢寒이 몸에 핍절하다. 망국 이전을 회상하면 차마 통절하고 두려운데 마음에서 움직이는 바가 없는가?

러시아가 폴란드 귀족과 평민의 아이들을 빼앗아 시베리아로 쫓아내 얼어붙은 천지에 넘어뜨려 얼어죽고 굶어 죽게 했다. 죄수를 실은 열차가 막 길을 떠나는데 아이들의 부모는 동행하기를 구했으나 이루지 못하자 수레바퀴에 매달리고 철로에 누워 열차의 운행을 막았다. 호송하는 까자끄 병사들이 채찍을 휘두르고 발로 차며 사람들을 철로 밖으로 쫓아냈다. 열차가 곧 움직이자 일시에 아이들을 부르짖는 울음소리와 함께 피눈물을 흘렸다. 도중에 아이들에게 먹을 것을 주었지만 겨우 거친 빵이었다. 아이들이 병들면 황야에 버렸다. 철로 주위에 아이들의 시체가 무수히 많았는데 빵을 쥐고 막 깨물다가 혼절해 눈을 감지 못한 모습도 있었다. 이것이 폴란드 망국 후의 통언痛言이다.

망국 유민의 울음이 아직도 귓가에 있는데 우리는 필경 폴란드를 뒤이었다. 우리들이 지난날 폴란드 사람을 위해 아파했건만 지금은 스스로 아파하기에도 겨를이 없다. 슬프도다, 슬프도다! 아아! 동포여! 우리들이 차마 폴란드 사람을 뒤이어서 끝내 주저앉을 것인가? 우리들이 차마 저들에게 고통을 받아 다시는 스스로 구원하지 못할 것인가? 우리, 신명의 후손들은 차마 그 멸망을 좌시하고 이를 진화론에 따른 도태로 귀결시킬 것인가? 아아! 우리 동포여! 잠시만 시간을 내서 내가 눈물 흘리며 말하는 통언痛言을 들어 달라.

눈물이 다해도 말은 그치지 않고 말이 그쳐도 마음은 죽지 않으리. 옛날 오吳나라 임금 부차夫差는 아비가 죽었던 참혹한 일을 아파하고는 뜰에 사람을 세워 자기가 드나들 때마다 "부차, 너는 월越나라 임금이 네 아비를 죽인 일을 잊었는가?"하고 부르면 "예, 감히 잊지 않았습니다!"하고 대답했다. 이것은 참으로 천고의 통언이다. 그래서 그 영혼을 경각시켰다. 초楚나라 사람들의 말에 "초나라가 비록 세 집밖에 안 남아도 진秦나라를 멸망케 할 자는 초나라이다!"[5]가 있었다. 이것도 천고의 통언이다. 그래서 그 종지를 굳게 정했다. 인심이 죽지 않아 경종을 듣듯이 통언을 들었으니 이것이 오나라가 월나라에 보복하고 초나라가 진나라를 전복한 까닭인가? 아아! 한韓나라는 망했으나 아직 장자방의 철추가 남았고 진晉나라는 부서졌으나 아직 신포서의 눈물이 남았다. 통언을 짓는 것은 이런 일의 이런 뜻이다.

내가 통언을 지으려고 하는데 내 심중에 무한한 고통이 쌓여 있어서 어디에서부터 말해야 할지 모르겠다. 나는 내가 느낀 데에서 쓰려고 하지만 이것이 피인지 눈물인지 모르겠다. 바라건대 우리 동포 독자들은 저마다 느낀 고통을 오래도록 마음속에 간직해 망국의 치욕을 벗어나고야 말겠다고 생각하라.

아아! 우리의 망국의 원인은 "법치황란法治荒亂"[6] "원기쇠약元氣衰弱"[7] "지식불개知識不開"[8] "미외구안媚外苟安"[9] "자대자비自大自卑"[10] "식당영사植黨營私"[11]이니 가지가지 모두 망국을 초래했다. 그러나 우리가 이 갖가지 원인의 유래를 생각하면 요컨대 "상진천량喪盡天良"[12] 네 글자를 벗어나

---

5   『사기』에 나오는 구절이다.
6   법과 정치가 크게 혼란함.
7   원기가 쇠약해짐.
8   지식이 열리지 않음.
9   외국에 아첨해서 구차하게 편안히 지냄.
10   스스로 과시하거나 스스로 비하함.
11   파벌을 심어서 사익을 경영함.
12   타고난 양심을 완전히 상실함.

지 않는다. '상진천량'에 의해 일종의 "마목불인麻木不仁"[13]의 증세가 발생하니 이름하여 "선망善忘(잘 잊음)"이다. 첫째, 선조의 교화 및 그 종법을 잊고 둘째, 선민의 공적 및 그 이기利器를 잊고 셋째, 국사國史를 잊고 넷째, 국치國恥를 잊음이다. 사람이 잘 잊어서 나라가 망한다.

국인이 선조의 교화 및 종법을 잊었다니 무슨 말인가? 하늘의 법을 본받아 도를 논하고 나라를 다스려 혼돈을 개벽해 자손에게 전한 분은 우리 5천년 전 동방의 태백에 강림하신 시조 단군이 아니던가? 사람을 감화시켜 신도神道의 교를 베풀고 하늘에 제사 지내 보본報本의 예를 세우며, 벌레와 짐승을 몰아내고 산천을 안정시키며, 구족九族을 복종케 하고 만방萬方을 화목케 했다. 의식衣食과 정교政敎는 모두 우리 선조가 내려주었다. 성현이 뒤를 이어 토지가 개척되고, 문화가 융성한데 무치도 강성했다. 옛날에 일컬었던 "신인국神人國" "군자국君子國"[14] "부여대국扶餘大國"[15] "예의동방禮義東邦"[16] "해동승국海東勝國"[17] "부모국父母國"[18] "상국上國" "신성족神聖族" "상무족尙武族" 등 갖가지 아름다운 이름은 우리 선조가 내려주었다. 나라에 충성하고 집에서 효도하고 벗에게 신의를 지키고 전쟁에서 물러나지 않고 살생을 가려 한다는 다섯가지 가르침[19]은 우리가 세세로 지켜온 종법이었다. 이 은혜를 갚으려면 하늘이라 한량없겠다. 자손 만세로 영원히 잊지 말아야 할 것이다.

13　기혈의 순환이 이루어지지 않아 몸을 쓰지 못함.

14　『산해경(山海經)』은 동방에 군자국이 있다고 말했다.

15　이종휘(李種徽)의 『동사(東史)』는 "부여는 대국이다(扶餘大國也)"라고 말했다.

16　명대에 중국이 조선을 예의지방(禮義之邦)이라 일컬었다.

17　해동성국(海東盛國)의 오기로 생각된다. 『신당서(新唐書)』는 발해가 선왕에 이르러 해동성국이 되었다고 기록했다.

18　『고려사(高麗史)』에는 여진이 고려를 '부모지방(父母之邦)'이라 일컬었다는 기록이 있다. '부모국'은 이를 가리키는 듯하다.

19　세속오계(世俗五戒)를 가리킨다. 신라 진평왕 때 승려 원광이 화랑 귀산과 추항에게 가르친 다섯가지 계율이다.

그러나 세상의 변란이 분분히 일어나고 나라에 요얼이 생겨서 함부로 자기를 박대하고 문물 제도를 팽개쳐버리는 풍조가 수백년 무르익자 마침 내 만악의 결과를 맺었다. 종사는 망하고 신령은 흠향 받지 못하고 당일 밝게 빛나던 삼신사三神祠와 숭령전崇靈殿[20]도 황야의 잡초 속에 묻혀버렸다. 옛글에 이르기를 "천지 사이에 세워진 나라에는 반드시 그 존립을 돕는 것이 있다"고 했으니 예의가 이것이다. 또 이르기를 "뿌리가 실로 먼저 뽑히고 나서 가지와 이파리가 이를 따른다"고 했으니 어찌 애통하지 않은가? 아사달 고개와 임검성 터에 고개를 돌리면 나는 눈물이 장대비처럼 쏟아짐을 금하지 못하겠다.

선민의 공적 및 이기利器를 잊었다니 무슨 말인가? 영무英武한 자질을 타고난 절세 위인으로 온갖 어려움에서 중흥의 대업을 이룩한 분은 우리 삼백년 전 한산도 벽파정에서 적을 무찌르고 순국한 충무공 이순신[21]이 아니던가? 한몸을 희생해 만백성이 소생했고 오랑캐를 진멸해 이웃나라가 편안해졌다. 공적이 우뚝하여 천고에 밝게 빛났다. 옛날 명나라 제독 진린이 매번 사람들에게 말하기를 "이 어른은 천하의 상장上將[22]이다"라고 했고, 명나라 조정에 올린 보고서에 "이순신은 경천위지의 재주와 보천욕일의 공적이 있다"라는 구절이 있었다. 또 적들도 이를 보고 '천신天神'이라고 칭했다. 그래서 일본 해군이 편찬한 기록에 이르기를 "이순신은 고금 수전의 제일 위인이요 영국의 넬슨을 훨씬 능가한다"고 했다. 또 근일 일본인 해군 대좌大佐 나베다邊田의 편찬한 전기에 이르기를 "도요 공豊公(토요또미 히데요시)의 지혜와 유끼나가行長(고니시 유끼나가小西行長)의 용기로 한

---

20 삼신사는 황해도 구월산에 있는 사당으로 환인, 환웅, 단군을 모신다. 숭령전은 평안도 평양에 있는 사당으로 단군과 동명성왕을 모신다.
21 이순신의 조선 수군과 일본 수군 사이의 해전으로 한산도 대첩, 명량 해전, 노량 해전이 유명하다. 벽파정은 명량 해전과 관계 있고, 이순신이 순국한 해전은 노량 해전이다.
22 원문은 "천상장(天上將)"인데 이순신의 「시장(謚狀)」에 의거하여 '천하상장(天下上將)'으로 바로잡았다.

국을 협박하고 명나라를 공격해서 석권하는 형세였는데 홀연 우연히 한 위인이 이를 좌절시켰다. 그는 어떤 사람인가? 삼한 해군 통제 이순신이 그 사람이다. 넬슨, 토오고오東鄕(토오고오 헤이하찌로오東鄕平八郎)와 함께 세상의 세 인걸이다. 그 성격 및 신지神智에 대해서는 더욱 헤아릴 수 없다"고 했다. 영국 해군의 기록에 이르기를 "고려 전선은 철판을 씌워 거북이 모양처럼 해서 그것으로 일본 목조선을 대파했다. 세계 최고의 철갑선은 고려인이 창조한 것이다"라고 했다.

아아, 멀리 임진년(1592)으로 소급하면 이 사람의 이 무기가 아니었으면 한국은 일찍 폐허가 되고 중국도 편안히 잠들기 어려웠을 것이다. 그때 명나라 장수 중에 공의 공적을 시기해 일마다 방해하기로는 진린 같은 사람이 없었는데 저렇게 마음으로 열복했다. 일본은 10만 수군이 하루아침에 전멸했으니 거의 뼈에 사무치게 한을 품었겠지만 오히려 저렇게 숭배했다. 영국은 세계 해군의 우이牛耳를 잡고 있는 나라인데도 오히려 저렇게 찬미했다. 이에 중국이 이순신을 잊지 않았고 일본이 이순신을 잊지 않았고 세계가 이순신을 잊지 않았다. 아래로는 어룡과 초목도 그 정성과 충의에 감동했다. 【공의 시에 이르기를 "나라의 형세는 창황하기만 한데 전화 위복 임무를 감당할 이 없네"[23]라고 했고, "바다에 맹세하니 어룡이 꿈틀대고 산에 맹세하니 초목도 앎이 있네"[24]라고 했다.】

유독 우리나라 사람만 그를 잊었다. 잊었을 뿐만 아니라 박해를 가했다. 현인이 사라지니 나라가 병들었다. 아아, 애통하도다! 당일 세 도읍이 함락되고 임금이 몽진하고 고을들이 와해되고 장수들은 패퇴했다. 공은 혼자 광란의 지주가 되어 연전연승했다. 【역사책에 이르기를 "왜구가 야욕을 보이는데 온 나라가 태평하게 살피지 않았다. 이순신 홀로 깊이 근심하여 날마다 방비를 했다. 쇠사슬을 주조해 해항을 가로질렀다. 거북선을 창

23   『이충무공전서(李忠武公全書)』 권1 「무제육운(無題六韻)」.
24   『이충무공전서』 권1 「무제일연(無題一聯)」.

조해 철판을 입혀 거북등처럼 하고 용머리와 거북꼬리를 설치하고 앞뒤로 모두 포를 두었다. 좌우에도 고루 포혈을 설치하고 선창 안에 병사를 감추어 배를 운행하며 포를 쏘았다. 몸체의 팔면이 모두 칼날이었고 전후좌우로 이동함에 새처럼 재빠르게 날아가 적의 함선을 불태우고 충격을 가했다. 이로써 승리했다"라고 했다.】간신이 미워해 전공이 높은데 죄를 얻어 병권을 빼앗기고 옥에 갇혔다. 적을 위해 보복하려는지 중죄로 다스리려 했다. 마침 적의 세력이 다시 확장되어 나라가 거의 나라가 되지 못하자 공을 옥중에서 기용해 적에게 나아가게 했다. 때에 공은 부모를 잃고 바야흐로 편도로 분상奔喪했다가 떠날 때가 되자 탄식해 이르기를 "한마음으로 충효를 했건만 이에 이르러 둘 다 잃었구나"라고 했다. 또 이르기를 "맹세컨대 원수 같은 왜적을 멸한다면 죽어도 여한이 없겠다"라고 했다. 전투 장소를 옮기다가 한산도에 이르러 마침내 대첩을 얻었다. 적병 전체를 거의 모두 섬멸했다. 공은 마침내 철함을 버리고 몸으로 순국했다.[25] 이것이 천고에 가장 통한스런 일이다. 아아! 공의 한몸이 이렇듯 한국의 안위와 관계하는데, 공을 모함한 자는 참으로 무슨 마음인지 모르겠다. 오히려 나란히 일하고 혼자 공적이 높아서 쉽게 시기함을 불렀다고 말한다. 얼마 지나서는 공이 손수 만든 거북선도 이상한 물건이라고 물리치고는 썩도록 내버려 두었다. 국방의 이기가 얼마나 소중한데 헌신짝처럼 보고 가치를 살피지 않아 브리튼 사람이 해상의 패권을 장악하고 일본이 그 나머지를 훔쳐 우리를 능멸했다. 슬프도다!

우리 종국은 예로부터 융성함이 면면히 이어져 삼국시대에 이르러 무력을 숭상해 강토를 날로 개척했다. 한위漢魏와 수당隋唐의 침입, 거란과 몽골의 소란, 홍두구紅頭寇(홍건적)와 흑치적黑齒賊(왜구)의 외침을 차례로 겪게 되자, 일시에 신무하고 영걸한 임금, 이를테면 고구려 대무신왕과 광개

---

25   이순신이 순국한 해전은 한산도 대첩이 아니라 노량 해전이다.

토왕, 백제 위덕왕과 동성왕, 신라 태종과 문무왕, 발해의 대씨와 고려의 왕씨가 서로 이어 굴기하여 역외에 무위를 드날렸다. 충용하고 지모한 장수, 이를테면 신라 김유신과 장보고, 고구려 을지문덕과 양만춘, 고려의 강감찬과 김방경 등 인재가 배출하여 나라의 간성이 되었다. 천하가 이를 꺼려 강국이라 호칭했다. 고려가 쇠하고 조선이 흥하니 태조가 왕업을 정한 이래 재주가 높고 지략이 큰 태종과 세조 같은 임금이 또 장수와 재상의 보필을 얻어 내정을 다스리고 외침을 막아 일시 극성기를 누렸다.

그 후 오랜 태평세월로 문무 관리가 즐겁게 놀고 붕당이 권세를 다투어 국방을 강구하지 않았다. 임진년에 일본이 침입해 노략질하자 온 나라가 창황한데 조정의 신하들은 서로 돌아보고 사색이 되어 한가지 계책도 내지 못했다. 다행히 이순신, 권율, 곽재우, 조헌, 김천일 제공이 솔선해서 나라를 구원해 전화위복이 되었다. 나랏일이 안정되자 다시 시들어서 떨쳐 일어나지 못했다. 그저 문구나 따지는 한두푼 가치도 없는 고담으로 결국 병자년(1636)의 화란을 초래했다. 말기에 내려와서는 번갈아 강화의 굴욕을 겪는데도 편안히 여겨 수치로 생각하지 않으며 하루하루 날을 보내고 또 보냈다. 나라 근심하는 사람들은 무기력한 정부에 대해 그 마음을 일찍부터 알았다. 대개 나라를 세운 정신을 상실하면 곧 나라가 망하는 법이니 어찌 경술년(1910)을 기다려서야 비로소 망했다고 하겠는가? 다만 주인이 천민으로 강등되고 제자가 스승을 칼로 찌르는 격이니【첨해왕 2년 신라 신하 석우로昔于老는 왜의 사신에게 말하기를 조만간 너희 임금을 소금쟁이로 삼고 너희 왕비를 식모로 삼겠다고 했다. 벌휴왕 10년 일본이 크게 기근이 들어 신라에 식량을 구했다. 고려 문종 때 살마주薩摩州와 대마주對馬州가 와서 방물을 바쳤다. 백제 고이왕 50년 왕자 아직기와 박사 왕인이 처음 일본에 건너가 경전 및 논어, 천자문을 가르쳤다. 다시 각각의 공업을 전수했다. 백제 무령왕 11년 박사 단양이에게 일본에 오경을 전수하게 했다. 위덕왕 23년 불경과 승려, 불공佛工, 사리, 승사僧師, 토목공土木工, 와공

瓦工, 화공畵工을 보내 교수해주었다. 무왕 2년 역서, 천문학을 전수해주었다】수치 중에 수치이고 애통 중에 애통이었다.

문을 높이고 무를 경시하는 습관은 족히 종국을 위약에 이르게 했다. 그 유폐가 극도에 이르러 무풍이 마침내 일어났으나 도적을 키워 몸값을 불리는 셈이라 마치 명나라가 멸망했던 것과 같았다. 하물며 날아가는 새가 사라지면 좋은 활은 쓰지 않고 약아빠진 토끼가 죽으면 뒤쫓는 사냥개는 삶아 먹으니 사기가 꺾여짐에 다시 이보다 심한 일이 있겠는가? 김경손金慶孫, 한희유韓希愈, 김득배金得培, 이방실李芳實, 정세운鄭世雲, 안우경安遇慶 제공은 모두 우리 한국의 명장이다. 몽골의 침입이 평정되고 왜구가 이미 격파되고 홍건적이 이미 감난되고 내란이 이미 진정되자 공로를 논할 적에 살육을 행했으니 혹은 유형에 처하고 혹은 노비로 삼고 혹은 살해했다. 병사를 청해 동쪽을 정벌하여 섬나라 추장을 대파한 정지鄭地 원수는 즉시 하옥했다. 명나라를 막고 왜적을 공격해 무공이 온 나라를 덮었던 최영崔瑩 도통은 곧바로 참수했다. 송악산은 참담했고 박연 폭포는 오열했다.

아아! 한양의 일을 차마 말하랴! 익호장군 김덕령金德齡은 필경 낭당琅鐺 적봉赤峯 아래에서 죽었다. 함경도에서 승첩을 알린 정문부鄭文孚는 문자옥으로 목을 맸다. 장수 10년에 도망병 하나를 벴다가 해직당한 권언신權彦愼(권율)의 불평의 울음은 천년이 지나도 크게 탄식하는 소리를 듣겠다. 곽망우郭忘憂(곽재우)가 창의할 때 말하기를 "재상자在上者가 국가의 존망을 염려하지 않으니 재야자在野者가 죽어야겠다"라고 했다. 그가 휴직을 청할 때 말하기를 "군신 상하가 회개 분발하여 한마음으로 힘써서 회복을 구해야 한다. 만약 전처럼 현인을 멀리하고 간신을 가까이하며 당파를 세워서 사익을 경영한다면 반드시 국가가 위망에 빠지고야 말 것이다"라고 했다. 송나라 황실이 망할 적에 진회秦檜의 죄악이 하늘에 사무쳤다. 만약 종택宗澤과 악비岳飛가 조금이라도 마음과 힘을 펼치게 했더라면 어찌 작은 조정이 한 구석에 국한되어 끝내 떨치지 못하게 되었겠는가? 행주 대첩의 도원수都元帥(권율)는 진중에서 파직되었고 하늘이 내린 홍의장군紅衣將軍(곽재우)은 귀양살이로 늙어갔다. 나라의 위망을 건지고 명나라의 멸망을 구하여 천하를 평정하는 큰뜻을 품은 임경업도 참소하는 김자점金自點의 손에 죽었다. "백두산의 돌은 칼 갈아 닳고 두만강의 물은 말 먹여 다하네. 남아 스물에 나라를 평정하지 못하면 후세에 뉘 대장부라 이르리오?" 남이南怡 장군 또한 시 한수로 몸을 죽이는 화를 샀다. 참소하는 자는 높이 펼쳐지고 열사는 명의에 죽었으니 원기가 꺾인 것이 유래가 있었다. "현신을 가까이하고 소인을 멀리함은 전한前漢이 흥성한 까닭이고 현신을 멀리하고 소인을 가까이함은 후한後漢이 쇠퇴한 까닭이다."[26] 중국의 제갈무후諸葛武侯(제갈량)의 말을 외우니 나도 모르게 비오듯이 눈물을 흘린다.

위에서 언급한 것은 그래도 당로자가 이리 떼인데 임금께서 밝게 살피지 못한 경우이다. 나의 벗 육군 참령 이조현李祖鉉[27]은 장수 가문의 자제로 비할 데 없이 용맹한데 약관이 안 되는 나이에 호랑이를 맨주먹으로 때려잡았다. 친척이 놀라고는 마치 튼튼한 송아지가 수레를 부수는 식으로 가족의 화가 될까 두려워 몰래 없애려고 했다. 어머니가 울며 구원하자 조현을 포박해서는 쇠젓가락에 약칠을 해서 불에 넣어 달군 다음 그 몸을 두루 지지니 근육이 오그라들고 힘이 줄어들었다. 그가 일찍이 옷을 벗어 내게 보여주었는데 지진 상처가 겹겹이 있었고 몸에 온전한 살갗이 없었다. 지난 일을 말할 때마다 머리카락이 솟구쳤다. 나중에 이조현은 개혁에 뜻을 두었다가 죄를 얻어 쫓겨나서 떠돌다가 불우하게 죽었다. 마지막 순간까지 가슴을 쓰다듬어도 남은 원통함이 있었을 것이다. 아아! 인재를 꺾어버리는 것은 조정이나 민간이나 서로 똑같았으니 망하지 않으려 한들 그럴 수 없었다.

인재가 이미 모두 꺾임을 당하니 이기利器가 다시 어찌 보존되기를 바

---

26   제갈량의 「출사표(出師表)」에 나오는 구절이다.
27   1894년 12월 육군 부위에 임명, 1906년 10월 육군 보병 참령에 임명되었다.

라겠는가? 내가 글을 쓰다 이곳에 이르러 마음이 아파서 미칠 것만 같다. 박랑사博浪沙에서 진시황秦始皇을 내리친 철추, 무등산에서 청백의 기운으로 왜적을 벤 검, 박서朴犀가 몽골을 격파한 포차砲車의 철액鐵液, 조언趙彦이 서경西京을 평정한 포기砲機의 화구火球, 박절도朴節度(박진)의 비격진천뢰飛擊震天雷, 김시민金時敏의 현자총玄字銃은 연대가 멀어짐에 아득해져 남은 것이 없다. 3백년 전 우리나라에서 파천황으로 창조한 철갑선과 비행거【비행거의 역사는 승선 신경준申景濬의 비거飛車에 대한 설명에 자세히 보인다】또한 똑같이 모래 속에 버려졌다. 나는 우리나라 사람의 심리가 어떤 일에 쏠려 있는지 모르겠다. 권세인가? 망국대부가 무엇이 영예롭겠는가? 금전인가? 나라가 망하고 집이 깨져 한갓 적에게 양식이나 대줄 따름이다. 사욕이 총명을 가려 하나같이 이렇게 되었는가?

아아! 장성長城이 스스로 무너지자 오랑캐 세력이 확장되었다. 마침내 죄 없는 무고한 백성이 도마 위에서 구르며 목숨을 구걸하고 사갈 아래에서 고통을 견디다 죽음을 구하게 하는가? 서리를 밟아 얼음이 단단해지듯 그 유래가 점점 커졌으니 쇠란과 멸망은 우리가 자초한 것이다. 무기를 수거해 가고 부엌칼도 검사하는 일을 당한 뒤에야 오랑캐의 사악한 위세를 통한히 여겼지만 때가 늦었다. 이미 좌절된 후이지만 민기民氣가 그래도 볼만하고 두려워할 만한 게 있다. 한양의 목봉전木棒戰, 평양의 석괴전石塊戰, 호서의 수박전手搏戰, 그 밖에 씨름, 높이뛰기, 줄다리기 갖가지 놀이가 민간의 유희인데 그래도 그 상무 정신을 볼 수 있으니 모두 잔약해서 스스로 망한 것은 아니다. 그러나 지금 모두가 꺼리는 자들에 의해 금지되었다. '자유' 두 글자는 한국 자전에 있어야 하는 말이 아닌 것이 되었다.

아! 무엇을 일러 국사國史를 잊었다고 하는 것인가? 나라의 문헌은 나라의 정신이다. 문헌에서 무엇을 구할까? 국사를 구한다. 애통하도다! 우리 한국이여! 이 뒤에 다시 역사를 가질 수 없고 이 앞에도 역사가 있었지만 없는 것과 같았다. 우리나라 5천년 이래 경적과 문자의 화란은 첫번째가 당나라 총관 이세적李世勣이 사고史庫를 불태운 것이고 두번째가 원나라 세조 쿠빌라이가 고려 역사를 산삭한 것이고 세번째가 견훤의 군사가 신라의 경적을 모두 불사른 것이고 네번째가 연나라 노관盧綰의 난리에 기자箕子의 역사가 남김없이 소탕된 것이다. 아아, 애통하도다! 단군사檀君史, 단조사檀祖史, 신지神誌·서운관書雲觀 비기秘記, 안함安含·노원老元·동중董仲 삼성기三聖記, 표훈表訓 천사天詞, 지공기志公記, 도증기道證記, 동천록動天錄, 통천록通天錄, 지화록地華錄, 고흥高興의 백제사, 이문진李文眞의 고구려사, 거칠부居柒夫의 신라사, 발해사 등이 다만 그 이름은 있으나 그 책은 볼 수가 없도다![28]

　종국이 이미 쇠미하고 국학이 날로 쇠퇴하여 후세에 사필을 잡은 자가 국성을 상실하여 종국을 멸시하고 외국에 아첨했다. 정치 문자와 문물 법제에 관해서 그 변천하고 증감한 사실로서 참고하고 거울삼을 만한 것들은 대부분 말살했다. 심지어 예로부터 전해오는 역사책에 적힌 구절 중에서 다른 나라를 비판한 것들도 개삭했다. 고대의 교화와 도의가 담긴 경서 문자에 국수國粹가 보존된 것들도 이단이라 지목하고 배척해 싣지 않았다. 외적을 토벌하고 영토를 개척했던 일은 패도라고 이르고 이웃나라와의 외교에서 비굴하고 겸손했던 일은 본분이라 일렀다. 한우충동汗牛充棟처럼 가득 전해지는 것은 다만 왕가의 역사책, 즉 세세로 종노릇한 문서일 따름이다. 개인의 저술에 우연히 진실이 담아 있으면 즉시 막아 유전되지 못하게 했다.

28　삼성기, 지공기, 도증기, 동천록, 통천록, 지화록 등의 서명은 조선 세조실록에 보인다. "諭八道觀察使曰, 古朝鮮秘詞, 大辯說, 朝代記, 周南逸士記, 誌公記, 表訓三聖密記, 安含老元董仲三聖記, 道證記, 智異聖母河沙良訓, 文泰山 王居仁 薛業等三人記錄修撰企所一百餘卷, 動天錄, 磨瑟錄, 通天錄, 壺中錄, 地華錄, 道詵漢都讖記等文書, 不宜藏於私處, 如有藏者, 許令進上, 以自願書冊回賜, 其廣諭公私及寺社"(『세조실록』 세조 3년 5월 무자〔26일〕).

병서류로『병학통兵學通』[29]『무예보武藝譜』[30]『연기신편演機新篇』[31]『위장
필람爲將必覽』[32], 전기류로『삼년이십사걸三年二十四傑』[33]『신라수이전新羅
殊異傳』[34]『각간선생실기角干先生實記』[35]『이충무공전서李忠武公全書』[36]『해
동명장전海東名將傳』[37], 지리·지도류로『여지승람輿地勝覽』『택리지擇里志』
『산수경山水經』『도리표道里表』『아방강역고我邦疆域考』『대동여지도大東輿
地圖』『대동열읍지도大東列邑地圖』『청구도靑邱圖』『근역도일람槿域圖一覽』,
국어문류로『훈민정음訓民正音』『동언해東言解』[38]『동언고東言考』[39]『훈민
정음도해訓民正音圖解』[40] 등 및『만기요람萬機要覽』[41]『성기운화星氣運化』[42]
『인정仁政』[43]『천학고天學考』[44]『외국풍토지外國風土誌』[45]『해동제국기海東
諸國記』[46] 등의 책이 태반이 소멸되었다. 또 근세 이익李瀷·정약용·유형원
柳馨遠·박지원朴趾源 여러 선철이 저술한 역사·지리·정치 학술의 위대한
걸작이 세상에 통행하지 못했다. 한대연韓大淵(한치윤)의『해동역사海東繹

29　조선후기 정조 대에 간행된 군인 교련서이다.

30　조선후기 정조 대에 간행된『무예도보통지(武藝圖譜通志)』를 가리킨다.

31　조선후기 현종 대에 편찬된 진법에 관한 병서이다.

32　조선후기 영조가 친히 지어 무장에게 반하(頒下)한 책이다.

33　미상. 다만『매천야록(梅泉野錄)』에 의하면 신라, 고려 이후 명장의 사적을 기록한『이십사
　　걸기(二十四傑記)』라는 책이 있었다.

34　한국의 오랜 설화집.『삼국유사』『해동고승전』『대동운부군옥』등에 일부 전해지고 있다.

35　조선후기 연의 형식으로 지은 김유신의 전기이다.

36　조선후기 정조 대에 간행된 이순신의 전집이다.

37　조선후기 정조 대 홍양호가 편찬한 한국 역대 명장의 전기이다.

38　편자 미상의 한역 속담집이다.

39　국어 어원을 상고한『동언고략(東言考略)』을 가리킨다.

40　조선후기 영조 대 신경준의 훈민정음 연구서이다.

41　조선후기 순조 대에 서영보·심상규 등이 왕명으로 간행한 재정과 군정 참고서이다.

42　조선말기 고종 대 최한기가『담천』에 의지하여 서양 천체학을 소개한 책이다.

43　조선후기 철종 대 최한기의 정치학 저술이다.

44　조선후기 정조 대 안정복의 천주교 비판서이다.

45　미상. 조수삼의『외이죽지사(外夷竹枝詞)』나 이유원의『이역죽지사(異域竹枝詞)』같은 세
　　계 여러 나라의 풍물과 역사를 소개하는 작품을 가리키는지 모르겠다.

46　조선전기 성종 대에 간행된 신숙주의 일본 및 유구 안내서이다.

史』⁴⁷, 신경준申景濬의『비거대책飛車對策』⁴⁸, 이규경李圭景의『오주연문五洲衍文』⁴⁹, 윤종의尹宗儀의『벽위신편闢衛新編』⁵⁰은 늦게 오늘날에야 비로소 발견되었다.

나는 이 세상의 조류를 만나 외래의 자극에 느낀 바 있어 장고掌故를 수집하여 조종을 추모하고 선열을 선양하며 후인을 반성하게 하고자 했지만 흩어지고 빠진 기록이 단편적이고 불완전해서 간혹 다른 나라의 기록에서 고대의 진적을 찾아보아야 했으니 슬퍼할 일이었다. 그러나 흩어지고 빠진 기록을 끌어안고 다른 기록을 수집하는 일에 유념하는 사람조차 새벽별처럼 희미하게 존재할 뿐이다. 근년에 아무개 아무개가 역술한 책을 보니 참으로 나를 계발시켜 주지만 사설을 인용할 때 당대의 망필을 답습하여 누락과 오류를 면하기 어렵겠다. 문헌을 증거할 수 없으니 우리나라는 이미 오래전부터 믿을 만한 역사가 없었다.

내가 혈혈단신으로 중화에 흘러들어 사는데 저들 중에서 현재 사문종장斯文宗匠이라고 일컬어지는 장병린章炳麟(장빙린) 같은 사람을 보니 한나라가 설치한 현도, 낙랑, 임둔, 진번 네 군이 단지 위만衛滿이 웅거한 구석진 땅이었음을 알지 못했으니 대개 당시 열수洌水 이남은 각국이 예전처럼 독립하고 있었다. 자칭 다문박섭多聞博涉이라는 양계초梁啓超(량치차오)는 우리나라에 대해 전혀 고증도 하지 않고 부당하게 입론해서 심지어 '국문도 없는 나라'라고 칭하고 '망하지 않을 수 없었다'는 단언까지 적었다. 아아! 우리를 모욕함이 심하도다! 그러나 나는 장·양 두 사람을 감히 미워하지

---

47 조선후기 순조 대 한치윤이 편찬한 역사서. 중국과 일본의 다수 문헌을 발췌하여 한국사를 구성한 이색적인 문헌이다.

48 미상. 다만 신경준의 문집에는 「차제책(車制策)」이 수록되어 있고 이 글에서 비거(飛車)도 다루고 있다.

49 이규경의『오주연문장전산고(五洲衍文長箋散稿)』를 가리킨다.

50 조선말기 헌종~고종 연간 윤종의가 서양의 침입에 대응하기 위해 편찬한 척사(斥邪)와 해방(海防)에 관한 저술이다.

못하겠다. 우리나라 역사책이 없어져서 저들이 참고하지 못하니 오직 중국 책의 단편적인 역사 기록을 취하고 일본인의 광언고설狂言誓說을 번역했을 따름이다. 우리에게 국사가 없으니 어찌 감히 논변하겠는가? 우리가 이미 나라가 망했으니 어찌 감히 변명하겠는가? 애통하도다, 애통하도다! 우리나라 사람이 모욕을 받음은 우리나라 사람이 자초한 것이다. 장·양 두 사람은 중화인이다. 우리나라 역사를 모르는 것은 당연하다.

우리나라 구학舊學 선생은 건도建都를 논할 적엔 제순도당帝舜陶唐(요순)의 산서山西 평양은 능히 말하면서 신조神祖 단군의 요동遼東 평양은 변증하지 못한다. 복국復國을 논할 적엔 명나라 태조 주원장朱元璋이 있음은 능히 말하면서 동명성제東明聖帝 고주몽高朱蒙은 알지 못한다. 초동목수樵童牧豎도 위수渭水에서 낚시하는 강태공姜太公(태공망)은 능히 노래하는데 노사숙유老士宿儒는 위주渭州에서 외적을 격파한 강태사姜太師(강감찬)는 아는 이가 드물다. 심지어 신지식의 학자라는 호칭이 있는 사람들도 고적을 논할 적엔 마니산의 제천단祭天壇은 모르면서 이집트의 금자탑金字塔은 지겹게 말한다. 새로운 기구를 논할 적엔 정평구鄭平九의 비거飛車 창조는 모르면서 몽골피에의 열기구 발명을 과장해 말한다. 활자 인쇄 하면 독일과 네덜란드를 반드시 칭하면서 그보다 수백년 전 신라와 고려에서 창조했음은 거의 말하지 않는다. 문장 구절 하나 지을 적에도 이청련李靑蓮(이백)과 두공부杜工部(두보)를 종장으로 받들면서 우리나라 고유의 학설 문자는 말하기를 기꺼워하지 않는다. 위인의 언행을 칭찬할 적에는 반드시 워싱턴, 넬슨이라 하면서 우리나라 기왕의 철인과 걸사는 서술하지 않는다. 내가 이백과 두보의 문장을 사랑하지 않음이 아니고 내가 워싱턴과 넬슨의 위업을 숭배하지 않음이 아니나 우리 동포가 자기를 버리고 타인을 위해 죽기를 원하지 않는다. 어찌하여 우리나라 사람은 함부로 자기를 천하게 여기는 근성과 자기 근본을 망각하는 풍기가 지금까지 변하지 않는 것인가? 지극히 애통하도다!

아아! 내가 지금 우리나라 일을 서술하는데 타인의 책에서 대신 올바름을 찾고 타인의 말에서 대신 무게감을 얻다니 애통하고 더욱 수치스럽다. 예를 들어 내가 장차 우리나라 교화의 원류를 말하고자 하는데 『명사明史』와 『한서漢書』【명사明史 왕엄주王弇州 『속완위여편續宛委餘編』에 이르기를 "동방에서 단군이 처음 나와 신성의 교화로 백성을 근후하게 가르쳐 강한 종족이 되었다. 교의 이름은 부여에서 대천교代天敎라 했고 신라에서 숭천교崇天敎라 했고 고구려에서 경천교敬天敎라 했고 고려에서 왕검교王儉敎라고 했다. 매년 10월에 하늘에 제사했다"고 했다. 『한서』에서 이르기를 "사마상여司馬相如가 한나라 무제에게 폐하는 겸양불발하여 삼신三神의 즐거움을 받았다고 일렀다"고 했는데 그 주에서 "삼신은 상제上帝이다"라고 했다】, 『요사遼史』와 『금사金史』와 『만주지滿洲志』【『요사』에서 이르기를 "신책神冊 원년 영주永州 목엽산木葉山에 사당을 세워 동향으로 천신의 신위를 설치했다. 묘정에 박달나무를 심어 임금 나무라고 하고 황제가 친히 제사 지냈다. 군사를 출동함에 반드시 먼저 사당에 고했다. 이에 신주를 세워 제사 지냈다"고 했다. 『금사』에서 이르기를 "대정大定 12년 11월 흥국영응왕興國靈應王으로 높였다. 명창明昌 4년 10월 다시 개천홍성제開天弘聖帝로 책봉했다"고 했다. 『만주지』에 이르기를 "부여족은 하늘에 제사 지냄을 종교로 한다"고 했다】를 인용하여 단편적인 말이라도 보배처럼 받들지 않을 수 없거늘 또 "다른 사람도 이런 말을 했고 다른 역사에도 이런 일이 실려 있다"라고 시끄럽게 말한다. 아! 슬퍼할 일이로다! 아! 우리나라 사람이여! 만약 "신인神人이 태백산太白山 박달나무 아래에 임했다"는 한 구절이 없었으면 우리는 갈천씨葛天氏의 백성이 되거나 아니면 무회씨無懷氏의 백성이 되었을지 모를 일이다. 또 환인桓因 상제上帝라는 말이 없고 마니산 제천의 일이 없었다면 우리는 단지 『시전詩傳』과 『서전書傳』, 구약과 신약에서 그 설을 보존했을 것이다. 이성호李星湖(이익), 정다산丁茶山(정약용) 두 선생의 종교론과 삼신설三神說도 출현하지 못했을 것이고 우리들도 겨우 선교仙敎라고 범칭하며 영영 무당의 손에 더럽혀졌을 것이다.

고구려 광개토왕의 옥새는 처음에 안휘安徽 정가程家네에서 소장하고 있다고 들었는데 나는 연경燕京에서 정가네 정정程珽을 알게 되었다. 그는 "동성東省의 야로野老에게서 광개토왕의 옥새를 얻어서 매우 보배로 여긴다"라고 말하고 이를 취해 내게 보여주려 했다. 마침 손님이 갖고 있어서 그는 다시 약속하고 이어서 "오록정吳祿貞 장군이 동성에 있을 때 귀국 고대 인장 및 기물 몇 종을 구입해 소장하고 있는데 진품이라 하더라"고 말했다. 이튿날 나는 일이 있어서 남쪽으로 옮겨가면서 다시 후일의 만남을 도모했다. 아아! 지금 둘 다 모두 죽었으니 어디서 다시 이 사람의 이 보물을 보겠는가?

만주가 조공을 바치며 올린 표문表文은 호남湖南의 송씨宋氏 유록遺錄에 처음 보인다. 송교인宋敎仁 필기에 이르기를 "동삼성 각처에 있을 때에 중국 지배 이전 만청滿淸의 비사秘史를 아주 많이 찾았는데 지금 모두 동경東京에 소장되어 있다. 그중에 만주가 고려에 바친 표문은 자칭 후금국後金國 노재奴才라고 일컬었다. 노재 두 글자의 내력이 실로 만주가 상국에 통상 쓰는 말이기 때문에 그 후 마침내 서로 이어서 관습이 되었음을 알 수 있다"라고 했다. 송군에게 한번 경위를 물어보지 못한 것이 한스럽다.

봉천성奉天省 기공비紀功碑는 청인淸人이 발견했는데 나는 처음 들었다. 광개토왕이 북으로 거란을 쳐서 수천리 땅을 개척하고 남으로 왜구를 정벌해 신라를 구원했는데 비석이 지금 봉천성 집안현輯安縣에 있다. "은택恩澤이 황천에 두루 미치고 위무威武가 사해에 떨쳐 퍼졌다"는 구절은 글자획이 굳세다. 중국의 금석가는 글자가 한위漢魏의 서체에 출입한다 생각하여 탁본한 사람이 많다.

명석포明石浦의 백마총白馬塚은 왜인倭人이 지칭했는데 나는 처음 알았다. 김세렴金世濂의 『해사록海槎錄』에 이르기를 "일본 연대기에서 이르기를 응신황應神皇 22년에 신라가 명석포를 쳤는데 대판大阪에서 겨우 백리 떨어진 곳이었다고 했다. 또 적관赤關 동쪽에 언덕 하나가 있는데 왜인이 가리켜 말하기를 이것은 백마분白馬墳인데 신라 군사가 일본에 깊숙이 쳐들어오자 일본이 화친을 청해 무장을 풀고 백마를 잡아 맹약해 말머리를 여기에 묻었다고 한다"라고 했다. 신희현申希賢(신숙주)의 『해동제국기』에서 이르기를 "신라 진평왕 4년 일본 민달황敏達皇 12년 신라가 왜의 서쪽 지방을 쳤다"고 했다. 안순암安順菴(안정복)의 기記[51]에서 이르기를 "지금 동래 앞바다 절영도에 옛 보루가 있는데 세상에서는 신라 태종이 왜를 정벌할 때 쌓은 것이라고 칭한다. 그리하여 태종단太宗壇[52]이라 일컫는다고 한다"라고 했다.

우리의 수군 위인을 서술할 때에는 일본사를 인용하고 우리 철함을 칭찬할 때에는 영국인의 기록을 인용한다. 심지어 우리나라 글의 간편함을 말할 때에도 미국 선교사의 말을 인용한다. 아아! 아아! 증거할 문헌이 없으니 누구의 죄인가? 나는 대성질호大聲疾呼로 우리나라 사람을 위해 고하노니 중국사, 요사, 금사, 만주사, 일본사, 영국사를 우리나라 사람들은 비치하기를 원한다. 가령 당시 저들이 대신 기술하지 않았다면 우리는 끝내 다시 조종의 교화 종법이 있는 줄 모르고 우리는 끝내 다시 선민의 위대한 공적이 있는 줄 모르고 우리는 끝내 다시 우리나라에 마땅히 우리나라의 역사와 어문이 있어야 하는 줄 알지 못했을 것이다. 우리가 똑똑하지 못하고 어리석은 것이 어찌 이다지도 심한가?

무릇 우리는 5천년을 여기서 생장했고 여기서 생활했으며 우뚝 나라를 세워 세계와 자웅을 다투었으니, 어찌 예의가 없고 교육이 없는데 어찌 위인이 없고 장덕이 없는데 능히 광대하게 이렇듯 오래 이어졌겠는가? 유독 어찌 다른 나라에서 대신 기술한 것을 버려두고 우리는 필경 몽롱하게 아

---

51 안정복이 동사(東史)를 읽고 감회가 있어서 악부체(樂府體)를 본받아 시를 지었는데 이 가운데 '백마총행(白馬塚行)'을 가리킨다.

52 안정복의 본래 기록에는 '태종대(太宗臺)'라고 기록되어 있다.

는 바가 없는가? 그러니 우리나라 사람의 선망善忘이 심하도다.

아울러 국사도 잊어버렸다. 앞으로 영영 혼몽하여 예로부터 유전되는 잔결된 책과 다른 나라 사람이 기술한 단편적인 기록, 오늘날 보물로 받들고 있는 것도 얼마 안 있어 장차 남김없이 인멸될 것이다. 이로부터 단군 자손, 부여 민족은 다른 나라 역사에서 겨우 하나의 망국의 명사로 남을 것이고 우리의 심목心目에서 영영 다시 대한 두 글자의 자취가 있지 아니할 것이다. 애통하도다! 애통하도다! 유득공이 말하기를 "발해사를 편찬하지 못했으니 고려의 부진을 알겠다"고 했다.[53]

중국 공자진龔自珍이 말하기를 "남의 나라를 멸하려면 남의 질서를 추락시키려면 남의 인재를 끊으려면 남의 교화를 없애려면 남의 기강을 망치려면 남의 조종을 죽이려면 반드시 먼저 그 역사를 없앤다"[54]고 했다. 아, 우리 동포여! 오늘에 이르러 이 말의 애통함을 알아야 하겠다! 아아! 신명의 자손으로 똑같이 생기가 있는 사람인데 전부터 앉아서 망하기만 기다리니 뉘우쳐도 이미 늦었다. 그러나 어찌 똑같이 진멸로 귀결함을 감수하겠는가?

금협산인錦峽山人(신채호)은 하동河東의 고골枯骨[55]을 꾸짖고 대동大東의 역사[56]를 초했다. 곡교소년曲橋少年(최남선)은 서산의 낙조를 탄식하고 광문회光文會를 창립했다. 홍암 나자弘巖羅子(나철)는 대종교 교리를 천명했다. 시경 주씨時經周氏(주시경)는 종국의 문어를 연구했다. 우리 도가 외롭지 않고 사문에 경사가 있도다. 바라건대 계속해서 사람들이 일어나 서로 호응

---

53   원문은 "이덕무(李德懋)"라고 했는데 유득공의 잘못이다. 유득공의 「발해고서」에 이러한 구절이 있다.

54   공자진은 『정암속집(定盦續集)』 권2 「고사구침론(古史鉤沈論)」에서 "남의 나라를 멸하려면 반드시 먼저 그 역사를 없앤다. 남의 질서를 추락시키고 남의 기강을 망치려면 반드시 먼저 그 역사를 없앤다. 남의 인재를 끊고 남의 교화를 없애려면 반드시 먼저 그 역사를 없앤다. 남의 조종을 죽이려면 반드시 먼저 그 역사를 없앤다"라고 말했다.

55   정인지(鄭麟趾)가 편찬한 『고려사』를 가리킨다.

56   신채호가 지은 『대동제국사(大東帝國史)』를 가리킨다.

한다면 이것이 뉘우침의 한줄기 표징이니 장차 죽어가는 즈음에 인심을 만회하여 국혼을 붙들어 흩어지지 않기를 기대할 수 있을 것이다. 아아! 동포여! 이 날은 무슨 날인가? 노예보다 못한 노예로 떨어지고 옥중에 있는 옥중으로 빠졌다. 다시 전처럼 몽몽하고 전처럼 설설하고 전처럼 나태하고 전처럼 환산하면 그 허물을 덮기에는 망국으로도 모자라 순식간에 멸종의 화란이 있을 것이다!

나도 이학理學을 숭배해야 하는 줄 안다. 나도 철학哲學을 연구해야 하는 줄 안다. 그러나 이 세상에 태어나 수치를 갚고 죽음을 구원하기에도 겨를이 없으니 이밖에는 실로 성리性理를 고담하고 사물을 분석할 여지가 없다. 나의 가장 경애하는 글 읽는 장자長者, 배움 찾는 신진新進이여! 자양紫陽(주희)에게 두 무릎 꿇고 감히 한발짝도 떼지 못하고 그저 남이 내뱉은 말이나 모으는구나. 백조白潮(서양 풍조)에 온몸을 적셔 아직 그 껍질도 이어받지 못했는데 먼저 나의 정신을 장례 치르는구나. 원수를 멸하지 못했으니 아무래도 백록白鹿(주희)의 죄인이 되겠구나. 문명을 꿈에도 그리나 끝내 벽안碧眼(서양인)의 좋은 벗이 되지 못하겠구나. 아아! 제군! 한번 생각하라!

아아! 아아! 단군 문명은 이미 노장의 뇌리에도 관념이 남아 있지 않은데 신무神武 명치明治[57]는 우리 자제 머릿속을 몰래 점거하고 있다. 분명히 우리 조상이고 우리 역사이고 우리 글이고 우리 말인데 분명히 우리 뇌리에 새겨졌고 분명히 우리 입에서 나왔는데 도리어 감히 국조, 국사, 국문, 국어라고 말하지 못하고 그저 선사鮮史, 선문鮮文, 선어鮮語를 허용한다. 이제부터 앞으로는 선인鮮人이라는 명사도 아마 멸절할 것이다. 그러니 우리나라가 망한 뒤의 국혼은 창창하니 어디에 의탁하겠으며 요요하니 어디에 머무르겠는가?

---

57   일본의 고대 신무천황(神武天皇)과 일본의 근대 메이지텐노(明治天皇)를 가리킨다.

아아! 동포여! 이 마음을 넓혀 잠깐 이 의지할 데 없는 국혼을 받아들이지 않겠는가? 내가 이 말을 하는 까닭은 내가 감히 도가 있는 여러 군자를 지적하려는 것이 아니다. 남의 단점을 들추기를 좋아해서가 아니다. 일부러 꾸며내서 우리나라 사람을 욕하는 것도 아니다. 실로 정세가 촉박해서 분식하고 주저할 때가 아니기 때문이다. 눈으로 접하고 귀로 닿는 것마다 통분해 가슴이 막혀 참으려야 참을 수 없고 오직 슬픔을 말하자니 말을 가려 말하지 못하겠다.

무엇을 일러 국치國恥를 잊었다고 하는 것인가? 우리 불공대천의 원수는 저 만악의 죄인 일본이 아닌가? 삼국시대로 거슬러 올라가면 우리를 노략질하고 우리를 침범한 일이 자주 있었다. 임진년(1592)에 미쳐서는 강권을 믿고 우리를 유린했다. 을미년(1895)에는 우리 황후를 시해했다. 갑진년(1904)과 을사년(1905)에는 우리 주권을 빼앗았다. 병오년(1906)과 정미년(1907)에는 우리 군주를 핍박해 양위하게 하고 우리 군대를 해산하고 우리 의병을 살육하고 우리 생령을 어육으로 만들었다. 경술년(1910)에는 우리나라를 멸망하고 우리 동포를 마소로 삼았다. 우리가 한번 생각이 미친다면 저들의 전후 죄악은 목멱산 대나무를 다 비우고 한강 물을 다 기울이도록 만에 하나라도 서술하지 못할 것이다.

아아! 우리나라 사람의 건망증이여! 몸소 그 해악을 받아도 일이 지나고 상황이 변하면 막연히 대처한다. 우리나라 치욕이 역사에 기재되면 우리는 그것을 읽고 눈을 부릅뜨고 이를 갈며 크게 한숨쉬고 통한해 하지만 별안간 한번 지나면 담담하게 놓아둔다. 심하다, 그 건망증이여! 화친하는 사신을 보고는 잊고, 증정한 선물을 보고는 잊고, 한낮에 칼을 어루만지면 잊고, 야밤에 금을 선물하면 잊고, 오사카의 무기 공장[58]을 보고도 잊고,

---

58 1870년 세워져 1879년 '오사카 포병공창'이라고 개칭된 무기 공장을 가리킨다. 조선의 식민지화와 식민지 지배에 저항하는 투쟁의 탄압에 사용된 대포와 포탄이 제조되었다.

교주만의 선전포고[59]를 듣고도 잊고, 고관후록高官厚祿이면 결의해서 잊고, 관광희영觀光希榮이면 잃을까 염려해서 잊고, 심지어 우리를 채찍질해도 잊고 우리를 어육으로 만들어도 잊는다. 잊어버리는 기술도 다양하니 국치를 끝내 씻지 못할 것이다. "차라리 계림의 개돼지가 될지언정 왜국의 신자臣子가 되지는 않겠다. 차라리 계림의 채찍과 쇠몽둥이를 받을지언정 왜국의 벼슬과 녹은 원하지 않는다." 이는 신라 박제상朴堤上이 왜주에게 대답한 통언痛言이다. "속히 나를 베어라. 우리 백만 의병이 이 뇌중에 있다." 이는 한국 이남규李南珪가 일본 관리를 꾸짖은 통언이다. 이 두 사람이 참으로 조금만 그 기상과 절개를 굽혔으면 목숨도 보존하고 작록도 가져왔을 텐데 그렇게 하지 않은 것은 수치를 잊지 않았기 때문이다. 마침내 불로 달구고 지져도 굴복하지 않았고 칼날로 마구 찔러도 후회하지 않았으니 늠름한 모습이 지금에 이르도록 오히려 생기가 있다. 개인의 충분忠憤의 기운이 사나운 오랑캐를 삼켜버릴 정도였으니 곧 애국의 마음으로 치욕을 잊지 않은 자였도다!

아아, 우리 동포여! 몸이 썩지 않고 기가 끊기지 않고 피가 식지 않고 마음이 죽지 않았는데 임진년(1592) 4월[60]을 잊겠는가? 우리가 적을 격파한 기념일은? 국인이 수치를 알기 때문에 그 효과를 볼 수 있는 법이거늘 을미년(1895) 8월 20일[61]을 잊었는가? 갑진년(1904) 3월 12일[62]을 잊었는가? 을사년(1905) 11월 17일[63]을 잊었는가? 병오년(1906) 7월 19일, 24일,

---

59 일본은 제1차 세계대전이 발발하자 독일에 선전포고하고 중국 산동반도 교주만의 독일 조차지를 침입했다.

60 일본군이 조선 침략을 개시한 달이다.

61 일본군이 명성황후를 시해한 날이다. 양력으로 환산하면 10월 8일이다.

62 '갑진년 8월 12일'의 오기로 생각된다. 1904년 8월 12일 한일협약이 체결되어 한국 정부는 일본 정부 추천 미국인 외교 고문과 일본인 재정 감독에게 국가 외교와 국가 재정의 자주권을 잃었다.

63 을사늑약이 체결되어 한국 정부가 일본 정부에 외교를 위탁하고 독립국의 지위를 상실한 날이다.

30일[64]을 잊었는가? 정미년(1907) 8월 1일[65]을 잊었는가?【8월 이날은 내가 사사로이 울었다. 그러나 이해 노략질당한 참화는 더욱 견디지 못하겠다. 피가 뿌리고 혼이 날아가 사방의 들판에 낭자했으니 이 어찌 겨우 나의 신씨申氏 가문만 그랬겠는가?】경술년(1910) 8월 29일[66]을 잊었는가? 모두 우리 한국 3천만 사람들이 일본인에게 학대받은 기념일이다. 우리들도 이를 수치로 알아야 하지 않을까? 무릇 수치를 안다면 피로 순사殉死하고 수치를 갚는다면 피로 씻어내고 수치를 잊는다면 피가 식을 뿐아니라 아예 피가 없게 된다. 수치를 아는 자가 피가 있음을 모르는데 어찌 수치를 갚는 피를 흘리기를 바라겠는가? 우리 동포여! 피가 있는가? 아니면 피가 없는가?

을미년(1895) 이충숙李忠肅(이경직)과 홍충의洪忠毅(홍계훈)의 피[67]를 우리는 더러 잊고 있다. 을사년(1905) 이후 순국한 열사들의 피도 우리는 아울러 잊고 있다. 애통하도다! 민충정閔忠正(민영환)의 피여! 통감統監의 5조 협약[68]이 억지로 성립하자 재야에서 급히 상경하여 궁궐에서 외치며 힘껏 간쟁했으나 끝내 군신 상하의 마음이 한결같지 못하고 사회의 결합이 굳건하지 못하자 만부득이하여 칼을 밀어 스스로 찔러 목에서 가슴까지 가죽이 뒤집히고 살점이 돌출하고 피를 땅에 가득 흘리고 죽었도다.

---

64   '정미년 7월 19일, 24일, 31일'의 오기로 생각된다. 한국 정부의 매국 대신들과 일본의 강요에 의해 고종 황제가 퇴위하고 순종 황제가 즉위한 사건과 관련 있다. 1907년 7월 19일 고종 황제가 황태자에게 대리청정을 명하여 예식이 진행되었다. 7월 24일 한국 정부의 매국 대신 이완용 등이 일본의 한국 통감 이또오 히로부미 등과 회합하여 이른바 정미 7조약을 체결했다. 이는 한국 통감의 한국 지배에 근거를 부여하는 행위였다. 7월 31일 대한제국 군대를 해산하라는 조칙이 내려졌다.

65   1907년 8월 1일 오전 일본이 대한제국 군대 해산을 단행했다. 한국군 시위대 박승환이 자결하고 일본군과 한국군 사이의 전투 끝에 한국군이 패퇴했다.

66   병합조약이 공포되어 대한제국이 사라진 날이다.

67   명성황후 시해사건 당시 궁내부대신 이경직과 시위대 연대장 홍계훈이 경복궁에서 일본군에게 살해되었다.

68   이또오 히로부미가 강요한 5조의 을사늑약을 가리킨다. 이또오는 을사늑약 이듬해 한국 통감으로 부임했고 을사늑약 당시는 통감이 아니라 일본 정부의 특사였다.

애통하도다! 박참령朴參領(박승환)의 피여! 장군의 심사를 아는 자 드물리라. 을미년 이후 원수 갚아 충분을 씻으려는 마음을 이미 품었는데 마침 광무 황제가 양위하고 군대가 해산되는 때와 만났도다. 며칠 전 궁궐 안에 곧장 들어가 솔선해서 추한 무리를 제거하려고 했지만【당시 일본 장교가 임금 곁을 둘러싸고 핍박했다】매번 지척에서 화란이 임금의 몸에 미칠까 염려해서 필경 이루지 못하고 분한 마음을 머금고 본영에 돌아왔다. 각 부대의 탄환을 이미 모조리 수거했는데 홀연 군부대신을 통해 일본 사령부의 장관이 각 부대의 장관과 영관을 대관정에 소집하라는 황제의 칙령을 전했다. 박승환 홀로 가지 않으니 일본 교관이 독촉하고 일본 병사가 포위했다. 그 악독한 마음을 거리의 행인도 모두 알았다. 즉시 한번 일어나 적을 공격하고자 했으나 구원군이 없는 외로운 군사로 차마 한성의 피어린 참상을 보지는 못하겠기에 한발 총성으로 굉음을 내며 스스로 복부를 쏘았다. 혈도穴道가 놀라 튀고 미원楣源이 즉사했다. 사졸이 분개하여 일어나 적을 무수히 죽였다. 살아서는 광무 황제의 제일류 대대장이었고 죽어서는 한반도 천백세의 웅장한 귀신이었다.

애통하도다! 안의사安義士(안중근)의 피여! 종국 때문에 상심하여 다년간 불러 모아 가까스로 결사 동지 몇 사람을 얻었다. 피폐한 국인과는 함께 큰 거사를 도모하기 부족함을 알았다. 마침내 하얼빈까지 추적하여 분연히 권총으로 일격을 가해 여섯발 모두 명중하니 통쾌하고 위대하도다! 먼저 원수의 피를 마신 뒤에 죽음에 나아갔다.

애통하도다! 홍군수洪郡守(홍범식)의 피여! 국운은 이미 옮겨지고 도움 받을 길 없는 혼자 힘인데 거짓 칙유를 땅에 던져버리고 '군욕국파君辱國破, 불사하위不死何爲'[69] 8글자를 벽에 크게 쓰고 스스로 목매달아 주었다. 아아! 지난날 삼백육십 고을의 군수가 사람들마다 모두 금산 군수 같았으

---

69 '임금이 욕을 보고 나라가 깨졌는데 죽지 않고 무엇 하리'라는 뜻이다.

면 어찌 국망에 이르렀겠는가? 기타 대마도 최면암崔勉菴(최익현)의 피, 원주 진위대 민긍호閔肯鎬의 피, 헤이그 평화회 이밀사李密使(이준)의 피, 구리 고개 이재명의 피, 창의대장 이강년李康年과 허위許蔿의 피, 다시 반학영潘學榮은 팔순 노인으로 배를 가르고 김천술金天述은 스물 청년으로 우물에 몸을 던져 충의의 기운이 천지를 가득 채웠다.

아아! 우리 동포여! 수치를 아는 피를 앞선 열사들이 이미 뿌렸다. 수치를 씻어 피를 흘리는 것은 뒤에 죽는 자의 책임이로다! 동포여! 국가는 회복하지 못했고 국치는 지극하도다! 그대들은 잊었는가! 아니면 잊지 못하는가? 우리나라 30년 전 개혁당 영수 고균古筠(김옥균) 그 사람을 우리는 기억하지 못하는가? 아아! 춘포春浦에서 피를 뿌리고 양화楊花에서 육신이 날리고 평소의 뜻을 펴지 못하고 마음의 자취도 밝히지 못했다. 지금 그곳을 지나면 절로 천고의 한숨을 쉬게 된다. 김옥균은 처음 정치 개혁을 제창해 마침내 난당의 악명이 입혀졌다. 전제 시대에는 면하기 어려운 줄 알겠고 이미 역적이 되었으니 죽은 것도 당연하다. 그러나 국인은 한번 생각해 보라. 당일 그를 공격한 자, 여기에 부화한 자가 과연 나라를 위한 모충謀忠에서 나왔겠는가? 불과 미우媚友 한 사람을 죽여 개인의 영리를 희구했을 따름이다. 이로부터 국망에 이르기까지 누가 능히 그 벽혈碧血을 생각이나 했겠는가? 단지 저들 일본인이 영웅으로 숭배해서 위대하다 찬양했으니 이것이 한갓 김옥균의 죄를 늘렸을 따름이다. 혹자는 독립을 사모한 허영심이었다고 비난하는가? 더러 부귀를 희구한 자였다고 지적하는가? 저들 김옥균과 홍영식 등은 모두 명문 화족華族으로 약관에 성예가 있었으니 능히 부귀를 이룰 수 있는 자들이었다. 하필 지극한 위험을 무릅쓰고 악명을 받을 자들이겠는가? 아아! 혁명 선봉의 피를 국인이 이미 한껏 욕보이더니 아예 차마 냉혹하게 무함하는 말을 가해서 영영 사라지게 하는가?

정재홍鄭在洪이 자살하자 사람들은 대부분 맹랑하게 죽었다고 했고 심지어 그 종지를 모르겠다고 말하기까지 했다. 아아! 내가 그 유서【사상칠

변가思想七變歌이다】 및 자식에게 권면하는 글을 읽으니 그가 죽지 않을 수 없었음을 알만했다. '물파사勿怕死'[70] 세 글자로 국인을 경계했다. 국인이여! 정씨의 피 또한 자유에 관개하는 비료였도다! 누군가는 "피 흘려도 망하는 나라에 보탬이 되지 못한다"고 말한다. 이 말은 옳다. 그러나 수치를 모르는 것이 실로 나라의 회복에 해로움이 있다. 결국 우리가 수치를 아는 것이 쓸모 있으려면 반드시 피 흘림으로 귀결해야 한다. 피 흘리는 마음을 두려워하도록 마음을 채워주면 부끄러운 모습에 이르지 않고 아둔하여 수치를 모르지는 않게 될 것이다. 국인이 아둔하고 수치가 없으면 원수를 진멸하고 나라를 중흥할 희망이 있겠는가? 선열께서 스스로를 찔러 해쳐 급격히 피 흘리는 행위를 한 것은 모두 국인이 수치가 없었기 때문이다. 아아! 장홍萇弘의 푸른 피[71]라 하겠으나 나라에 보탬이 없으니 어찌 애통하지 않은가?

우리 선열께서 순국한 피를 우리 한인이 보고 느끼는 바가 있을지 나는 감히 알지 못하겠다. 우리는 과연 새기고 새겨 잊지 않고 있는가? 중화인이 보고 느끼는 바가 있어서 자기 생명을 희생해 국인을 깨우치려 했던 사람이라면 나는 한 사람을 보았다. 열사 반종례潘宗禮가 이 사람이다. 을사년(1905) 겨울 반군은 가는 길이 인천을 지나는데 일본인이 우리를 협박해 조약을 정했음을 듣고 민충정공閔忠正公(민영환)의 유서를 읽고는 비분을 막지 못해 중국이 장차 우리 한국을 뒤이을 것을 염려하여 마침내 바다에 빠져 죽었다. 유서 14조목이 중국 정부에 도달해 실행되었는지 여부는 나는 알지 못한다. 다만 일본의 야심으로 장래 이런 종류의 협박하는 조약이 필시 중국에 제출될 어느 날이 있을 것이다. 순망치한脣亡齒寒을 반군은 먼저 알았을 것이다. 나는 나의 동포가 국치를 잊지 말기를 원한다. 나는 중

---

70 '죽음을 두려워하지 말라'는 뜻이다.

71 『장자(莊子)』 「외물(外物)」에 주나라 영왕(靈王)의 충신 장홍이 모함을 받아 촉으로 쫓겨나 할복자살을 했는데 그 흘린 피가 3년 뒤 푸른 옥으로 변했다는 내용이 있다.

국 백성이 국치가 오고 있음을 미리 막아 일찍 각성하기를 원한다.

아아! 강산은 원한이 없으나 인물은 오히려 남는다. 삼각산 아래 건천동乾川洞, 대동강 위 석다산石多山에서 다시 신령이 먼저 일어나 울어대는 소리가 있을까? 상당산성上黨山城 국사봉國士峯에 다시 조문열趙文烈(조헌)을 이어서 일어날 사람은 없는가? 영양강榮陽江의 정충신鄭忠信, 추풍역秋風驛의 정기룡鄭起龍은 장차 다시 볼 수 없는가? 누가 창해 역사인가? 누가 함흥咸興 삼걸三傑[72]인가? 안중근은 황해도에서 부활할 수 있는가? 소나素那 용사의 가림嘉林 열부, 황진黃進 장군의 촉석루 의기義妓는 마침내 홀로 천고의 사람인가? 태백산 아래는 우리 아름다운 산수, 우리 빼어난 남녀이니, 이 중에 사람이 있어서 부르면 나오려 할 것이니 "진秦나라에 사람이 없다 이르지 말라!"[73]

정암靜菴(조광조)과 율곡栗谷(이이)은 우리나라의 공자이다. 정암은 항상 말하기를 나라를 근심하기를 집을 근심하듯이 하라고 했다. 율곡은 십만양병론을 주창하여 위축되고 지친 국민성을 구원하고 미리 국방을 공고히 하려고 계획했다. 서산西山(휴정)과 사명四溟(유정)은 우리나라의 석가이다. 서산은 의병을 일으켜 산문을 나와 한번 싸워 삼경三京을 회복했다. 명나라 장수 이여송李如松이 첩帖을 보내 칭찬하기를 "나라 위해 적을 토벌해 충의가 해를 뚫으니 흠앙을 견디지 못하겠다"고 했다. 다시 시를 지어 증정했는데 "공리를 도모할 생각은 없었고, 오로지 선禪을 배움에 마음 썼네. 지금 왕사王事 급하다 소식 듣고, 총섭摠攝하여 산고개에서 내려왔네"라고 했다. 사명은 칼에 기대어 바다를 건너 한마디 말로 왜국을 굴복시켰다. 【사명이 에도에 사신 가니 히데요시가 병사 호위를 성대히 해서 대접했다.

72　유응수(柳應秀), 이유일(李惟一), 한인제(韓仁濟) 세 사람을 가리킨다. 임진왜란 당시 의병을 일으켰다. 함흥 창의사(彰義祠)에 배향되었다.

73　진(晉)나라 대부 사회(士會)가 진(秦)나라에 망명했다가 귀국하자 진(秦)나라 요조(繞朝)가 채찍을 선물하고 사회의 다른 의도를 알고 있다는 뜻으로 "그대는 진나라에 사람이 없다이르지 말라. 내 계책이 마침 쓰이지 않았을 뿐이다"라고 말했다.

사명이 오만하게 눈 흘기며 태연자약하니 히데요시가 조용히 물었다. "귀국이 보물이 많은데 가장 귀한 보물은 무엇입니까?" 사명이 말했다. "왜인의 머리가 최상의 보물입니다." 히데요시는 이를 듣고 당황했다.】유림이여! 사문이여! 대대로 전해지는 사람이 있을지어다. 지금 또한 이를 계승하는 사람이 있는가? 우리나라 종교가 비록 오늘날 쓰러졌지만 고대에는 스스로 통교通敎를 세웠으니 누가 우리나라에 십자가가 없다고 이르는가? 세월이 화살과 같으니 시절이여 다시 오지 않는도다. 고개 내밀어 동쪽 하늘을 향하지만 소리도 없고 냄새도 없으니 어쩌면 천도가 이미 우리 조선을 싫어하는가? 아아! 나는 한반도에 크롬웰, 당통을 일으키고 싶은데 관서關西의 홍경래洪景來, 호중湖中의 신천영申天永 같은 그 사람이라 혹시 호응하여 나올까? 나는 청구靑邱에 황화강黃花崗 72인[74]을 부르고 싶은데 금산 칠백 의사[75] 같은 그 사람이라 아직 소매를 던져 일어날 수 있을까?

예로부터 망하지 않은 나라는 없고 죽지 않는 사람은 없다. 망하고 죽음에도 그 길이 있다. 적을 만나 화친을 구걸하고 경보를 듣자마다 달아나는 것이 어찌 옳겠는가? "오늘날의 일은 전쟁 아니면 화친인데 한결같이 주화를 생각하는 자는 매국이다."[76] 이는 대원군의 통언痛言이다. 【병인년丙寅年 외적의 침입.】그래서 의연히 결단하여 우리나라의 위엄을 빛낸 것이다. 그러나 후진의 작은 무리가 반푼어치 지식으로 혹은 그의 배외를 비방하고 혹은 그의 완고를 조롱한다. 당일 외적의 침입을 알리는 경보가 전해지자 당국의 대관은 즉시 임금이 피난하고 화친을 구해야 한다는 주장을 창도했다. 당시 인사는 고슴도치처럼 숨고 쥐새끼처럼 달아났다. 이른바 '개명開明'이니 이른바 '식시무識時務'니 하는 것이 본디 이러할 따름이

---

74   1911년 4월 27일 광저우에서 일어난 동맹회의 반청 혁명 봉기 당시 희생된 72 열사를 가리킨다.

75   임진왜란 당시 의병장 조헌과 함께 금산에서 일본군과 싸우다 전사한 의병을 가리킨다.

76   흥선대원군이 세운 척화비에 "양이가 침범하는데 싸우지 않으면 화친이고 화친을 주로 하면 매국이다(洋夷侵犯, 非戰則和, 主和賣國)"라는 문구가 있다.

었는가? 지난날 대원군이 내정을 개혁하고 국방을 공고히 하여 프랑스군과 미국 전함을 격파하지 않았다면 우리 한국의 쇠망의 역사에 어찌 한줄기 빛이 있었겠는가? 아아! 대원군은 참으로 쇄국 시대의 한 사람 영웅이었다. 만약 그가 10년, 20년을 더 다스렸다면 우리나라는 망하지 않았거나 망하더라도 굉렬히 맞싸우다 망했을 것이다.

나는 우리나라 오늘날 고상하고 명철한 선비들과 차분히 토의하고 싶다. 나는 나의 동포가 다시는 방언放言과 고론高論을 하지 말기를 원한다. 이른바 극단천국주의極端天國主義를 잠시 놓아두고 이른바 극단사회주의極端社會主義를 잠시 치워두고 지금의 세기는 곧 국가주의와 민족주의로 경쟁하는 철혈鐵血 세계임을 알아야 한다. 멀리 서구를 보건대 전쟁의 참화가 극단에 이르러 살이 날리고 피가 뿌려지며 거포를 한번 쏘니 지축이 바뀌려고 한다. 독일, 영국, 프랑스, 러시아, 오스트리아, 세르비아, 게르만, 슬라브가 유럽에 동거하여 경쟁을 그치지 않는다. 시세가 박두하고 세력에 의지하고 권리에 저촉되어 마침내 예전에 없던 세계대전의 국면을 양성했다. 우리들이 비록 나라 망한 뒤이지만 세계 조류의 고동을 겪으면서 차마 자포자기하지 말고 반드시 현세주의로 우리의 두뇌와 근육을 채워야 하겠다.

아아! 고상? 냉관冷觀일 따름이다. 안락? 투생偸生일 따름이다. 나도 일찍이 하나의 가상을 지어내 스스로 기대한 적이 있었다. 홀연 보살이 되고 홀연 천당이 되고 홀연 신선이 되고 홀연 산림이 되고 홀연 바다 건너고 홀연 세상을 피하고 그렇게 생각하고 다시 생각했지만 모두 차마 하지 못했고 할 수도 없었다. 나라가 망했고 민족도 멸하려 한다. 망국의 죄를 짊어지고 어찌 천국의 행복을 누릴 수 있겠는가? 망국의 노예로서 어찌 사회와 평등할 수 있겠는가? 수산과 동해에는 이미 우리 몸을 용납할 한 조각 깨끗한 땅이 없다. 평민이여, 귀족이여, 우마의 고통과 어육의 참상이 날마다 심해지는데, 시베리아로 가는 긴 열차에서 울어대는 기적 소리가 순식간에 변화하여 장차 남대문 밖에서 울려고 한다. 살갗을 보존하지 못하는데 터럭이 어디에 붙을까? 아, 우리 망국의 백성이여! 어떻게 견디랴! 아아! 우리 동포여! 이러고도 건망증에 빠지는가?

아아! 우리 한국은 결국 역겁歷劫을 회복하지 못할까? 우리 신성한 역사는 본디 역겁이 되도록 남아 있다. 세계 각국의 역사를 널리 보건대 흥망의 사적이 어찌 변함이 없겠는가? 국민에게 애국심이 있어서 한 기운으로 단결하여 백번 꺾여 굽히지 않고 철저히 견지하면 인심이 죽지 않으니 나라가 망해도 아직 망하지 않은 것이다. 국혼은 지금 어디 있는가? 내가 장차 상하 사방으로 찾아 부르면 우리 신성한 역사가 그래도 중광重光할 하루가 있을까? 아아! 동포여! 일어날지어다!

아아! 망국의 원인은 위에서 말한 것과 같다. 우리가 망국의 원인을 알았다면 장차 어떻게 해야 구망救亡의 방책이 되겠는가? 나는 감히 우리 동포를 위해 고한다. "아직 죽지 않은 인심을 수습하고 이전의 건망증을 뉘우쳐서 지금부터 영원히 맹세컨대 잊지 말지어다. 대무신왕大武神王은 작은 한구석에서 큰 뜻을 품고 예봉銳鋒을 길러 여러 나라를 통일하여 동방에 대고구려를 세웠다. 온조왕溫祚王은 열 사람, 백 사람의 단결로 능히 십제十濟, 백제百濟의 나라를 세울 수 있었다. 하夏나라 소강小康은 일성일려一成一旅[77]로 중흥했고 제齊나라 전단田單은 거莒와 즉묵卽墨 두 성으로 복국했다. 프러시아는 견인堅忍으로 프랑스인의 자취를 옮겼고 미국은 강의剛毅로 영국인의 군사를 막았다. 단지 와신상담하고 각골명심하여 여러 사람이 한마음이 되어 죽기를 맹세하고 나라를 구한다면 우리 대한의 앞날은 참으로 크게 희망이 있을 것이다."

누군가 힐난하리라. "우리 조종의 신화神化와 공덕은 누가 감히 모르겠는가? 그러나 이렇게 범이 깨물고 이리가 삼켜서 순식간에 만가지 변화가

---

77 사방 10리의 땅을 1성(成)이라 하고 500명을 1려(旅)라고 한다. 땅이 좁고 사람이 적어 미약한 형세를 가리킨다.

일어나는 날에 도리어 고대의 낡은 자취를 강명하는 것은 고루하고 우매하지 않은가? 이충무공李忠武公은 지금으로부터 오래전 사람이고 철갑 거북선도 이미 썩어 없어졌는데 오히려 다시 찬양해 말하는 것은 아마도 잠꼬대가 아닐까? 민심은 심한 위협 아래에서 두려워하고 믿기는 적빈한 나머지 끊겨버려 실낱처럼 가냘프게 숨을 쉬니 죽음을 구원하기도 부족한데 어찌 사상을 말할 여유가 있겠는가? 우리 백성 중에 빼어나고 특이해서 두각을 나타낸 자는 일본이 모두 솎아내서 없앴다. 기타 자칭 앞날에 희망이 있는 자는 각자 도모할 뿐 통솔할 사람이 없고 준비된 실력도 없다. 게다가 나라는 작고 백성은 적으니 이른바 경각, 결심, 결합, 실행, 전도 희망이라는 말이 어찌 어리석은 사람의 어리석은 생각이 아니겠는가?"

아아! 애통하도다! 우리 망국의 백성은 자기의 성취를 흐뭇해할 일도 없을 뿐 아니라 흐뭇하다는 말도 감히 하지 못한다. 내가 이에 대해 어디에서 눈물이 나오는지도 모르겠다. 아, 우리 동포여! 나의 고루하고 우매함, 나의 잠꼬대, 내가 내 마음의 부림을 제어하지 못해서 일어나는 죽음을 알아야 한다. 무릇 고루하고 우매함, 잠꼬대, 어리석은 생각은 내가 참으로 순간이라도 이와 떨어질 수 없다. 종법은 나의 종법이요 선철은 나의 선철이요 희망은 더욱 나의 희망이다. 물의 근원과 나무의 뿌리가 있는데 물의 흐름을 원하면서 근원을 막고 나무의 개화를 원하면서 뿌리를 뽑으면 어찌 그것이 옳겠는가? 오늘날 우리나라 백성이 지기가 쇠미해지고 피로해 부진하면 이러한 희망을 매달아 스스로 격려해야 끝내 반드시 건너편에 도달하는 하루가 있을 것이다.

하물며 민기民氣는 본디 처음부터 쓸 수 있는 것이지 않은가? 을사년(1905) 일본인이 늑약을 핍박할 때 저들은 거대한 함선으로 인천 항구를 막았고 대포를 한성 위에 배치했는데 우리나라 병사는 만명도 안 되고 외교도 알선의 여지가 없었다. 그러나 원로 군인과 경향 지사가 서로 이끌고 몸을 바쳐서 을사(1905), 병오(1906), 정미(1907), 무신(1908) 네해 동안 의병이 봉기하여 앞에서 쓰러지면 뒤에서 이어가 아홉번 죽어도 후회하지 않았다. 이로써 극단적인 압력하에서도 민심이 조금도 두려워하지 않았음을 보겠다. 또 지난날 국채 보상의 목소리가 전국에 퍼지자 어린이, 부녀자, 장사치, 심부름꾼이 눈물 흘리며 주머니를 풀어 결국 거액이 만들어졌다. 이 또한 극단적으로 궁핍한 때에도 민기가 끊긴 적이 없었음을 보겠다.

나도 나의 부르짖음으로 듣지 못하고 보지 못하는 다수의 사람들을 반드시 진작시킬 수는 없음을 안다. 그러나 필경 우리 동포가 듣지 못하고 보지 못한다는 말을 듣고도 진작시키지 않는다면 이는 달게 망국의 백성이 되어 세상을 떠나는 것이니 우리가 장차 어떻게 사람이라 하겠는가? 아아! 우리 선민의 건장한 혼백이 천지에 가득하여 만겁을 지나도록 영생하고 선민의 신묘한 기물이 세계에 가득하여 사방을 가도 끝이 없으리니 어찌 제2의 위인이 산출되어 나라 구하는 이기利器를 천명하는 일이 다시 없겠는가? 나는 믿지 못하겠다. 이는 우리 후인이 노력해 나아가는 데 달려 있다.

옛날 우리 선조의 대내적인 문치와 대외적인 무공의 역사를 내가 지금 대략 거론해 우리 동포를 분발케 하려 한다. 바야흐로 우리나라 문명이 강성한 때에 안으로는 흑수黑水와 한강 이남 여러 종족을 아울러 나라를 세웠고 밖으로는 고신高辛·요순의 임금과 더불어 세상을 나란히 다스려 저 풍제諸馮[78]이 이로부터 감화되고 북해北海에도 인仁이 알려졌다. 이어서 기자가 와서 귀부했고 공자 같은 성인도 살고 싶어했다. 불가佛家는 환인과 제석帝釋의 위패를 받들었고 중국 유자儒者는 단군의 신성한 교화를 찬송했다. 요나라와 금나라의 역사책에는 부모처럼 섬겼다는 기록이 있고, 만주는 상국이라 일컬으며 표문을 바쳤다. 수나라 양제의 강성함으로 온 나라의 병사를 동원해 쳐들어왔지만 패서浿西에서 전복해 몰락했다. 당나라 태

---

[78] 『맹자』「이루하(離婁下)」에 "순(舜)은 저풍에서 나고 부하(負夏)로 옮겨 명조(鳴條)에서 졸하니 동이(東夷) 사람이다"라는 구절이 있다.

종의 영웅으로도 10만 무리를 이끌고 쳐들어왔지만 요동遼東에서 패배해
돌아갔다. 사쯔마薩摩가 공물을 바치고 대마도가 와서 조빙했다. 원나라가
10년 우리에게 노략질했지만 피폐함이 없이 상대했다. 왜가 8년 우리에게
소란을 피웠지만 끝내 섬멸해 좌절시켰다. 삼천 부하를 이끌고 성인의 백
성이 되기를 원한다. 이는 사야가의 귀화하는 항서降書였다. 10만 대군이
외국 땅의 마른 해골이 되었다. 이는 토요또미 히데요시가 죽을 때의 슬픈
울음이었다. 지금은 토지도 이러하고 인민도 이러한데 약함이 쌓인 나머
지 한번 넘어지자 일어나지 못하니 어찌 우리가 그 선조의 무력을 본받지
못한 죄가 아니겠는가?

더욱이 나라를 세우는 것은 정신에 있지 땅이 넓고 사람이 많음에 있지
않다. 200조의 인도인이 영국에 병합되었고 7억 평방리里의 중화가 일본
에 곤욕을 겪고 있다. 유럽의 몬테네그로는 면적이 겨우 600리里, 인구가
약 25만인데 평소 용맹을 떨쳐 잘 싸우고 참고 견디며 굽히지 않기로 유명
하다. 마래사나탈瑪來司奈脫[79]은 7천 영국 리里의 면적과 겨우 3천명의 인
민으로 능히 자립하여 타인의 제재를 받지 않는다. 또 듣건대 이태리 영토
의 어떤 해안에 1평방리里에 4, 5백명이 살고 있는 독립 공화국이 있다. 세
르비아는 오스트리아에 항거하고 벨기에는 독일에 항거한다. 독일이 여러
강국과 대적하는 것은 최근에 명백히 입증되었다. 아아! 21만 평방 공리公
里와 3천만의 인민으로 정신을 진작할 수 없는가?

설사 우리들이 앞날에 희망이 없다고 인정한다 해도 다시 어찌 차마 스
스로 죽고 마는 것을 좌시하겠는가? 늙은 아비가 병에 걸려 그가 반드시
죽을 것을 알면서도 다시 그 비용이 아까워서 집에 송이버섯이 있어도 약
으로 시험하지 않고 이웃에 좋은 의사가 있어도 부르지 않는다면 이 어찌
사람의 마음이 있는 자이겠는가? 사람이 죽으면 땅에 묻고 추도하고 제사

---

79   미상.

하니 그 영혼을 편안히 위로하려는 것이다. 만약 유명간에 차이가 있다고 보고 곧장 골짜기에 시체를 버려 조수의 먹이로 제공한다면 다시 어찌 마음에 편안하겠는가? 무릇 사람의 자식이 부모에 대해 비록 그 병을 고치지 못할 줄 알아도 본디 방법을 만들어 고쳐야 한다. 불행히 부모가 죽으면 매달려 호곡하고 가슴 치며 발 구르는 것이 인지상정이다.

인민이 국가에 대해 다시 무엇이 다르겠는가? "큰 집이 기울어지는데 나무 하나로 지탱할 수 있다. 큰 바다가 마구 흐르는데 작은 배로 항해할 수 있다. 이는 사람이 하기 나름이다." 어찌 우리 선민의 말이 아니겠는가? 우리들은 어찌 이 말을 재삼 반복하지 않는가? 아, 우리가 각자 도모하여 하나도 이루어진 것이 없으니 어쩌면 우리 민족의 남은 재앙이 다하지 않음인가, 아니면 상천께서 영영 우리 한국에 복을 주지 않음인가? 그렇지 않으면 어찌 이처럼 흩어지고 시들었는가? 진실로 희망이 없어서 돌이킬 수 없는 위치에 도달했다고 여기고 매번 소극을 주장하는 자는 언필칭 불가능하다 하는데 실제 증거를 구해도 들어맞지 않음이 없어서 거의 더불어 항변하기 어렵다.

나는 그렇지 않다고 생각한다. 방법이 없는 것이 아니다. 감히 대담하게 결렬 운운하는 것도 염려할 것 없다. 우리가 스스로 앞길을 경영한다고 이름하는 것이 무엇인가? 어찌 국가가 아니겠으며 민족이 아니겠는가? 이미 이것으로 전제를 삼고 근본을 삼았다면 그 진행하는 주장이 비록 각각 같지 않아도 요컨대 길이 달라도 같은 데 도착하니 마땅하지 않음이 없다. 대개 국가와 민족의 주의는 유일한 집합점이다. 비유하면 한곳에 가는데 육로를 주로 하든 수로를 주로 하든 그 목적지에 미치는 것은 매한가지이다. 우리나라 속담에 이른바 "모로 가든 도로 가든 서울에 가는 것은 같다"는 것이 이것이다. 갑이 을에게 억지로 한배에 태우고 을이 갑에게 억지로 한 수레에 태우는 것은 불가하다. 더욱이 사람의 이른바 희망은 현재의 불평등한 지위를 벗어나 우리의 장래가 오늘보다 더 나은 곳에 도달하기를 구하게 하고자 하는 것일 뿐이니 계급이 같지 않고 희망이 다르면 입지에 고상과 비하의 분별이 있고 진행에 경중과 완급의 차이가 있다. 우리나라 속담에 "목마른 자 물 마실 때 깨끗한 물 더러운 물 가리지 않는다"는 말도 있지만 "나귀를 타면 종을 부리고 싶다"는 말도 있다. 루이의 '연방국가'가 있지만 루소의 '민권자유'가 있고, 허유許由는 필부로서 천하를 양보했지만 한무제漢武帝는 만승의 천자로서 신선을 구했고, 석가모니는 "중생은 곧 나, 나는 곧 중생"이라 말했지만 무하마드는 "칼의 그림자와 빛 속에 천국이 있다"고 말했다. 사상이 이미 만가지로 다르니 사람들마다 억지로 서로 같게 할 수는 없다.

우리는 다만 대다수가 국리민복國利民福에 준거해 전제로 삼고 근본으로 삼아 능히 그 정신을 떨쳐 일으켜 그 집합점에 도달하기를 바라는 것이니 주장에 비록 갈라짐이 있어도 크게 걱정할 것은 없다. 옛날 우리나라 노소남북老少南北의 당쟁은 정권 및 권세의 소재 때문이었다. 병호屛虎와 호락湖洛의 당쟁은 위차와 이론의 상호 분기 때문이었다. 이제 우리들이 똑같이 망국의 백성으로 절대로 자랑하고 과시할 사업이 없는데 어찌 서로 겨루고 서로 치는 일로 쟁집하는 것이 용납되겠는가?

국가의 흥망에는 필부도 책임이 있다. 원하는 것은 각각 그 직책을 다하되 사견으로 공익을 빼앗지 말라는 것이다. 프랑스는 자유의 종소리를 울리며 전국이 두차례의 유혈을 불사했다. 미국은 독립의 깃발을 들고 각각의 주州가 8년 전쟁에 나아갔다. 다른 논의가 그 사이를 막아 전쟁에 오점을 남겼다는 말을 듣지 못했다. 곧 일본인은 이익을 탐하고 식견이 부족함은 저들 유신의 역사에 기재된바, 제1기 유신당維新黨의 결사에 번국藩國과 막부幕府가 원수로 여기고 정검회靜檢會와 중립사中立社가 서로 알력이 일어나 시끄럽게 충돌하여 편안할 날이 없었다. 국회가 성립하자 거연히 일치하여 진행했다. 최근 중국 혁명사의 경우 정부가 탄압하고 종사당宗社黨이 토벌하고 보황당保皇黨이 공박하고 기타 형형색색의 당동벌이黨同伐異

와 결렬악착決裂齷齪이 지극히 많았다. 그러나 대세의 향하는 바가 끝내 공리公理에 굴복했다.

대개 우리들은 구국의 종지가 비록 같아도 주장이 그 사건을 소멸하지 못해서 일치하지 못하니 쟁단이 일어났다 이르지는 않더라도 진행의 기관이 막히고 체한다. 타오르는 탄불이 흩어져 불꽃이 되면 어린아이도 발로 차서 끌 수 있다. 한 가닥 실로 어찌 아딧줄이 될 수 있겠는가? 이로써 시들고 박약해져 한갓 희망이 사치가 되기만 하니 너무나 자기를 헤아리지 못하는 일이다. 우리나라 속담과 무엇이 다른가? "나무 아래에 누워 홍시가 저절로 입에 떨어지기를 바란다"는 말이 있고 "돼지 발굽과 술잔 잡고 풍년을 축원한다"는 말이 있으니 순우씨淳于氏도 웃을 일이다.

그래서 오늘날 사건을 희생하고 근본의 주장과 인심의 단결로 전제를 삼아 요컨대 통솔하는 문제를 가장 해결하기 어렵다고 여겨야 한다. 다만 나의 좁은 생각으로는 염려할 필요는 없다. 무릇 오늘날은 경우로 보든 시세로 보든 자격으로 보든 통치자를 얻어 추대하기 어려우니 다른 시대로 소급하여 한마음으로 묶어줄 사람에게 복종해서 뜻을 정해도 무방하다. 우리 개국 시조 단군은 곧 우리의 주재이다. 우리 구국 원훈 이순신은 곧 우리의 통제이다. 우리가 민족주의를 안고 조국 광복을 마음으로 삼아 실력으로 진행하며 간험艱險을 피하지 않는다면 그러한 사람은 본관을 물을 것 없고 교파를 물을 것 없고 노소를 물을 것 없고 남녀를 물을 것 없고 원근을 물을 것 없고 친소를 물을 것 없고 유명하든 유명하지 않든 단체 활동이든 단독 활동이든 온건이든 급진이든 비밀 활동이든 공개 활동이든 기술자이든 상인이든 농부이든 선비이든 모두 우리의 동지이다. 우리는 동지 중에 서로 공복公僕이 될 만한 사람을 뽑아 일을 맡겨 시키고 감독하고 애호하고 찬조하고 믿고 따르되 부당함이 있으면 파척罷斥하나 의심과 시기, 알력을 보이지 말며, 사람들마다 법무 장관 아래에 다스림을 받고 실무자도 범위를 두어 이를 넘지 말아야 한다. '실력' '준비' 운운하는 말에 대해서는 우리가 마땅히 국인이 상실한 표탕瓢蕩의 정신을 만회해야 하고 진정한 견강堅强의 의지를 다시 결정해야 한다. 10년간 사람을 모아 10년 간 가르치는 것이 우리의 책임이다.

아아! 오늘은 어떤 날인가? 우리가 기왕을 뉘우치고 장래를 책려할 새 로운 기념일이다. 우리 민족은 우리 선조를 잊지 말라. 우리 시조가 신으 로 내려와 나라를 열었던 달에 우리 이충무공이 나라를 구하고 순국했으 며, 우리 시조가 하늘에 오른 달에 우리 이충무공이 이에 태어났다. 우리 는 10월 3일을 우리 민족의 큰 기념 명절로 삼는다. 기념이라는 것은 잊지 않음의 표징이니 우리 정신이 여기에 매여 있다. 우리의 조종과 신성한 영 걸이 계승하고 계승하여 특별히 추대한 단군은 백성 교화의 시작이다. 우 리 선조의 자손은 현량하고 명철한 사람이 대대로 결핍하지 않았는데 이 충무공을 거론한 것은 '충효문무忠孝文武, 국궁진췌鞠躬盡瘁'가 4천년간 오 직 공 한 사람이기 때문이다. 우리나라 사람이 이에 귀착하고 이에 의거하 고 이를 모범으로 하고 이를 호명하고 이와 결합하고 이에 정성을 바치고 이에 맹약을 펼치고 이에 작업하고 이에 복을 구하면 황천皇天과 후토后土 가 실로 우리들을 믿고 순순히 명할 것이다. "가서 치라. 내가 필히 너희에 게 크게 이기게 하겠다."【묵자墨子에 이르기를 "주나라 무왕武王이 천자의 자리에 올라 꿈에 삼신三神을 만났는데 삼신이 말하기를 내가 이미 은나라 주왕紂王을 술의 덕에 적셨다. 가서 치라. 내가 필히 네가 크게 이기게 하겠 다고 했다. 무왕이 곧 쳐서 상나라를 이겼다"고 했다.】"우리 자손이 장차 너희 옛 도읍을 세워줄 것이다."【『동사』에서 이르기를 "부여 상신 아란불 阿蘭佛이 꿈에 천제天帝를 보았다. 천제가 말하기를 나의 자손이 장차 너의 옛 도읍을 세울 것이라고 했다. 해모수왕解慕漱王이 동쪽으로 가서 유화柳 花를 만나 주몽朱蒙을 낳으니 고구려 시조이다"라고 했다.】우리 신명의 후 예는 힘쓰지 않을 수 있겠는가, 힘쓰지 않을 수 있겠는가?

갑인년(1914) 단군 개천 건국 기원절 16일 후 이공李公 한산도 순국일에 단군 후예 일민一民이 애오산려에서 글을 짓는다.

바야흐로 붓을 당겨 이 글을 짓고 나서 해내와 해외의 소식을 전해 들으니 황조皇祖 구강舊疆에 교화가 다시 진작된다. 고국의 근화槿花에 풍운이 마침내 일어난다. 단향檀香 산중에 건아가 교련한다. 미국 교포 선비가 국문 타자기 및 새로운 활자를 발명한다.[80] 백두산의 포민逋民이 조국의 사전史傳을 수습한다.[81] 해상의 여러 현준이 병공兵工의 학문을 중시한다. 국민이 단합하고 덕으로 권업勸業을 한다. 공제共濟에 마음이 화합하여 쉬지 않고 행하고 행한다. 이를 듣고 붓을 던져 춤을 춘다. 나는 다시 향을 피워 기도하고 축원하노니 한 마음 한 덕으로 다시 살고 다시 분발하라. 태만하지 말고 황음하지 말고 능히 시작하고 능히 끝마치라. 우리 선조의 효자 자손이 되고 우리나라의 영웅 지사가 되라. 우리 청구靑邱의 혼란과 쇠망의 참화가 풀릴 것인가? 내가 비록 띠배처럼 힘이 없지만 채찍을 잡고 이를 따르기를 원한다. 일민一民은 부기한다.

---

80 재미 교포 이원익이 1914년 영문 타자기에 한글 활자를 붙여 한글 타자기를 처음 만든 사실을 가리킨다.
81 박은식이 『안중근』과 『한국통사』를 편찬한 사실을 가리킨다.

천공陳公 잉스英士[1]의 공적은 행인도 다 말할 수 있으니 내가 덧붙여 찬
양할 필요는 없겠다. 그저 나 자신 교유하며 얻어들은 것과 느끼고 생각
한 것의 대강을 두서없이 서술하려 한다. 내가 잉스와 교분을 맺은 것은 제
1차 혁명 때인데, 나는 고도故都에서 나와 상하이에서 군을 만나 함께 마음
을 말하고 시사를 논했다. 그는 나에게 진실한 벗이 되어주었고 오래 지낼
수록 더욱 예우하면서 크게 마음을 써주어 매번 각계에 추천할 때면 과분
하게 칭찬했다.

그가 일찍이 내게 말했다. "우리나라가 비록 혁명에 성공했다고 하지만
이전 청나라의 적폐가 고질병이 되어 내정이든 외교이든 나라가 거의 나
라 같지 않소. 만일 근본적으로 부패를 개혁하지 않는다면 성공했다고 하

---

1   청나라 말기 중화민국 초기 중국의 혁명가이다. 본명은 천치메이(陳其美), 잉스는 자(字)이
다. 절강성 출신으로 일본에 유학을 가서 중국혁명동맹회에 가입했다. 1911년 신해혁명이
일어나자 상하이에서 봉기하여 상하이 군도독으로 추대되었고 위안스카이의 중화민국 임
시정부에서 공상총장에 취임했다. 1913년 제2차 혁명으로 쑨원과 함께 일본에 망명을 갔고
1915년 귀국했다가 이듬해 암살되었다. 신규식과 함께 한중 합작단체 신아동제사에서 활동
했다.

는 것이 그저 거울에 비친 꽃, 물에 비친 달과 같을 뿐이오. 우리들이 혁명에 종사한 지 10년이 되었소. 저 하늘이 우리에게 20년을 빌려주어 건설에 헌신하게 한다면, 중화민국의 앞날에 크게 해볼 만한 일이 있을 것이고 동아시아의 대국도 세 나라 형세가 균형을 이루어 열강에 대항할 수 있을 것이오. 우방의 동지께서는 시종 협조하여 힘써 진행하기를 바라오."

이어서 말했다. "나는 평생 기우는 나라를 붙잡고 약자를 구원하는 것을 사명으로 하였소. 그래서 항상 폐방을 사랑하는 마음으로 귀국을 사랑했고 중국을 걱정하는 마음으로 한국을 걱정하였소. 귀국 뿐만 아니오. 안남과 인도를 생각할 때마다 내가 아픈 것 같았소. 허풍처럼 들릴지 모르지만 사실 양심에서 나온 말이오. 귀국의 일을 듣고는 더욱 살을 베는 듯했으니 한때의 위로하는 말이 아니오."

하루는 공이 나를 초대했는데 그때 연설이 천언만어 쏟아졌다. 내가 따로 적어놓았는데 지금 다 적지는 못해도 그 대강은 이러하다.

"남아가 일을 하는데 목적을 이루지 못하면 쉬어서는 안 되오. 더욱이 세계의 풍운이 순식간에 변화하니 어떤 나라는 15년 안으로 반드시 내란이 일어날 것이오. 하물며 시세를 만들어내는 그대들이 있으니 그대들은 힘쓰시오. 나 역시 그대들의 뒤를 따라 만의 하나라도 돕겠소. 귀국 인사 중에서 지극한 교분이 있는 사람으로 아무개【필자를 가리킴】같은 사람도 없소. 또 귀국의 많은 동지들과 즐겁게 한자리에 모인 다음에야 비로소 오늘이 있게 되었으니 누가 진秦나라에 사람이 없다 하겠소? 삼한의 광복은 오늘 이 자리에 가득한 동지들이 짊어져야 하니 임무를 맡겨도 사양하지 않겠소."

어느 날 공은 집필 장소【모 신문사】로 나를 찾아와 은근하게 위로하고 숙식의 세세한 일까지 물었다. 이튿날 라지차오拉圾橋로 공을 찾아가니 공은 어떤 방으로 나를 안내하고 말했다.

"그대는 이곳으로 이사하는 것이 좋겠소. 비록 집회 장소로 삼기는 부족하지만 그대의 비밀 처소와 사무 장소로 쓸 만하오. 그리고 의식의 공급은 집안 사람들이 보살필 터이니 거절하지 마시오."

나는 감사 인사를 드리고 사양했다. 돌아와 동지들에게 말하니 동지 중에 어떤 이가 말했다. "아무개 씨의 융숭한 정이 이미 이와 같고 또 그대가 지금 기거하는 곳이 불편해서 물자 마련도 곤란한데 혼자 고생할 필요가 없으니 어찌 그 말을 따르지 않는가?"

내가 말했다. "우리가 여기에 온 것은 이들의 혁명을 사랑하기 때문이네. 혁명을 실행하는 선비를 대하여 마땅히 우리가 가진 것을 기울여 공급해야 하건만 어떻게 하찮은 일로 아무개 씨에게 폐를 끼칠 수 있겠는가. 또 7일을 통곡해야 제 자리를 얻는 법이니 밥 한 끼의 은덕도 먼저 받고 싶지 않네." 그대로 덮어두었다.

어느날 공이 다시 나에게 말했다. "귀국의 통한의 역사나 열사의 전기, 그리고 잡지 등을 발행할 계획이 있다면 꺼리지 말고 찾아와 상의하시오. 마땅히 협조하여 도모하리라."

아울러 말했다. "예전에 내가 마련한 민성총보民聲叢報의 기계가 아직 남아 있는데 수리해서 보수하면 충당해서 쓸 수 있으니 이것도 기부하겠소."

이때에 나는 그의 고상한 의협심에 감동했지만 나라가 망함도 수치인데 자국의 통사慟史와 전기마저 남에게 부탁하여 대신 간행하는 일은 거듭 수치스런 일이라는 생각이 들어서 역시 자력으로 간행할 수 있다고 사양했다. 다만 잡지를 만들게 되면 마땅히 다시 가르침을 구하겠다고 말하고 물러났다.

하루는 국민당 교의부交誼部에서 이야기를 나누자고 하면서 공은 내게 자동차에 타라고 했다. 내가 사양하자 공은 말했다. "오늘날이 어떤 날이오? 우리는 결단코 허례로서 귀중한 시간을 허비해서는 안 되오." 마침내 나를 친히 부축하여 차에 태웠다. 차 안에서 나눈 세세한 이야기는 모두 혈기 넘치는 말이었는데 지금도 귓가에 남아 있다. 이때 말한 것들은 세세한 일이었지만 그리운 마음에 묻어둘 수가 없다.

당시 공은 안으로는 총장總長이고 밖으로는 도독都督이며 또 당수黨首이니 공무가 번다하고 위망이 혁혁한데 어찌 이 죄 많은 사람을 늘 잊지 않은 것일까? 세상 사람이 나를 욕해도 공은 나를 아끼고 세상 사람이 나를 무시해도 공은 나를 슬퍼했다. 공은 어찌 흘겨보는 눈에 바싹 여윈 나 같은 사람을 사랑했는가? 하찮은 선비에게도 정성을 다하는 것이 옛스런 기풍이라 하지만 지모나 벼슬이 있으면 함부로 자기를 존대하는 무리, 겁먹고 주저하며 강자에게 아부하고 약자를 능멸하는 무리와 비교하면 이를 어떻게 생각해야 할지 모르겠다.

같은 고향 학생 정 아무개는 어려서 상하이로 건너왔는데, 공이 그를 보듬어 기르고 조종朝宗이라는 이름까지 주었다. 공은 일찍이 내게 말했다. "이 아이는 한국 열사【정재홍으로 시국에 분개하여 총으로 자살했다】의 아들이라서 애정이 각별하오. 인재로 양성시켜 훗날 필요한 일에 대비하기를 희망하오." 마침내 학비를 대서 모 학교에 보내 학업을 이수하게 했다.

동삼성東三省에 거류하는 우리 교포에 관해서도 계책을 지시한 일이 제법 많았다. 아울러 만일 중앙 정부에 취임하면 법을 마련하여 편안히 살게 하겠다고 말했다. 예전에 길림성의 아무개 관리가 학교를 금지하고 대종교【조선의 옛 종교】의 시교당施敎堂을 폐쇄한 사건이 일어났을 때 공은 길림성 장관에게 공문을 보내 사리에 의거해 분명히 말해서 교민을 보호하고 교육을 침해하지 못하도록 부탁한 것은 그 일례다.

공은 오랫동안 공상총장工商總長에 취임하지 않았다. 내가 만나서 인사를 드리면서 그 이유를 물었더니 공은 개연히 말했다. "부끄러워 말하지 못하겠소. 오늘날의 시국은 가면의 공화이오. 우리들은 장차 죽을 곳이 없겠소.【결국 예언이 되었다.】재야에서 필부의 계책을 다하거나 외국에 나가 정치와 실업을 고찰하는 것으로 결정하려 하오." 마침 사태가 다급해져 조야에서 만류하여 잠시도 나라를 떠나지 못했다.

쑹자오런宋教仁 피살 사건 발생 후 제2차 혁명 며칠 전에 몇몇 동지와 함께 카드로伽德路에 공을 찾아갔다. 공은 내게 말했다. "부득이 다시 무기를 잡기로 결정했소. 동지는 나를 위해 협조해주기 바라오." 강개하고 격앙된 기운이 절로 그치지 못했다. 제2차 혁명이 실패하자 공은 해외로 나갔다. 우스운 일은 우리들도 베이징에서 혐의를 받아 몇 번이나 예측할 수 없는 상황을 만났다. 【당시 베이징에 있던 동지 한韓 아무개 등도 체포 대상이었지만 요행히 피해서 모면했다.】 중국 땅을 위험하게 보고 감히 상하이 밖으로 한 걸음도 나가지 못했고 모처가 적지라서 역시 왕래할 수 없었다. 이로부터 서로 멀리 떨어져 만나지 못하고 간혹 소식만 통할 뿐이었다. 공이 일본에서 병석에 눕자 아무개 친구가 공을 만났는데, 공은 매번 나와 동지들의 상황을 물으며 염려하고 염려하는 마음을 내려놓지 않았다. 얼마전 공이 위험을 무릅쓰고 상하이로 돌아와 겨우 한번 만났지만 당시 정탐하는 기병이 사방에 깔려서 공은 날로 지극한 위험 속에 처했고 그 처소도 편안하지 않았다. 그래서 긴요한 일이나 급히 상의할 사안 이외에는 처소로 찾아오지 말기를 바란다고 알려왔고 못 만난 지가 차츰 오래되었다.

아! 5월 17일 공의 편지가 필경 최후의 유묵이 되었다. 계획이 물거품이 되어 슬피 호곡한들 되돌리지 못하니 차마 말할 수 있겠는가. 나는 비보를 듣고 급히 신민리新民里로 달려가니 주검은 침상에 있었는데 염을 하지 않은 상태였다. 얼굴부터 머리까지 총흔이 있어서 차마 볼 수가 없었다.

곡을 마치고 스스로 말했다. "장쾌하도다, 훌륭한 남아여! 나라를 위해 죽었으니 살아서는 영예를 얻었고 죽어서는 영령이 되었도다. 민당의 친구 중에 잉스와 같은 이는 거의 드물었다. 평생 나라를 위하느라 집안이 망가졌고 솔선해서 험지를 밟았도다. 또 모씨의 모반을 먼저 간파하고 시종 반대하면서 높은 벼슬과 부정한 세도에 동요하지 않았다. 의연히 한 사람 필부로서 만승의 천자에게 항전하여 백번 꺾여 굽히지 않았고, 한결같이 곧바로 전진하며 조금도 중단함이 없다가 죽고 나서야 그쳤다. 학문과 풍채가 비교적 남보다 나은 사람이야 더러 있겠지만 시종 한결같이 진정한 혁명가의 본색을 잃지 않은 이는 오직 잉스 이 사람뿐이었다. 민당은 건장한 장수를 잃었고 민국은 영재를 상실했으니 심히 통석할 일이로다. 옛날 내가 중화에 건너와서 맨 먼저 차례로 교제한 사람들은 둔추遯初【쑹자오런】, 커창克强【황씽】, 잉스, 중산中山【곧 쑨원】 등 여럿인데 가장 오래 사귀었고 가장 잘 나를 알아주며 가장 열심히 우리의 앞길을 갔던 사람은 오직 천잉스 이 사람뿐이었다. 이제는 모두 끝났으니 누구와 함께 돌아갈까. 당년의 지기는 세상을 떠나 얼마 남지 않았도다. 고개 돌려 중원을 멀리 보니 처창한 마음이 실로 지극하다. 아, 어찌 한갓 민국을 위해 슬퍼할까! 우리의 교분을 위해서도 애통한 일이로다.

공의 서거 1주기 5월 18일 안장일에 공의 벗 청구한인靑邱恨人은 비랑호碧浪湖 호반에서 곡하고 쓴다.

박은식 연보*

* 1896년 을미개혁 전후로 음력(전)과 양력(후)이 구분되며, 국외 사건은 양력으로 표기한다.

연도	박은식	국내외 주요 사건
1859년 (철종 10년)	* 9월 30일. 황해도 황주 주남에서 아버지 박용호와 어머니 교하노씨 사이에서 출생.	
1879년 (고종 16년)	* 평안도 삼등으로 이주. (21세)	
1880년 (고종 17년)	* 경기도 광주에서 홍승운을 만나 역사학을 수학함. 홍승운에게서 홍석주의 역사책 『속사략익전』을 전수받고 대명의리론의 역사인식을 체득.	
1882년 (고종 19년)	* 서울에 체류하며 임오군란 이후의 대책을 당국에 헌정하고자 함. 벗 전병훈과 함께 평안도 영원의 산중에서 과거 공부를 함.	* 6월, 임오군란 발발.
1884년 (고종 21년)	* 평안도 태천에서 박문일·박문오 형제를 만나 성리학을 수학. (26세)	* 10월, 갑신정변 발발.
1888년 (고종 25년)	* 평안도관찰사 민영준의 자제를 가르침. 평안도 평양의 숭인전 참봉에 천거되어 벼슬을 시작.	
1889년 (고종 26년)	* 평안도관찰사 민병석이 부임함. 숭인전 영으로 승진.	
1892년 (고종 29년)	* 평안도 중화의 동명왕릉 영에 임명됨.	
1898년 (광무 2년)	* 서울에 이주하다. 민병석의 이행루를 거점으로 활동하며 스스로 행하거사라고 칭함. 후일 행하를 배경으로 「행하만록」과 「의계」를 지음.	* 9월, 『황성신문』 창간.
1899년 (광무 3년)	* 경성의학교가 설립되고, 이영호가 그곳에 입학함. 후일 이영호를 위해 「국암기」를 지음. (41세)	
1900년 (광무 4년)	* 한성사범학교 교관으로 부임함. 평안북도 관찰사 이도재를 위해 서문을 지음.	
1901년 (광무 5년)	* 황해도 양무 감리로 부임하는 전병훈을 위해 서문을 지음. 스승 홍승운이 별세하자 제문을 지음. 「흥학설」을 지어 교육개혁 방안을 논함. 「흥학설」과 관련하여 민병석에게 편지를 보냄. 학부대신에게도 편지를 썼으나 보내지 않음.	

1903년 (광무 7년)	* 손정현에게 편지를 보내 자주자강의 길을 논함.	
1904년 (광무 8년)	* 『학규신론』을 출판하고 대한제국 정부 각부에 보 냄. (46세)	* 2월, 러일전쟁 발발.
1905년 (광무 9년)	* 『대한매일신보』 국한문판이 발간되자 주필이 됨. * 장지연이 번역한 이집트 현대사(『애급근세사』) 서문을 지음. * 『대한매일신보』에 을사늑약의 전말을 기록해 전 국에 알림.	* 11월, 을사늑약 강제 체결.
1906년 (광무 10년)	* 대한자강회가 창립함. 회지 창간호에 「대한정신」을 발표. * 서우학회를 조직. 회지 창간호에 「사설」과 「교육 이 흥하지 않으면 생존하지 못한다」를 발표.	* 3월, 이또오 히로부미가 한국 통감으로 부임.
1907년 (융희 1년)	* 서우학회 학회지에 「구습개량론」을 발표. 스위스 건국 이야기(『서사건국지』)를 번역하여 출간.	* 고종, 강제 퇴위당함. * 대한자강회 해산됨.
1908년 (융희 2년)	* 서북학회가 창립함. 학회지에 「사설」과 「노동 동 포의 야학」을 발표. * 여자보학원 유지회가 결성됨. 『여자지남』에 유지 회 취지서를 발표.	
1909년 (융희 3년)	* 서북학회 학회지에 「유교구신론」을 발표. * 대동교를 개창함. * 공자 탄신 기념회 강연을 행함.	
1911년	* 『소년』에 「왕양명선생실기」를 발표. * 서간도에 망명. * 『대동고대사론』을 지음. 고구려 건국 제왕과 발해 건국 제왕, 고구려 혁명가 명림답부 및 연개소문 에 관한 사전(史傳)을 씀. 『몽배금태조』를 짓다.	* 중국 신해혁명 발발.
1912년	* 중국 관내로 이동. 베이징에서 머무르며 안중근 전기를 집필. * 상하이로 이주하여 신규식과 함께 동제사에서 활동.	* 청조 멸망, 중화민국 임시정 부 수립.
1913년	* 홍콩으로 이동. 김규흥이 설립한 한중 합작 언론 『향강잡지』의 주필이 됨. 창간호에 「민국의 명실」 「민덕」 등을 발표.	* 위안스카이가 중화민국 대총 통에 취임.

1914년	* 이병헌과 함께 홍콩에 있는 캉유웨이를 방문. * 신한혁명당의 감독이 됨. (56세)	* 제1차 세계대전 발발.
1915년	* 일본의 21개조 요구를 중국이 굴욕적으로 수락하 면서 국치의 여론이 비등. * 『한국통사』를 간행하여 한국인에게 국혼을 고취 하고 중국인에게 경종을 울림.	
1917년	* 「대동단결선언」에 참여. * 러시아 한인 사회가 니콜리스크에서 전로한족회 를 결성하고 기관지 『청구신보』 발간.	* 러시아 볼셰비키혁명 발발.
1918년	* 『청구신보』가 『한족공보』로 개편됨. 『한족공보』 의 주필이 됨. (60세)	* 제1차 세계대전 종전.
1919년	* 대한국민의회가 니콜리스크에서 독립 선언서를 발표하고 블라디보스톡에서 독립 축하 시위를 전개. (3·17사건) * 독립선언서의 한문 초안을 지음. 노인동맹단에서 활동. * 다시 상하이로 이주. * 대한민족대표 독립선언서(10·31 발표)에 첫 번 째로 기명됨.	* 3·1운동 발발. 대한민국임시 정부 수립. * 9월, 노인동맹단 대표 강우규 신임 조선총독 사이또오에게 폭탄 투척. * 대한국민의회와 상해 임시정 부가 통합에 합의함.
1920년	* 『신한청년』 중문판의 주필이 됨. * 『한국독립운동지혈사』를 간행하여 광복의 믿음 과 자력 독립을 논함. * 『독립신문』에 「나의 사랑하는 청년 여러분께」와 「우리 국민이 기대하는 정부 여러분께」를 발표.	
1923년	* 『독립신문』에 「이천만 동포께 통렬히 고한다」와 「우리도 중국 각계의 운동과 일치로 하자」를 발 표.	
1925년	* 대한민국임시정부 임시대통령으로 취임함. * 『독립신문』에 「정부와 우리 민족의 관계」를 발표. * 헌법을 개정하고 임시대통령에서 물러남. * 『독립신문』에 「임시대통령 고별사」 「독립운동이 대방침을 덧붙여 말함」을 발표. * 11월 1일 서거. 『독립신문』에 「백암선생의 유촉」 이 게재됨.	

신규식 연보*

연도	신규식	국내외 주요 사건
1880년 (고종 17년)	* 1월 13일(양력 2월 22일), 충청도 문의에서 아버지 신용우와 어머니 최씨 사이에서 출생.	
1898년 (광무 2년)	* 한어학교에 입학.	
1900년 (광무 4년)	* 무관학교에 입학. (21세)	
1902년 (광무 6년)	* 육군 보병 참위가 됨.	
1905년 (광무 9년)	* 을사늑약 이후 음독자결을 시도. 예관이라 자호함.	* 11월, 을사늑약 강제 체결.
1907년 (융희 1년)	* 육군 보병 부위가 됨. * 황성광업주식회사에 참여.	* 고종, 강제 퇴위당함.
1908년 (융희 2년)	* 영천학계를 조직함. * 『가정양계신편』을 번역.	
1909년 (융희 3년)	* 대종교에 입교함. * 대한공업회(대한흥업회)에 참여. * 중동야학교 교장에 취임. (30세)	
1910년 (융희 4년)	* 분원자기주식회사에 참여.	* 8월, 경술국치(한일병합조약 체결).
1911년	* 중국으로 망명.	* 중국 신해혁명 발발.
1912년	* 쑹자오런, 황씽, 천치메이 등 중국 혁명지사와 교류. * 동제사 설립. * 『한국혼』의 기본 내용을 강연.	* 중화인민임시정부 수립.
1914년	* 중국 문학단체 남사에 가입. * 『한국혼』 완성. (35세)	* 제1차 세계대전 발발.
1917년	* 대동단결선언에 서명. * 중국 혁명지사 천치메이 서거 1주기에 애도하는 글을 씀.	* 러시아 볼셰비키혁명 발발.
1919년	* 대한민국임시정부 법무총장에 취임. (40세)	* 3·1운동 발발. * 대한민국임시정부 수립.

1920년	* 『진단』을 창간. 『한국혼』을 교정하고 『진단』에 연재.
1921년	* 임시정부 국무총리 대리에 취임. * 대한민국임시정부 대표로 광주 호법정부 대총통 쑨원을 방문. 대한민국 임시정부의 승인과 태평양회의 공동 대처를 논의.
1922년	* 2월, 태평양회의 종료. * 3월, 국무원 국무총리 겸 법무총장을 사직함. * 임시정부의 분열을 비관하여 와병. 음식과 약을 끊음. * 9월 25일, 서거. (43세)

찾아보기

창비 한국사상선 18

박은식·신규식
시대의 아픔과 역사의 구원

초판 1쇄 발행 / 2024년 7월 15일

지은이 / 박은식 신규식
편저자 / 노관범
펴낸이 / 염종선
책임편집 / 박주용 박대우
조판 / 황숙화 박지현
펴낸곳 / (주)창비
등록 / 1986년 8월 5일 제85호
주소 / 10881 경기도 파주시 회동길 184
전화 / 031-955-3333
팩시밀리 / 영업 031-955-3399 편집 031-955-3400
홈페이지 / www.changbi.com
전자우편 / human@changbi.com

ⓒ 노관범 2024
ISBN 978-89-364-8037-0 94150